Bernard Bertrand

Einfach selbst schnitzen!

Stocker

Bernard Bertrand

Einfach selbst schnitzen!

Löffel, Schalen, Kämme ...

Leopold Stocker Verlag
Graz – Stuttgart

Umschlaggestaltung: DSR Werbeagentur Rypka GmbH, 8143 Dobl/Graz, www.rypka.at
Umschlagfotos Vorder- und Rückseite: Bernard Bertrand

Titel der Originalausgabe:
Bernard Bertrand: Le bois, l'outil, le geste … guide de fabrication d'objets usuels en bois,

Aus dem Französischen ins Deutsche übertragen von Mag. Christian Schweiger

Bibliografische Information der Deutschen Nationalbibliothek
Die Deutsche Nationalbibliothek verzeichnet diese Publikation in der Deutschen Nationalbibliografie; detaillierte bibliografische Daten sind im Internet unter http://dnb.d-nb.de abrufbar.

Hinweis: Dieses Buch wurde auf chlorfrei gebleichtem Papier gedruckt. Die zum Schutz vor Verschmutzung verwendete Einschweißfolie ist aus Polyethylen chlor- und schwefelfrei hergestellt. Diese umweltfreundliche Folie verhält sich grundwasserneutral, ist voll recyclingfähig und verbrennt in Müllverbrennungsanlagen völlig ungiftig.

Auf Wunsch senden wir Ihnen gerne kostenlos unser Verlagsverzeichnis zu:
Leopold Stocker Verlag GmbH
Hofgasse 5 / Postfach 438
A-8011 Graz
Tel.: +43 (0)316/82 16 36
Fax: +43 (0)316/83 56 12
E-Mail: stocker-verlag@stocker-verlag.com
www.stocker-verlag.com

ISBN: 978-3-7020-1322-6

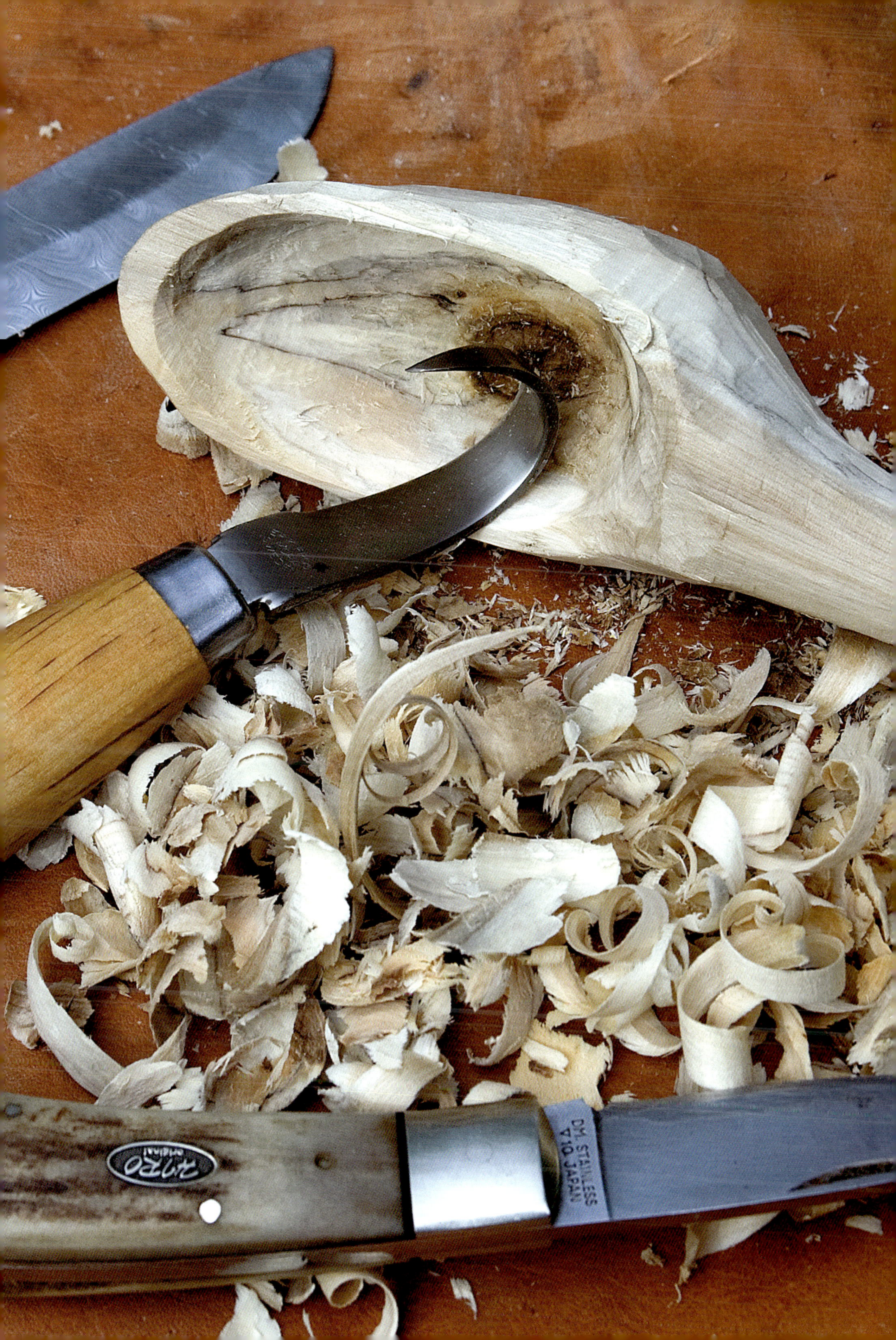
DML STAINLESS
10 JAPAN

Inhalt

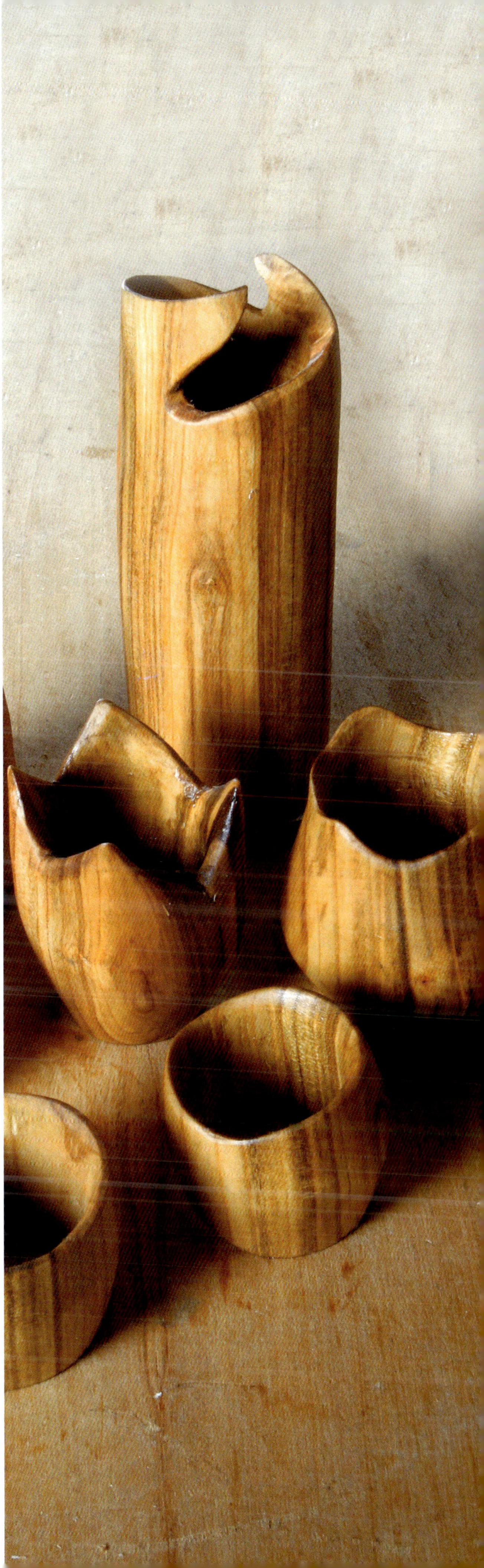

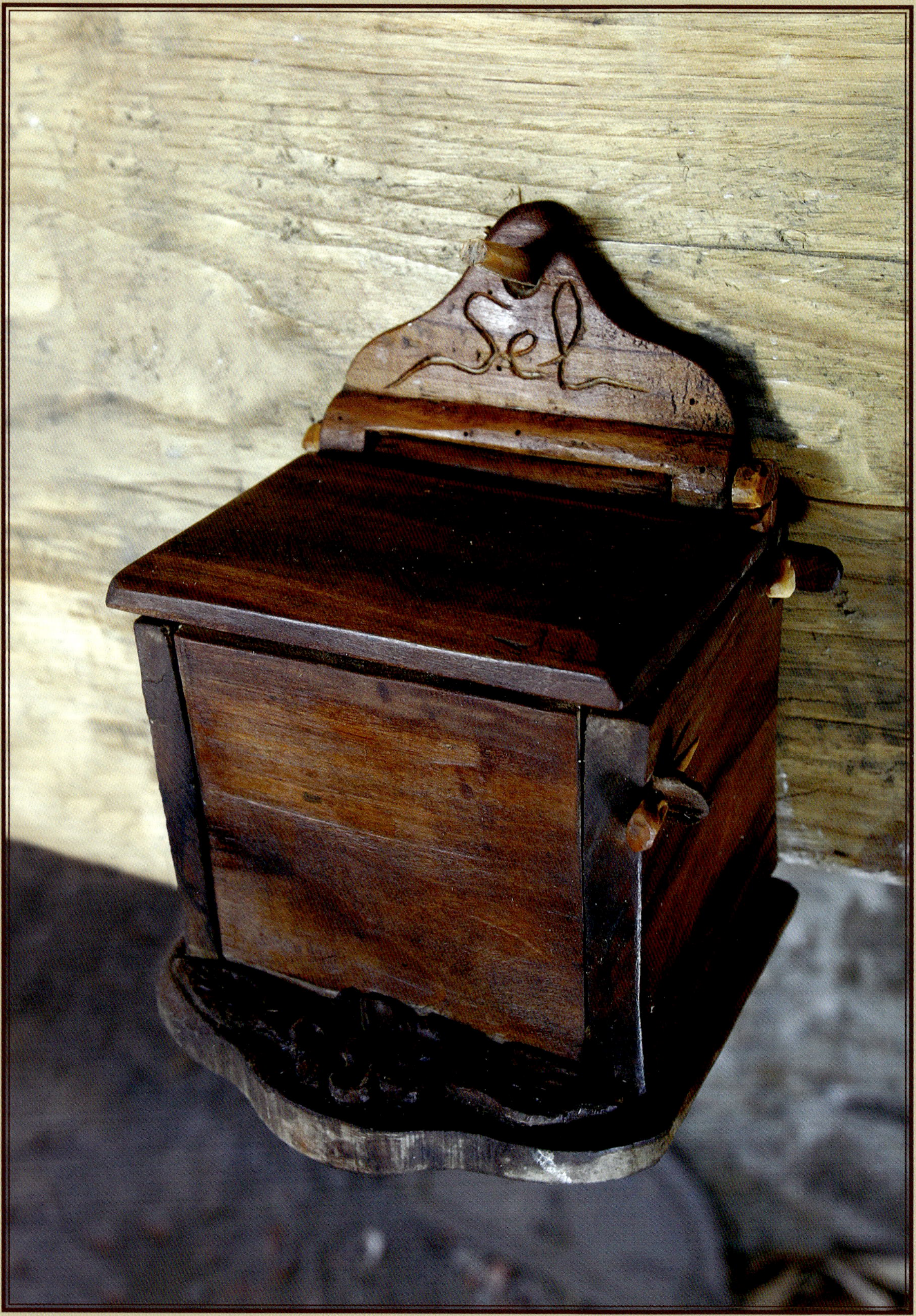

Salzschatulle, Apfel- und Buchsbaumholz, Terran 1978

Vorwort

Wert und Symbolik von Gebrauchsgegenständen aus Holz

Der Zeit Zeit lassen

Unsere heutige Gesellschaft zeichnet sich durch ein recht sonderbares Verhältnis zur Zeit aus. Nie zuvor verfügte eine Zivilisation über so viele materielle Güter. Nie zuvor gab es jedoch auch so viele frustrierte und deprimierte Menschen. Sicher kann der Versuch, unsere wesentlichen und verzichtbaren Bedürfnisse zu befriedigen, auch als ein Zeichen für eine bestimmte Form von Lebenskraft gewertet werden. Schwierig wird die Situation aber, wenn die Erfüllung verzichtbarer Bedürfnisse die Erfüllung wesentlicher Bedürfnisse in den Hintergrund drängt. Diese Gefahr besteht natürlich immer; unsere moderne Gesellschaft aber scheint ganz besonders vom Überfluss und einer verrückten Raserei gegen die Zeit geprägt zu sein. Es geht darum, Bedürfnisse zu befriedigen, die immer weniger mit unserer eigenen Entfaltung und immer mehr mit der Unterstützung wirtschaftlicher Kriterien zu tun haben, deren Sinn und Zweck uns völlig entgehen.

Der Grund für Stress und Unzufriedenheit vieler Menschen ist heute in dieser Tatsache zu suchen. Und doch können wir unsere Kultur nicht verleugnen, ohne uns völlig von der Gesellschaft auszuschließen. Wir können dieses Rasen gegen uns selbst kompensieren und uns einen Ausgleich schaffen, indem wir uns wieder auf „zeitlose" Tätigkeiten zurückbesinnen, in denen es nicht mehr um Stundenlohn, Produktivität, Leistung und unmittelbaren Profit geht. Dafür gibt es zahlreiche Mittel und Wege. Es liegt uns fern, hierfür Rezepte geben zu wollen, doch möchten wir Ideen und Möglichkeiten dazu beisteuern.

Töpfern, Korbflechterei oder eben das Holzschnitzen sind kreative Tätigkeiten, bei denen die Zeit gleichsam still steht. Hier kommen wir zum Überlegen und unser Geist findet schließlich Ruhe. Ein spiritueller Weg tut sich von ganz alleine auf und wir erkennen individuelle Fähigkeiten, die wir niemand anderem als uns selbst zu verdanken haben.

Um von diesem Jungbrunnen profitieren zu können, genügt es, uns wieder mit einem Wissen auseinanderzusetzen, das so alt wie die Menschheit selbst ist und uns ermöglicht, unsere Kreativität zum Ausdruck zu bringen.

In *Einfach selbst schnitzen* wollen wir zeigen, dass wir alle dazu in der Lage sind, Holzgegenstände so herzustellen, wie es unsere Vorfahren getan haben.

Sammlung von Indianerbesteck, Haines, Alaska

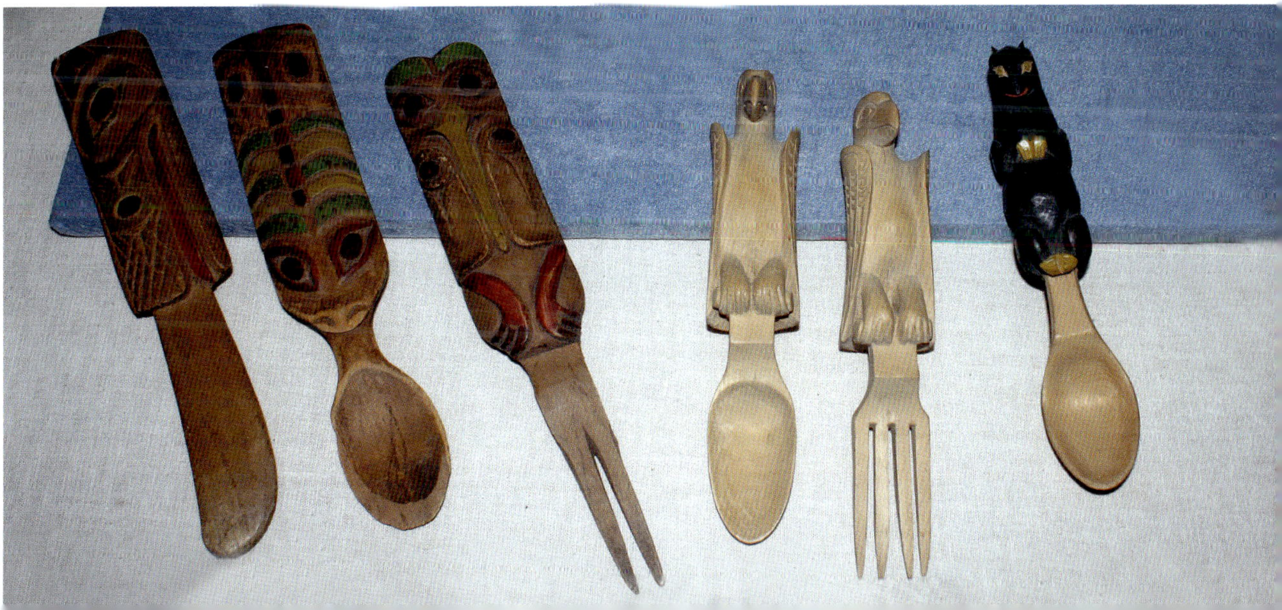

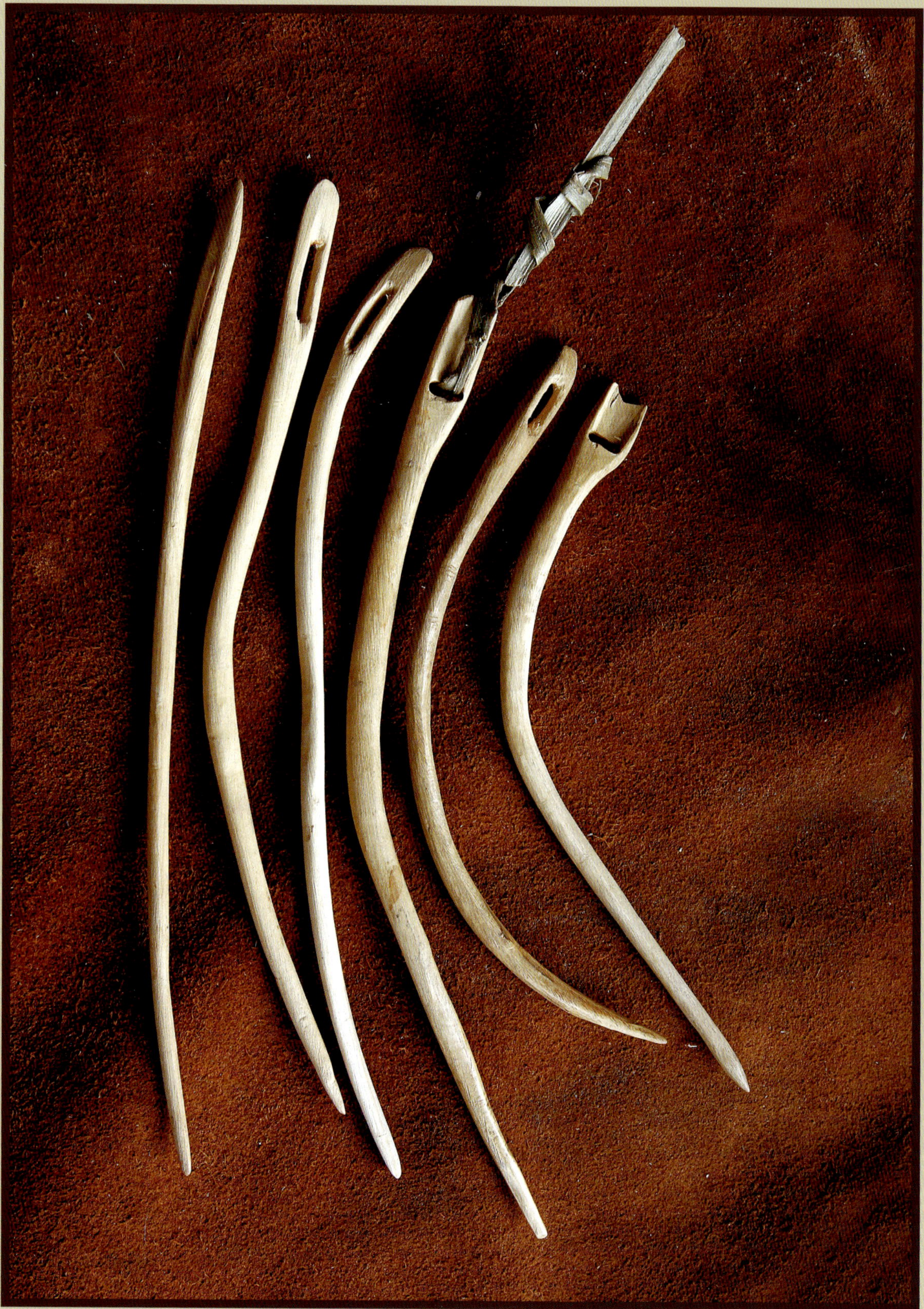

Buchsbaumnadeln zum Nähen von Fußabstreifern mit Brombeerfäden, Terran 1978

Die erste Bedingung ist die Liebe zur Handarbeit, insbesondere zur Arbeit mit Holz, die zahlreiche Vorteile aufweist: Das Werkzeug ist einfach und das Material leicht erhältlich. Zum Schnitzen brauchen wir zunächst nicht mehr als ein einfaches Taschenmesser.

Zusätzliches Werkzeug kann langsam dazugekauft werden. So entsteht langsam eine Werkstätte, die mehr und mehr der des Meisters Geppetto gleicht.

Der Rohstoff ist allgegenwärtig. Ein einfaches Stück Holz genügt! Dazu müssen wir gar nicht so weit in die Vergangenheit zurückblicken. Was war eine leicht verfügbare, leicht formbare, erneuerbare Ressource, Energiequelle und zugleich Rohstoff für unzählige ebenso einfache wie komplizierte, seltene und wertvolle Gegenstände? Die Antwort liegt auf der Hand: Holz!

Wir haben eine Zivilisation, die auf Holz aufbaut. Holz war und ist auch heute noch allgegenwärtig. Es gibt keinen Lebensbereich, in dem wir dem Holz nicht in irgendeiner Form begegnen. Holz begleitet uns von der Krippe bis zum Sarg. Die Liste aller Anwendungsbereiche ist lang, ja unendlich.

Freundschaften, feierlichen Besuch ehren oder eine Verbindung besiegeln

Nur allzu oft mussten Bäume dem Abbau anderer Rohstoffe weichen. Manche Zivilisationen (wie z. B. die der Osterinseln), die die lebenswichtige Bedeutung der Bäume unterschätzt hatten, verurteilten sich durch deren komplette Rohdung selbst zum Untergang.

Überall war Holz der erste Rohstoff, mit dem Öfen und Hochöfen zum Schmelzen von Metallen gespeist wurden. Dies führte in einigen Gegenden bereits in der Bronzezeit zu schwerwiegender Abholzung. Die Entwaldung nahm im Laufe der Eisenzeit noch weiter zu. Nun stellte sich auch noch die einsetzende Landwirtschaft dem „Mutterwald" entgegen.[1] Und doch räumten viele Kulturen dem Wald einen hohen Stellenwert ein. In unseren Breitengraden war dies zum Beispiel bei den Kelten der Fall. Trotz ihrer Sesshaftwerdung und der damit verbundenen Ausdehnung ihrer Agrarflächen blieb ihnen der Wald heilig. Zu jener Zeit bestanden die Häuser, aber auch die Waffen noch hauptsächlich aus Holz und die Böden wurden mit Holzpflügen bestellt. Es heißt, die Gallier hätten das Holzfass erfunden. Und auch wenn das Rad aus anderen Kulturen stammte, so war es immer noch aus Holz. Das Geschick der Handwerker konnte aus einem einfachen Holzblock ein wahres Kunstwerk schaffen. Schmuck, Möbel mit feinsten Verzierungen, Götterstatuen oder Totempfeiler finden wir in allen Kulturen, die Zugang zu Holz hatten.

Holz hat den Menschen begleitet, seit er sich den ersten Stock als Waffe oder Werkzeug zunutze machte. Und sogar in den Kulturen, in denen – wie in der Arktis und der Antarktis – kein Holz vorhanden war, war es durch den Austausch unter den Völkern erhältlich.

Geschnitzte und geritzte Gegenstände dienten oft zum Tauschhandel oder als Geschenke, um einer Freundschaft, einem Besuch oder einer Allianz Tribut zu zollen.

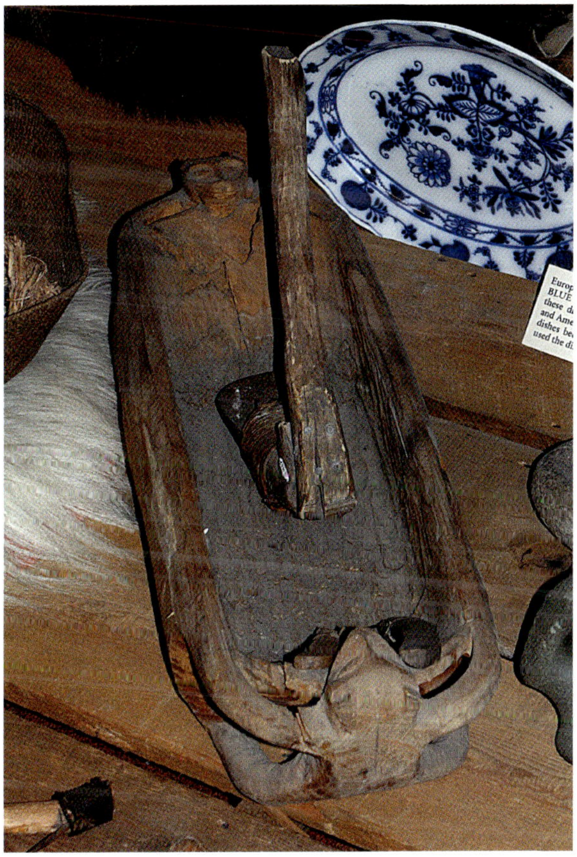

Dechsel und die damit hergestellte Schale

[1] Der Autor geht in seinem Buch *L'Herbier boisé* (Das Baumherbarium), Plume de carotte 2007, detaillierter auf diesen Punkt ein. Das Zusammenspiel von Baum, Boden und Landwirtschaft behandelt er in seinem Buch *Le génie du sol vivant* (Das Genie lebender Böden), Éditions de Terran 2009.

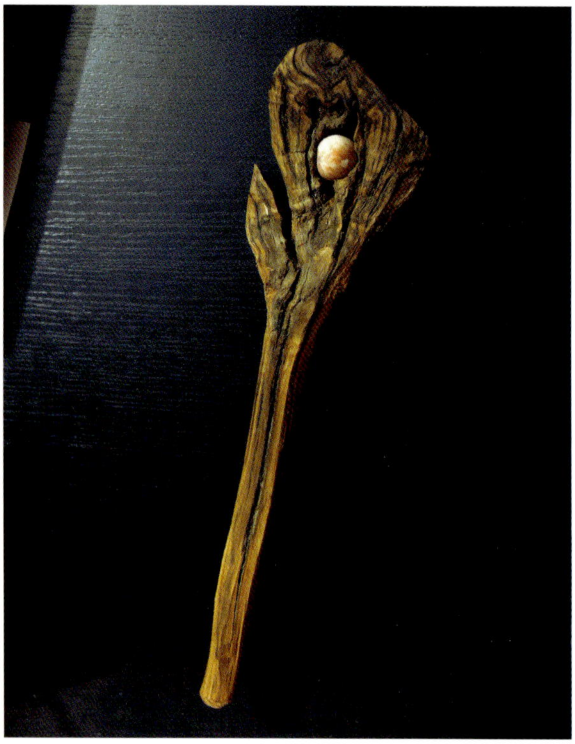

Ein einfaches Stück Holz und ein hübscher Kiesel vom Wegesrand, ein paar Schnitte mit dem Messer, um die natürliche Form zu vollenden,
und schon haben wir einen Gegenstand voller Emotionen und – warum nicht – Bedeutung.
Vielleicht ist auch das eine Form der Ethnologie…

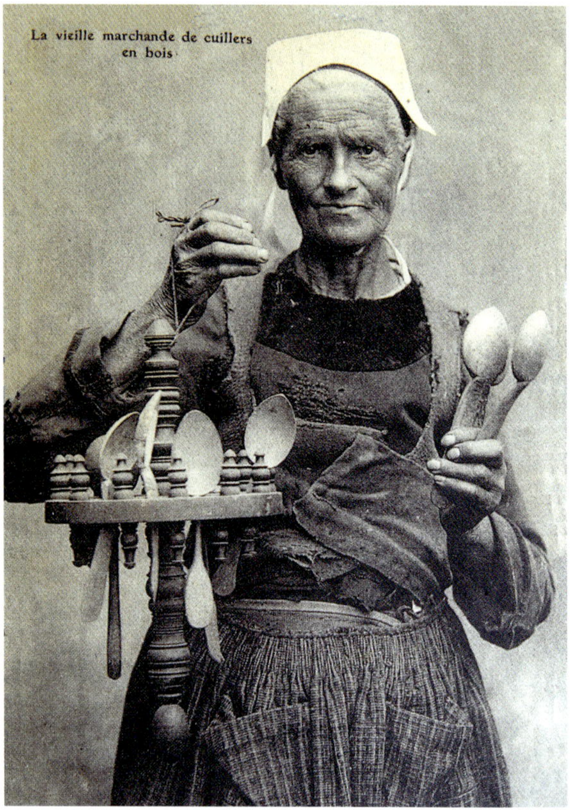

Was unsere direkten Vorfahren betrifft, so dokumentieren viele Heimatmuseen noch, was für eine vorrangige Rolle dem Holz in unserer Kultur und insbesondere beim „gemeinen Volk" früher zukam. So konnte einem schlicht bearbeiteten, mit einem Steinchen versehenen Stück Holz oder einem mit Blumen oder geheimnisvollen Zeichen verzierten Löffel durchaus eine tiefere Bedeutung beigemessen werden.

Und anstatt nur vor uns hin zu träumen, wird uns klar, dass ja auch wir solche einfachen Gegenstände herstellen und so Gefühle vermitteln können (siehe Bild links). Wie einfallsreich unsere Kultur in diesem Bereich sein kann, sehen wir in der westeuropäischen Kunst und Tradition.

So erklären sich auch die zahlreichen Berufe, die mit der Herstellung von Holzgegenständen zu tun haben. Vom Fassbinder zum Holzschuhmacher, vom Korbflechter über den Stellmacher zum Löffelschnitzer. Und was wäre die Küche ohne das Herdfeuer?

Zur Philosophie des Holzes

Autokarosserien und Flugzeugrümpfe sind schon längst nicht mehr aus Holz. Und doch ist Holz ein fester Bestandteil unserer unmittelbaren Umwelt. Wir schätzen seine Wärme und Gemütlichkeit, auch wenn wir jetzt nicht unbedingt in einem skandinavischen Holzhaus oder auf einer Almhütte leben.

Aber der Mensch hat andere organische Rohstoffe entdeckt, was den Bäumen eigentlich recht sein sollte. Dazu gehören auch die verschiedensten Erdölprodukte, wie z. B. Plastik. In der Herstellung von Gebrauchsgegenständen hat Kunststoff dem Holz seit einigen Jahrzehnten den Rang abgelaufen.

Nachdem wir jahrhundertelang Raubbau mit unseren Wäldern betrieben haben, werden sie heute vernachlässigt. Möglicherweise verkennen wir abermals das Wesentliche, wenn wir ihnen eine untergeordnete Rolle als bloßen Erholungsort zuweisen. Vielleicht sägt die Menschheit wieder einmal an dem Ast, auf dem sie sitzt – und das im wahrsten Sinne des Wortes.

Dennoch: … Tragen wir nicht aktiv zur kulturellen Wiederanerkennung des Waldes bei, wenn wir uns wieder auf die Handarbeit mit Holz zurückbesinnen? Sicher ist der Kult um den Wald – und dies ist jetzt keineswegs naiv-verklärend gemeint – ein Schlüssel zur Erhaltung unseres Ökosystems und folglich auch unserer Kultur.

Aber beenden wir diesen philosophischen Exkurs und kehren wir wieder zu unserem Thema zurück: Unser Ziel ist hier die Herstellung einfacher Holzgegenstände von täglichem Nutzen – was uns ganz nebenbei auch ermöglicht, der Konsumgesellschaft die kalte Schulter zu zeigen, die gerne hätte, dass wir sofort in den nächsten Supermarkt laufen, um die einfachste und primitivste Holzspachtel (sie möge es mir verzeihen!) zu kaufen, die ebenso lieblos wie serienmäßig hergestellt wurde, ohne jemals in eine Menschenhand geraten zu sein.

So tut das Holzschnitzen nicht nur unserem Geist, sondern auch unserer Brieftasche etwas Gutes.

Es kann schlecht bestritten werden, dass Plastik besonders in Haushalten mit geringeren Einkommen längst das Holz ersetzt hat. Holzgegenstände sind im Laufe der Jahre vom unerlässlichen Werkzeug zur Luxusware geworden. Ist es nicht absurd, dass gerade in einer Gesellschaft, die sich auf dem Höhepunkt des Fortschritts wähnt, Gebrauchsartikel aus dem gediegenen Stoff Holz nur mehr betuchteren Konsumenten zugänglich sind? Allein schon aus diesem Grund ist es an der Zeit, unsere Konsumhaltung zu differenzieren, indem wir wieder die einfachen Handgriffe lernen und so zu unserer Eigenständigkeit beitragen. Gegenstände aus Holz haben Zukunft. Es steckt so viel Freude und Emotion in ihnen, dass es einerlei ist, ob wir sie für uns selbst oder für andere herstellen.

Nostalgie

Die Zukunft von Holzgegenständen sieht also gar nicht so schlecht aus, auch wenn ihr goldenes Zeitalter wohl vorüber ist und viele längst aus unserem täglichen Gebrauch verschwunden sind. Denken wir nur an all die Butter- und Käsemodeln, Salzschatullen, Messbecher, Krüge, Schöpflöffel, Schüsseln, Mehlschauteln, Tortenschieber, Kaffeemühlen oder gar Schuhe aus Holz.

Einfachheit kann und konnte also sehr wohl mit Lebensqualität in Einklang stehen. Wir wollen hier keineswegs in blinder Nostalgie schwelgen und es ist ganz klar, dass das Leben früher alles andere als einfach war.

Doch besaßen all die aufgelisteten Gegenstände eine einfache Ästhetik, die viele Sammler vielleicht erst heute wirklich zu schätzen wissen.

Sagen Sie es nicht weiter, damit man uns noch lange die Freude am Handwerk lässt: Alles was die Selbständigkeit des Individuums stärkt, ist auch eine Form politischen Handelns – im edlen Sinn des Wortes. So bereitet eine einfache Küchenspachtel oft mehr als nur die Freude bei der Herstellung und kann in der Tat zu einem Werkzeug der Unabhängigkeit und Freiheit und ein Mittel zum Kampf gegen die Armut werden.

Gegenstände, die kreativ durch unsere eigenen Hände geschaffen worden sind, werden bald einen festen Platz in unserem Alltag, aber auch in unserem Inneren und in unserem Herzen finden. Und wenn wir unsere eigenen Bedürfnisse mit unserer Handarbeit gedeckt haben, so gibt es keine größere Freude, als unsere Artefakte zu verschenken oder gar Geld mit ihnen zu verdienen!

Liebe Leserin und lieber Leser, ich lade Sie herzlich dazu ein, sich dieses uralte Wissen um die Fertigkeiten Ihrer Hände wieder anzueignen, und freue mich, einen Stück dieses Weges mit Ihnen gehen zu können.

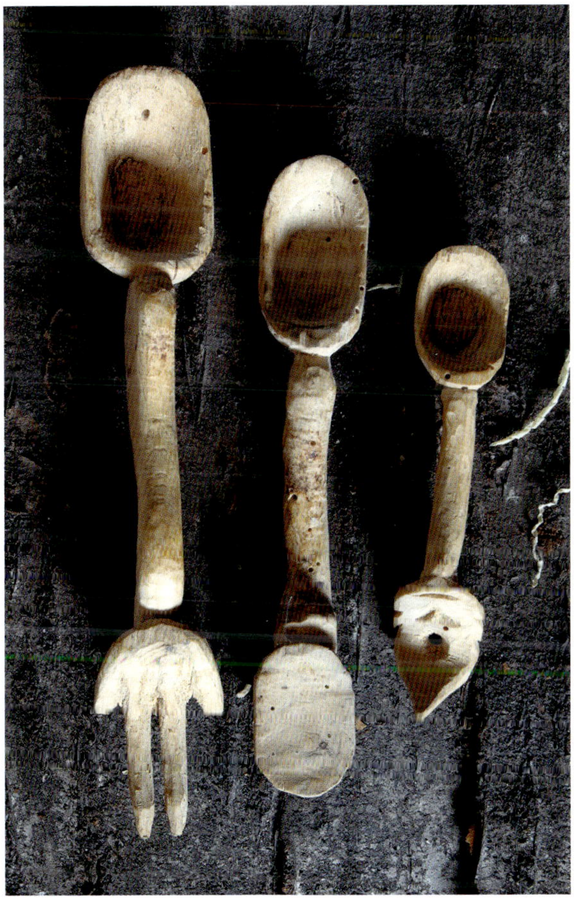

Campingbesteck, geschnitzt vom Autor in den 1970er-Jahren – mit einem einfachen Taschenmesser

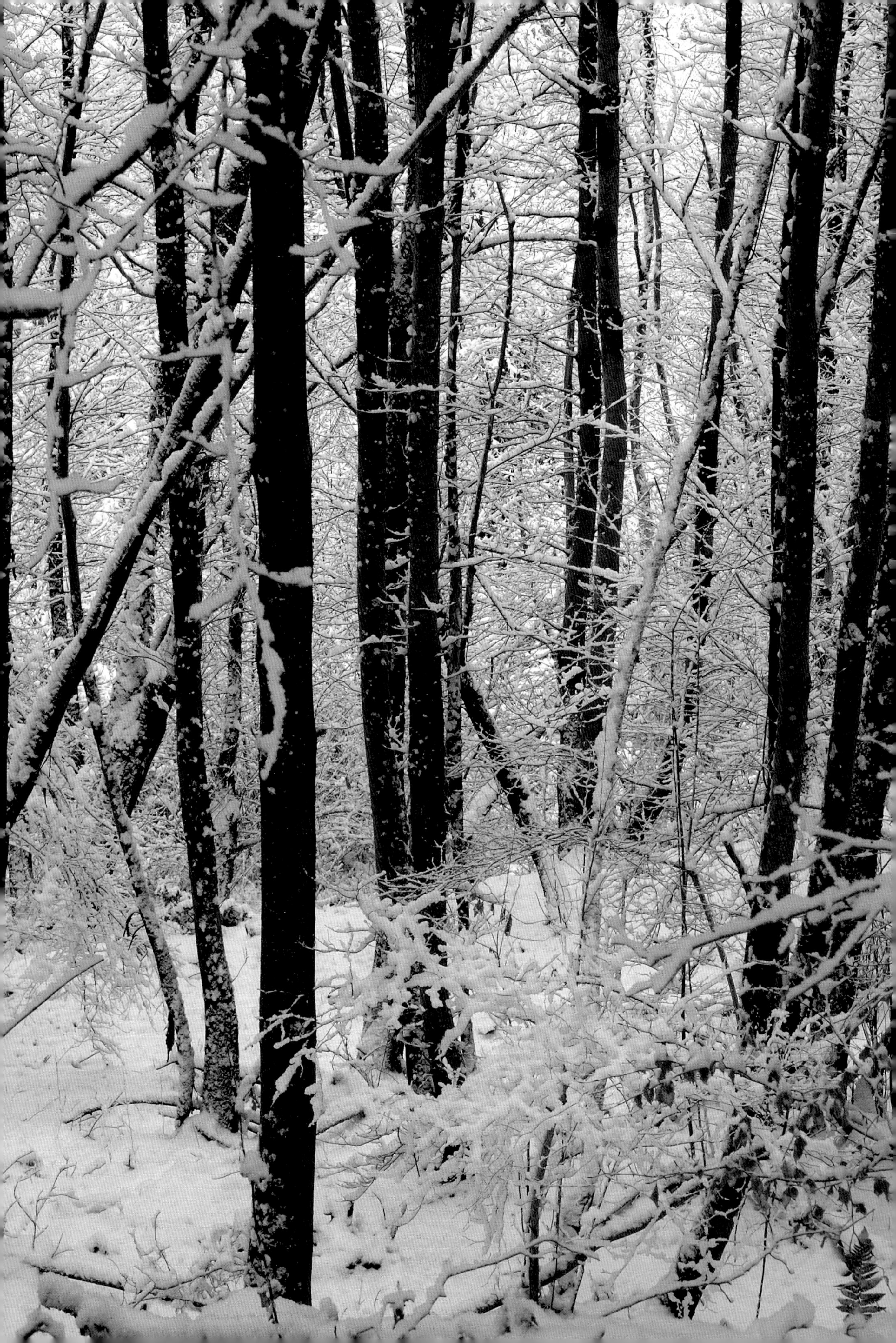

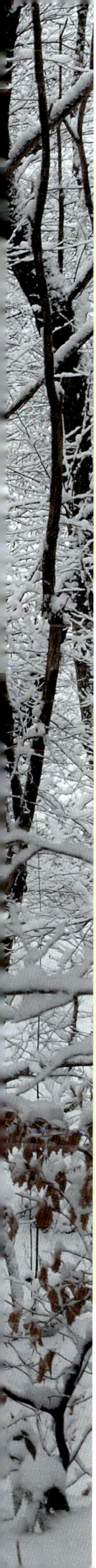

Holz

Erkennen, schlagen, bestimmen und bearbeiten

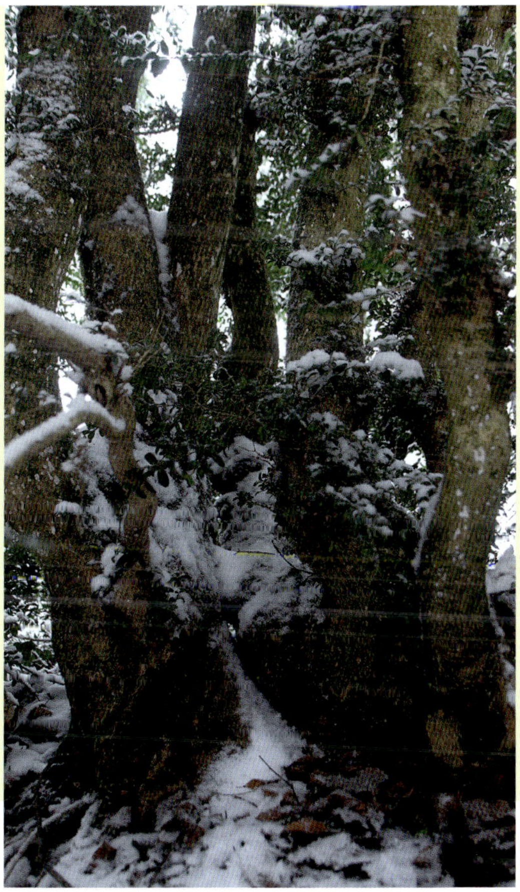

Welches Holz wird geschnitten?

Welches Holz wird geschlagen?

Wann wird Holz geschlagen und wie wird es aufbewahrt?

Wann wird Holz verarbeitet?

Wie „arbeitet“ das Holz?

Was hat es mit der Faser des Holzes auf sich?

Die verschiedenen Schichten des Holzes

Einige Holzarten

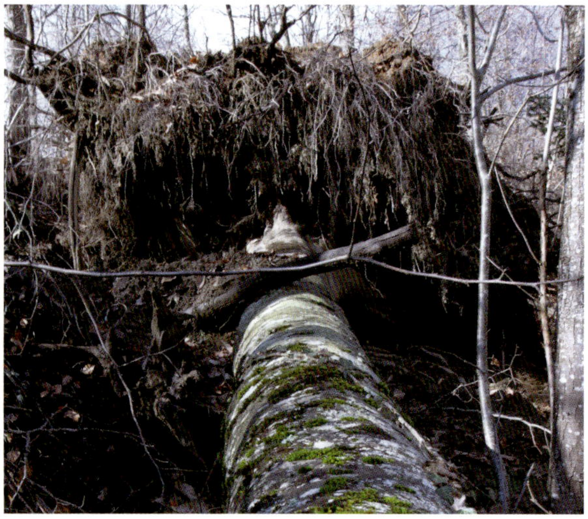

Windbruch, hier eine vom Wind entwurzelte Buche

Welches Holz wird geschnitten?

Wenn wir uns selbst nicht glücklicher Besitzer eines Waldgrundstücks nennen können, so stellt sich zuerst die Frage nach der Beschaffung des Holzes, das zur Herstellung unserer kleinen Gegenstände nötig ist. Doch kann ich Ihnen versichern, dass dies keine unüberwindbare Hürde darstellt. Abfallholz kann man sich meist recht problemlos in Sägewerken oder von Waldbesitzern besorgen. Auch bei professionellen oder privaten Weg- und Straßeninstandhaltungsarbeiten fällt Holz an, das nur allzu oft auf Müllhalden landet. Und auch wenn dies nicht der Fall ist, bekommt man hier mit einem netten Wort am leichtesten ein schönes Stück Holz. Aber auch auf Spaziergängen ist so manch schöner Holzblock zu entdecken. Schwemmholz an Meeres-, See- oder Flussufern gehört dem Finder und weist oft sehr interessante Formen auf.

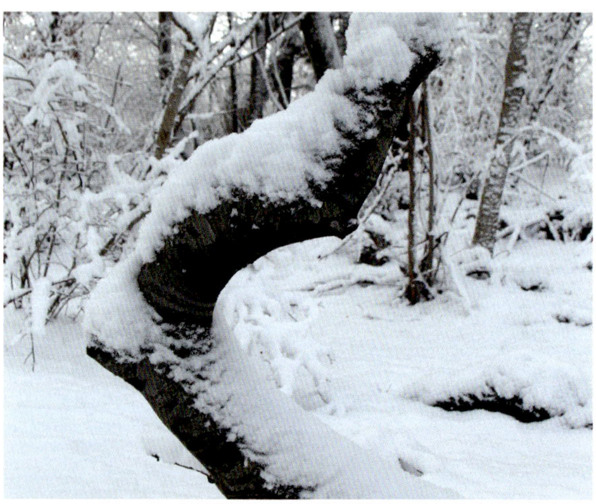

Manche Bundesforste erteilen problemlos (manchmal gegen ein kleines Entgelt) die Erlaubnis, das Holz umgestürzter Bäume zu „entsorgen".

Es gibt also genügend Mittel und Wege, preiswert an diesen wertvollen Rohstoff zu kommen. Das sollte uns bewusst sein, bevor wir in Erwägung ziehen, einen Baum zu fällen, um uns Werkholz zu beschaffen.

Welches Holz wird geschlagen?

Im Gegensatz zu einem herkömmlichen Förster, der den geraden Baumstamm schätzt, aus dem die besten Bretter gewonnen werden können, hat der Holzschnitzer andere Kriterien bei der Auswahl eines Baumes. Oft inspiriert uns die Form eines Baumes oder Sprosses zu einem ganz bestimmten Gegenstand. Das Prinzip ist einfach und lautet „Weg des geringsten Widerstandes". Wie soll das gehen?

Wir machen uns den Erfindungsgeist von Mutter Natur zunutze, um einzigartige Stücke mit ausgefallenen Formen zu schaffen. Wir suchen verdrehtes und knotiges Holz, dessen Form dem des gewünschten Gegenstands ähnelt.

Die erste Kunst des Holzschnitzers oder auch des einfachen Handwerkers liegt demnach in seiner Beobachtungsgabe.

Dann wird seine Vorstellungskraft auf die Probe gestellt, die den fertigen Gegenstand im groben Holzblock zu erkennen sucht. Erst zuletzt kommt sein Geschick bei der Herstellung zum Zug.

Das beste Beispiel dafür sind sicher Spazier- und Wanderstöcke. Ein von einer Geißbartliane zur Spirale geformter Haselnussstock kreuzt nicht oft unseren Weg. Haben wir ihn jedoch einmal gefunden, so liegt die Form des Endobjekts bereits auf der Hand. Ein in 45, 60 oder 90° gebogenes Holz ermöglicht uns die Herstellung von Löffeln mit demselben Winkel, ohne dafür gegen die Faser des Holzes ankämpfen und dabei Gefahr laufen zu müssen, das Werkstück bei der Arbeit oder beim ersten Gebrauch zu zerbrechen.

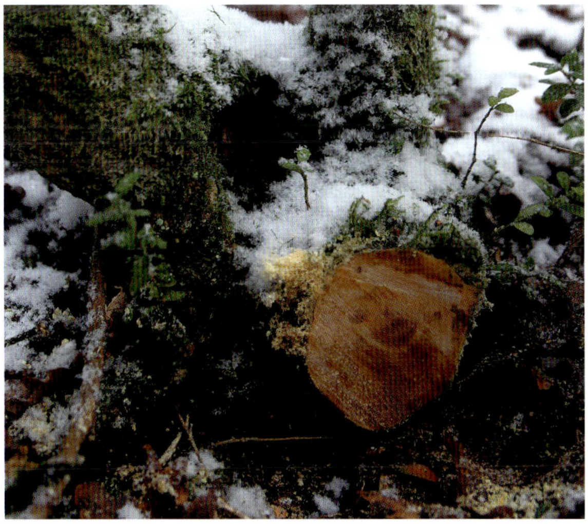

Ein sauberer Schnitt zollt dem Baum Respekt und schützt den Rohstoff Holz

Wann wird Holz geschlagen und wie wird es aufbewahrt?

Wann wird geschlagen?

Die erste Regel besteht darin, das Holz nicht in seiner Vegetationsperiode zu schneiden, d. h., die Phasen zu vermeiden, in denen der Baum im Saft steht. In unseren gemäßigten Klimazonen sollte Holz also etwa in der Zeit zwischen November und Februar geschlagen werden, wobei es hier ziemlich starke Abweichungen je nach Baumart, Region, Seehöhe und Hanglage geben kann.

Doch auch innerhalb dieser Wintermonate gibt es mehrere Zyklen, die kaum wahrnehmbar, aber deshalb nicht von minderer Bedeutung sind.

Ein ruhender Baum ist keineswegs tot! Er versinkt auch in keinen Winterschlaf, um besserer Zeiten zu harren. Er lebt wie im Sommer und nimmt alle klimatischen Änderungen wahr und reagiert manchmal auch etwas vorschnell auf trügerische Zeichen der Natur: Auch Bäume können sich täuschen, wenn ihre Knospen zu früh austreiben! Die Lichtintensität und das Längerwerden der Tage haben jedoch mindestens ebenso viel Einfluss wie die Sonneneinstrahlung selbst. Die von der Pflanze empfangene Dosis Licht ist ein wichtiges Zeichen. Die Pflanzenzüchter sind sich dieses Umstands sehr bewusst, wenn sie die natürlichen Wachstumszyklen durch zusätzliches Licht verlängern, um die Produktion zu erhöhen.

Und schließlich ist da auch noch der Mond, dieser geheimnisvolle Begleiter unserer Erde, dessen Einfluss sich so schwer messen lässt und noch so wenig erforscht ist. Wir wissen alle, dass er imstande ist, ganze Ozeane zu bewegen. Wie können wir da noch an seinem Einfluss auf Tier- und Pflanzenwelt zweifeln?

Der Mondeinfluss ist aber auch im Pflanzenreich leicht aufzuzeigen. Schneiden wir Ende Januar einen Kiwizweig ein paar Tage vor Vollmond, wird Saft aus der Wunde quellen. Wiederholen wir das Experiment zwei Wochen später kurz vor Neumond bleibt die Wunde völlig trocken. Die Folgen, die dieser Umstand auf die Langlebigkeit von Holz hat, waren den Zimmerern, Schreinern, Geigenbauern und anderen Holzhandwerkern schon lange bekannt, sonst hätten ihre Arbeiten nicht so viele Jahrhunderte überstanden.

Heute indes wird Holz oft zu jeder Jahreszeit geschlagen, und auf den Mond achtet man häufig noch weniger. Man lässt es durch Trockenanlagen laufen und imprägniert mit allerlei Insekten- und Pilzbekämpfungsmitteln in der Hoffnung, so den widrigen Umständen Herr zu werden, die so leicht zu vermeiden gewesen wären.

Auch während der winterlichen Vegetationspause ist der Einfluss des Mondes nicht von der Hand zu weisen. Von Natur aus gerbstoffarmes Weichholz, das bei zunehmendem Mond, also vor dem Vollmond, geschlagen wurde, wird nie lange währen. Es ist besser, Weichholz bei absteigendem Mond in den Wintermonaten zu schlagen, damit es uns mit ziemlicher Sicherheit überleben wird. Aber auch hier gibt es große Unterschiede zwischen den einzelnen Holzarten. Wird Buchsbaum bei Vollmond geschnitten, wird er dennoch wohl nie an Wurmbefall leiden, während Weichholz in dieser Beziehung sehr „mondfühlig" ist.

Holz wird also am besten zwischen Ende September und Januar, manchmal auch noch im Februar und vom abnehmenden Mond, 4 bis 5 Tage nach Vollmond, bis zum Neumond geschlagen.

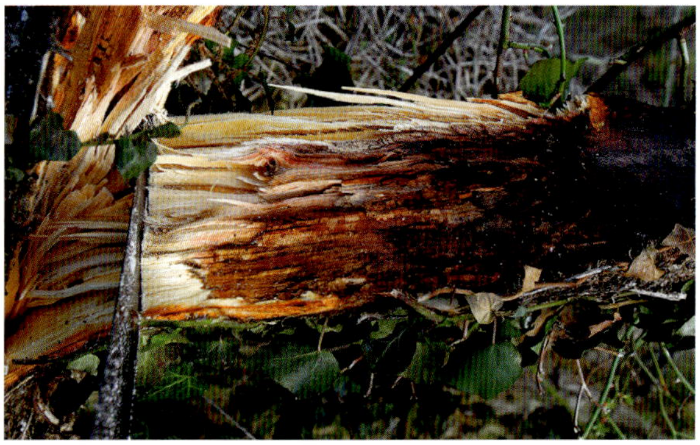

Windbruch an einem alten Zwetschkenbaum.
Eine gute Gelegenheit...
Wie das Holz der meisten Obstbäume ist das des Prunus leicht zu bearbeiten und hat eine schöne rötliche Farbe.

Der Grund für diesen Umstand ist noch etwas umstritten. Einerseits ist Holz, welches beim Schlagen im Saft stand, feuchter und schwerer zu trocknen. Es könnte jedoch auch eine Rolle spielen, dass nach dem Trocknen des Saftes Spuren von Nährstoffen im Holz bleiben, die Parasiten anziehen. Denken wir nur an Birkensaft und Ahornsirup, um nachvollziehen zu können, welche Anziehungskraft diese Säfte auf Holzwürmer haben müssen.

Hier muss abermals unterstrichen werden, dass allgemeine Regeln nicht unbedingt immer allgemein gültig sind. Wir werden sehen, dass die idealen Fällbedingungen auch von Aspekten wie Baumart, Bodenbeschaffenheit, Hanglage und vielem mehr abhängen. So wissen Korbflechter z. B., dass die Haselnussäste von Nordhängen leichter zu verarbeiten sind als die von Südhängen. Dass die Bodenbeschaffenheit direkten Einfluss auf die Holzqualität hat, ist nicht von der Hand zu weisen. Nicht zufällig schwören die französischen Fassbinder auf die Eichen aus dem Wald von Tronçais, um die besten Weinfässer herzustellen. Aber auch diese Spitzeneichen werden wurmstichig, wenn sie nicht beim richtigen Mond geschlagen wurden!

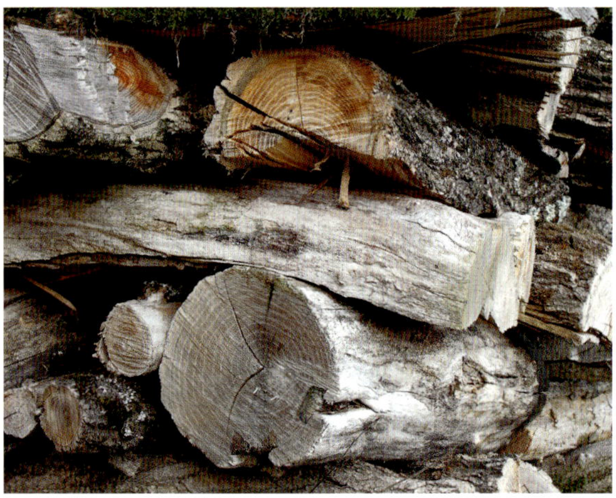

Ebenso wird es wohl niemanden überraschen, dass man an der Alpennordseite länger (gut) Holz fällen kann als in den milderen Gefilden des Rheinlandes. Keine auch noch so allgemeine Regel erspart uns also die genaue Beobachtung der Natur, unserer direkten Umgebung und dem „Verhalten" der verschiedenen Baumarten. Holunderholz muss demnach viel früher als eine Esche geschlagen werden, die als Letztes austreibt. Während ersteres Holz zwischen Ende September und Dezember geschnitten wird, gilt für Eschenholz eher die Zeit zwischen November und Ende Februar.

Kurz zusammengefasst können wir also sagen, dass Holz am besten im November und Dezember bei abnehmendem Mond geschlagen wird. Diese Phase kann – je nach Baumart und Standort – etwas nach vorne und nach hinten verlängert werden.

Holz wird baldmöglichst aufgeschichtet

Für unseren Gebrauch ist ein baldiger Brettschnitt nicht von Belang. Es genügt, das Rundholz oder – noch besser – die bereits gespaltenen Holzscheite trocken zu lagern.

Ungespaltenes Holz trocknet immer langsamer als gespaltenes.

Für alle, die mit Holz heizen, sei angemerkt: In jedem Stoß Brennholz stecken ein paar Schätze, die eigentlich zu schade zum Verbrennen sind. Es wäre ein Jammer, einen Baum zu opfern, wenn wir alles, was wir eigentlich brauchen, im Holzstapel hinter dem Haus finden könnten.

Wird das Holz in Form von Brettern vom Sägewerk gekauft, so müssen diese unbedingt trocken und luftig gelagert werden. Zwischen den einzelnen Brettern werden Querhölzer gelegt, um die Luftzirkulation zu ermöglichen. Ohne diese Spreißel ist ein Erhitzen und Schimmeln des Holzes unvermeidlich, insbesondere, wenn die Bretter aus Frischholz mit hohem Feuchtigkeitsgehalt gesägt wurden.

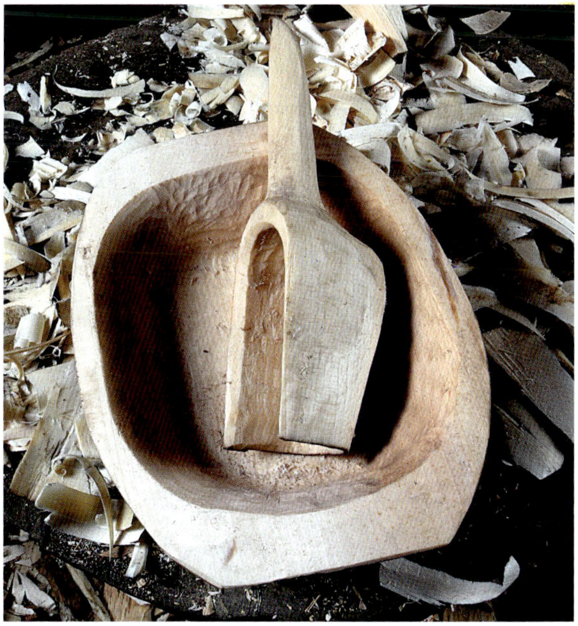

Wann wird Holz verarbeitet?

Trockenes oder frisches Holz?

Entgegen einer gängigen Meinung der klassischen Holzverarbeitung können kleine Gegenstände durchaus auch aus Frischholz hergestellt werden. Letzteres bedarf zwar einiger Vorkehrungen und einer gewissen Kenntnis der Entwicklung des Holzes beim Trocknen, doch es hat auch viele Vorteile. Die Frischholzverarbeitung ist aber nicht mit allen Holzarten möglich. Das beste Holz dafür ist zugleich jenes, welches sich beim Trocknen am wenigsten verzieht, wie z. B. Buche oder Buchsbaum.

Früher wurde Holz oft grün verarbeitet. In bestimmtem Holzhandwerk war dies sogar unerlässlich.

Der größte Vorteil der Bearbeitung von Frischholz besteht darin, dass es sich wesentlich leichter schnitzen lässt.

Wer jemals versucht hat, von Hand einen Schuh aus einem trockenen Stück Holz zu schnitzen, weiß, wovon ich rede. Ein grünes Birken- oder Walnussscheit ist leicht zu schneiden, zu formen und auszuhöhlen. Aber nicht nur dem Handwerker, sondern auch der Klinge wird hier die Arbeit erleichtert. Sie muss nicht so oft geschliffen werden und nützt sich folglich auch nicht so schnell ab. In Zeiten, in denen wirklich jeder Groschen zählte, war dies ein nicht unwesentliches Argument! Damals hatte ein Handwerker ein Werkzeug oft sein ganzes Berufsleben lang. Weggeworfen wurde es erst, wenn es so abgenutzt war, dass es wirklich nicht mehr funktionierte. Doch schließen wir nun diese kurze Exkursion in die Geschichte und kommen zurück zur eigentlichen Technik. Um das Aufreißen des Holzes zu vermeiden, sollte der Holzblock nicht im Ganzen bearbeitet werden. Dazu wird er zuerst an den natürlichen Fugen geviertelt (siehe Seite 20). Der fertige Gegenstand wird im Schatten und an einem Ort mit genügend Luftfeuchtigkeit getrocknet. Die Holzschuhmacher schichteten ihre Werkstücke z. B. auf und bedeckten sie mit Hobelspänen, damit sie möglichst langsam trockneten und nicht aufsprangen.

Natürlich hängt die Wahl zwischen trockenem und grünem Holz auch vom Endprodukt ab.

Während es aus den eben dargelegten Gründen sinnvoll ist, einen Schöpflöffel aus grünem Eschen- oder Buchsbaumholz herzustellen, so sollte ein Werkzeuggriff unbedingt aus trockenem, ja sogar sehr trockenem Holz geschnitzt werden, um späteres Schrumpfen zu vermeiden, was für den guten Halt im Metall hinderlich wäre.

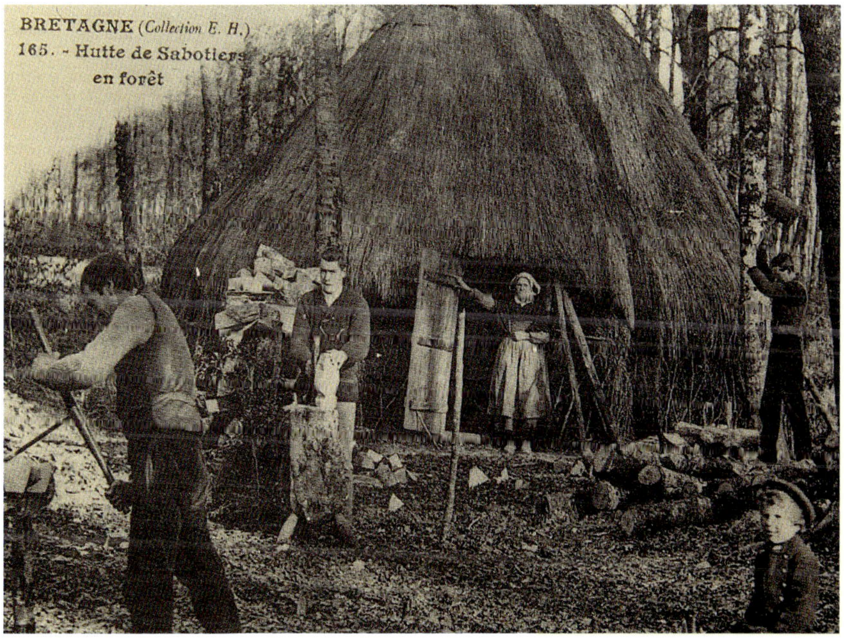

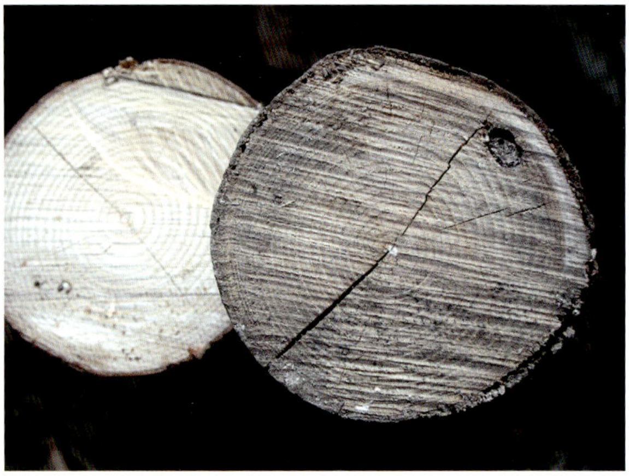

Wie „arbeitet" das Holz?

Ist das Holz geschlagen, wird der Stamm oder der Ast in Stücke geschnitten, die etwas länger als unsere geplanten Gegenstände sind. Nach der alten Volksweisheit, die besagt, dass es immer leichter ist, ein Stück abzuschneiden, als es wieder anzufügen, ist es ratsam, dazu etwa ein Drittel mehr als benötigt zu berechnen. Die Stücke sollten mindestens ein paar Stunden oder Tage ruhen, bevor wir mit der Arbeit beginnen. Lebendes Holz ist ständigen Spannungen ausgesetzt.

Durch das Schneiden werden diese Spannungen freigesetzt. Je nach Art, Größe und Behandlung des Holzes werden sich bestimmte Bereiche mehr zusammenziehen als andere.

Im Frischholz entstehen dadurch Risse und natürliche „Entspannungsfugen". Diese Fugen verlaufen vom Kernholz zur Rinde. Ein oder zwei große Dehnungsfugen bilden sich meist gleich nach dem Schlagen des Baumes und zeigen die natürlichen Schwachstellen des Stammes. Genau hier wird der Keil zum Spalten angesetzt, was diese Arbeit nicht nur erleichtert, sondern zugleich auch diese Risse eliminiert. Bleibt auch nur einer davon im Holz, so können wir sicher sein, dass unser Werkstück entweder schon bei der Arbeit oder beim späteren Gebrauch an dieser Stelle einreißt. Werden die Holzscheite trocken und ohne direkte Sonneneinstrahlung gelagert, so werden sie nur kleine Haarrisse an den Enden bekommen, die dann durch bloßes Absägen der Endstücke beim Verarbeiten entfernt werden können.

Achtung: Frostschäden können Risse entlang der Wachstumsringe verursachen, die die Qualität des Holzes so beeinträchtigen, dass es sich nicht mehr zum Verarbeiten eignet.

Was hat es mit der Faser des Holzes auf sich?

Um gut und richtig schnitzen zu können, ist es unabdingbar, die Wachstumsfaser des Holzes zu erkennen. Holz besteht aus zahlreichen Schichten von Fasern, deren Anordnung die Struktur bestimmt. Diese kann regelmäßig oder nicht, gerade oder verdreht, konkav oder konvex sein.

Wird Holz mit einem Beil oder einem Keil gespalten, so platzen die Fasern entlang der Hauptdehnfugen. Ist das Scheit gerade, ohne Beulen und Krümmungen, so können wir auch von geradlinigen Fasern in unserem Werkstück ausgehen. In der Regel ist Holz mit großen Jahresringen ziemlich gerade.

Je schwieriger die Wachstumsbedingungen des Baumes (Schnitt, Wetterschäden, Wildverbiss usw.), desto gewundener ist sein Holz.

Mit etwas Erfahrung können wir schon am lebenden Baum sehen, ob er gerade Holzfasern aufweist. Ist er gefällt und zersägt, macht die Maserung dies deutlich (siehe das Bild des

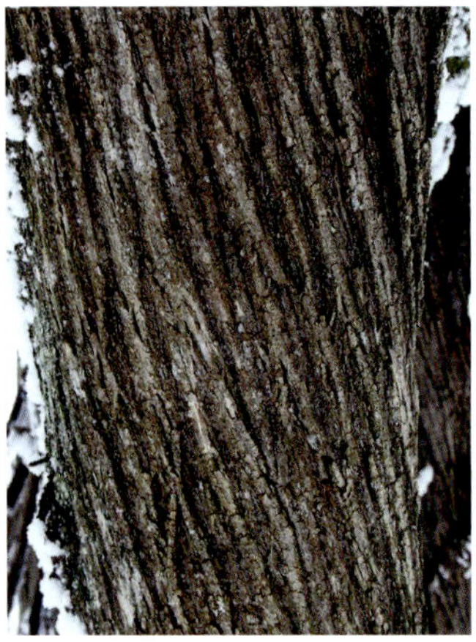

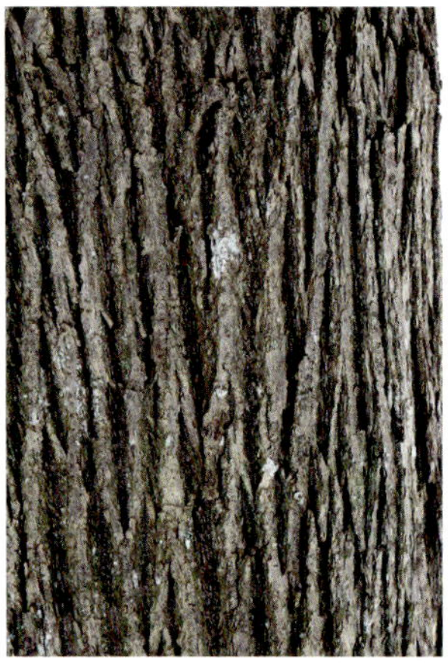

Zwei Stämme nebeneinander wachsender Edelkastanienbäume. Der Linke ist verdreht, während der rechte sicher gerade Fasern aufweist.

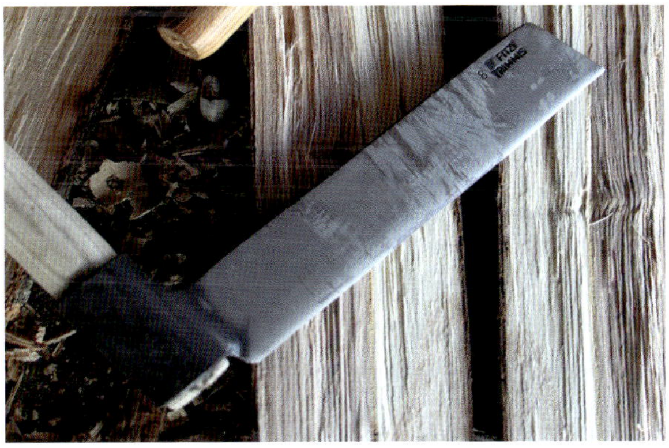

Eibenholzbretts auf dieser Seite rechts unten). Schließlich ist es einerlei, ob wir ein Stück Holz mit gerader oder gegenläufiger Faser auswählen, solange wir ihren Verlauf beachten. Schneiden wir in und gegen die Faser, so schwächen wir das Werkstück an dieser Stelle. Holz ohne größere Verwürfe, wie Buche, ist leichter zu bearbeiten. Gegenläufige Fasern findet man aber auch dort.

Außerdem ist es oft auch gerade die etwas eigenwillige Faser des Holzes, die ein Werkstück interessant und einzigartig werden lässt. Die industrielle Holzverarbeitung, die mit genormten Brettern arbeitet, kann die Holzfaser nicht respektieren, was zwangsläufig auch zu einer größeren Zerbrechlichkeit der Gegenstände führt. Handwerker können dieses Hindernis dagegen leichter überwinden.

Besonders schwierig sind gegenläufige Holzfasern zu bearbeiten. Dazu kommt es vor allem an den Augen, auch wenn der Ast nicht unbedingt sichtbar ist. Hier verläuft die Faser immer in Richtung Auge – kann aber auf der anderen Seite des Holzstücks wieder gegenläufig sein, was das Schnitzen besonders kompliziert macht. So manches Werkstück ist hier schon mit einem falschen Schlag zersprungen. Aber auch hier lauten die Zauberworte Erfahrung und geübte Hand. Nun wird auch klar, weshalb die Wahl des Werkholzes von so großer Bedeutung ist. Das Vermeiden von Astaugen stellt eine wesentliche Erleichterung der Arbeit dar. Doch übertrifft ästhetisch gesehen nichts ein schönes Auge im Holz. Manchmal bilden mehrere solcher Augen und Knoten völlig unerwartete Muster auf kleinster Oberfläche.

Die Kunst des guten Holzschnitzers liegt also nicht unbedingt darin, gegenläufige Fasern um jeden Preis zu vermeiden, sondern vor allem darin, ihnen richtig zu folgen, ihre Fallen rechtzeitig zu entdecken und ästhetisch in sein Werkstück zu integrieren.

Die verschiedenen Schichten des Holzes

Ohne hier nun auf die biologischen Details eines Holzquerschnitts eingehen zu wollen, müssen wir seine Hauptbestandteile erkennen können: Das Kernholz der primären Holzstrahlen, das reife Hartholz der sekundären Holzstrahlen, deren Wachstumsringe das Alter erkennen lassen, und das unperfekte und meist etwas hellere Splintholz, welches unter der Rinde liegt.

Das Kernholz ist am härtesten. Während Korbflechter nichts mit ihm anfangen können, da es nicht biegsam genug ist, so ist es dafür perfekt zur Herstellung von Holzgegenständen geeignet. Es ist nicht nur das widerstandsfähigste, sondern auch das schönste Holz. Das Hartholz ist das meist verwendete Nutzholz, da es vielseitig, um nicht zu sagen universell, verwendbar ist. Das Splintholz ist der lebende Teil des Baumes, in dem der Saft fließt. Dieses junge, zarte und empfindliche Holz wird im Sägewerk meist entfernt, da es nicht lange hält. Manche Baumarten haben ein sehr dünnes, kaum erkennbares Splintholz. Dies trifft vor allem für die dichten Hölzer wie Buchsbaum und Holunder, aber auch für Weißholz wie Esche, Pappel oder Buche zu. Bei Kernholzbäumen ist das Splintholz klar an seiner helleren Farbe erkennbar. Das gilt z. B. für Eiche, Edelkastanie, Walnuss und für praktisch alle Obstbäume.

Wie empfindlich die verschiedenen Holzschichten sind, wird besonders bei Parasitenbefall erkenntlich. Das Splintholz wird immer zuerst heimgesucht. Oft findet man nur in diesem Bereich die Holzwürmer. Daher wird es nach Möglichkeit bei der Verarbeitung weggeschnitten.

Im Gegensatz zur Korbflechterei findet die Rinde bei der Schnitzarbeit (außer vielleicht die der Korkeiche) keine Verwendung.

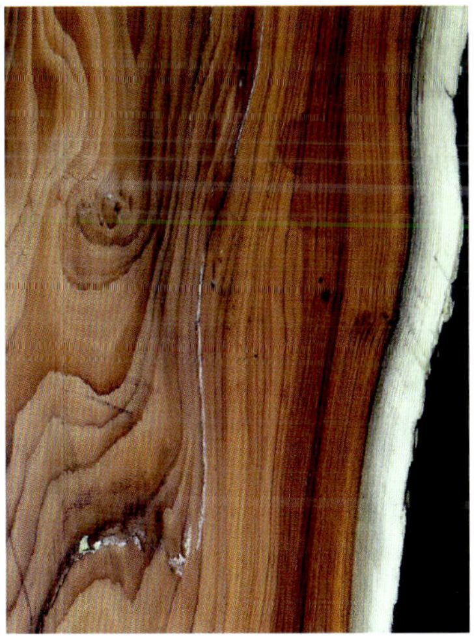

Die schöne Maserung des Eibenholzes steht in starkem Kontrast zum weißen Splintholz

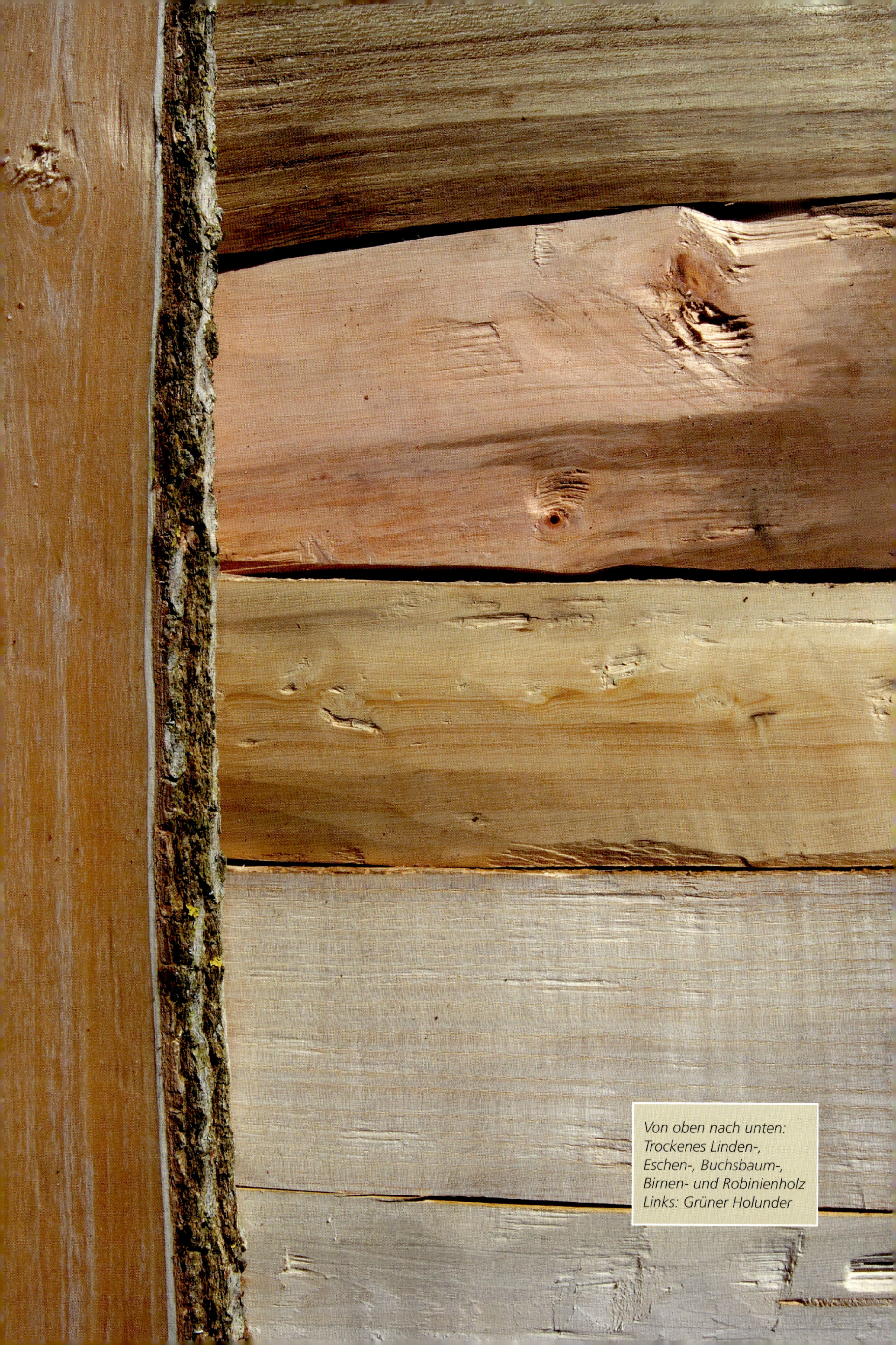

Von oben nach unten: Trockenes Linden-, Eschen-, Buchsbaum-, Birnen- und Robinienholz Links: Grüner Holunder

Einige Holzarten

Die Liste der hier vorgestellten Bäume ist natürlich unvollständig. Hier wurden einerseits die für den Anfänger leicht zu verarbeitenden Hölzer (wie Birke, Linde, Esche oder Holunder), aber auch die Bäume vorgestellt, die in unserer Klimazone häufig vorkommen (mit Ausnahme der Olive und des Buchsbaums). Es eignen sich nämlich viele (um nicht zu sagen alle) Bäume und Büsche für die Schnitzarbeit. Holz mit langen Fasern, wie das der Edelkastanie, wird für die Herstellung kleinerer Gegenstände eher vermieden. Aber auch hier bestätigt die Ausnahme diese (etwas ungerechte) Regel.

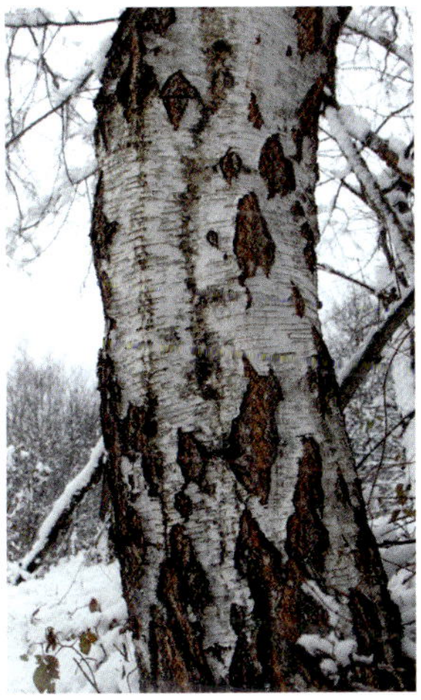

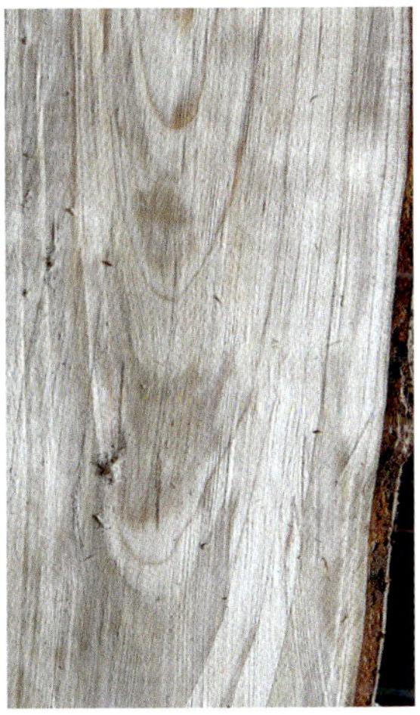

Doch weil wir nun schon einmal bei allgemeinen Grundlagen sind, soll an dieser Stelle festgehalten werden, dass sich das Holz von Obstbäumen generell zum Schnitzen und Drechseln ausgezeichnet eignet. Die Palette reicht hier von der Schlehe über die Eberesche bis hin zum alten Obstbaum. Das Holz ist dicht und schön gemasert und die Faserung relativ leicht zu bearbeiten.

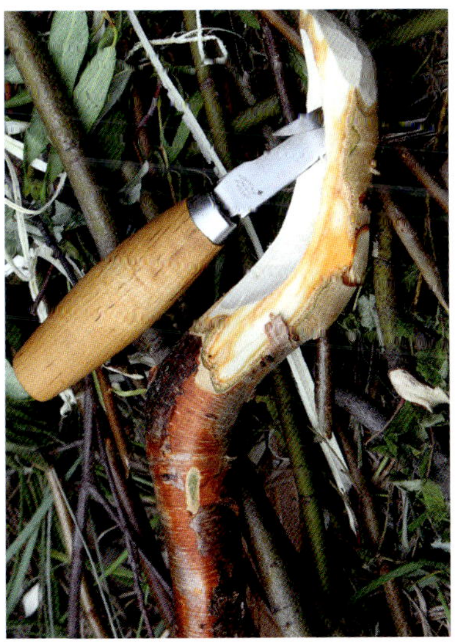

Ähnliche Vorzüge finden wir beim Holz des Weißdorns, der Robinie, der Eibe oder der Mehlbeere.

Birke

Betula sp.*, Famille des *Bétulacées.

Dieser Baum von edler Statur wird über 20 m hoch. Die Blätter, die im Winter abgeworfen werden, hängen leicht nach unten. Man erkennt die Birke an ihrer weißen Rinde, die sich leicht vom Stamm löst.

Die Birke ist eine Pionierin, die in nördlichen Regionen ebenso zuhause ist wie im gemäßigten Klima. Während sie in ersteren Gebieten dominiert, weil sie hier keine wahre Konkurrenz hat, so folgt einer invasiven Phase in gemäßigten Klimazonen immer ein Rückgang, der durch die Übernahme von Eichen und Buchen gekennzeichnet ist. Für einen derart großen Baum ist die Lebenserwartung relativ kurz. Man rechnet mit 60 bis 70 Jahren. Ältere Birken sind ziemlich selten.

Birkenholz ist weiß und bei älteren Bäumen hellgelb, faserig und am Stammende etwas knorrig.

Unsere heimischen Birken haben viele Äste. Um gleichmäßige Stämme zu erhalten, wird der Baum regelmäßig in den unteren Bereichen entastet. Im Gegensatz zu Skandinavien, wo das Birkenholz zu wunderschönen Möbeln und anderen Gegenständen verarbeitet wird, dient es in unseren Breiten vor allem zur Herstellung von Papier. Früher machte man Holzschuhe, seltener auch Werkzeuggriffe, Besenstiele (aus größeren Ästen) und aus jungen Bäumen Fassringe und Korbhenkel.

Birkenholz lässt sich gut spalten und sehr leicht verarbeiten.

Schatullen, Schalen, Besteck, Spielzeug und zahlreiche andere kleine Gegenstände lassen sich recht einfach aus Birkenholz herstellen. Neben der Linde ist es das Holz, welches sich am leichtesten mit minimalem Werkzeug bearbeiten lässt und sich daher ausgezeichnet für Anfänger eignet.

Ernteperiode

Birken sollten zwischen Ende Oktober und Ende Januar geschlagen werden, da sie zu den Bäumen gehören, deren Saft am frühesten steigt.

Buchsbaum

Buxus sempervirens*, Familie der Buchsbaumgewächse *(Buxaceae)

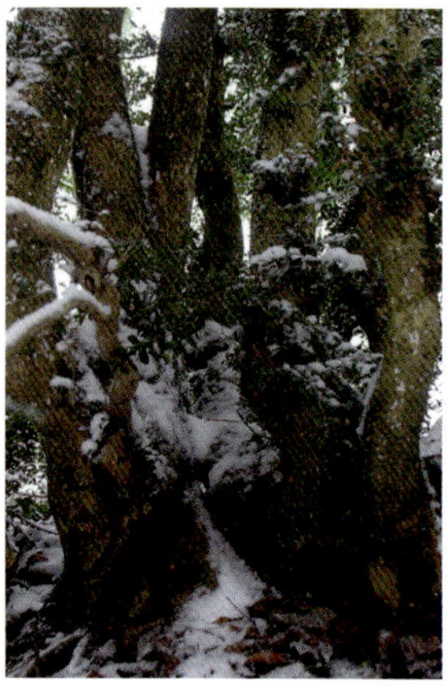

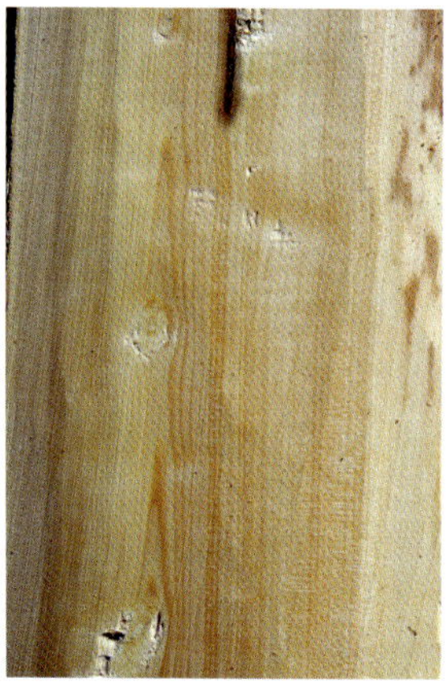

Ist der Buchsbaum ein Baum oder ein Busch? Hinsichtlich des Alters, welches manche alten Stümpfe erreichen, könnten wir getrost von Bäumen sprechen, die ein ganzes Jahrtausend erleben können. Und doch werden auch die größten Exemplare kaum höher als 7 oder 8 Meter. Buchsbaum und Olive gehören zu den edelsten Hölzern dieses Handwerks. In einigen französischen Regionen (wie z. B. dem Jura) basierten ganze Handwerksgilden allein auf der Verarbeitung seines Holzes, was zu massiver Abholzung führte. Auch wenn Buchsbaum schneller wächst, als manche glauben, wenn ihm der Boden passt, so dauert es doch Jahrhunderte, bis sein Stamm einen stattlichen Durchmesser erreicht, der in den seltensten Fällen 20 cm überschreitet.

Buchsbaum gehört zu den dichtesten Hölzern Europas, weshalb man es im trockenen Zustand auch als „Eisenholz" bezeichnet.

So liegt es auf der Hand, dass seine Bearbeitung einer gewissen Geschicklichkeit und gut geschliffenen und soliden Werkzeugs bedarf. Dichtes Holz lässt sich auch besonders gut und fein polieren. Solche „Handschmeichler" erkennt man mit geschlossenen Augen als Buchsbaumholz.

Frisches Buchsbaumholz ist hellgelb und dunkelt mit den Jahren nach. Es kann für unzählige Gegenstände verwendet werden. Die bekanntesten sind Zapfhähne, Spielzeug, Musikinstrumente wie Flöten, Knöpfe, Kämme, Nadeln, Mörser und Stößel.

Ernteperiode

Buchsbaum hat interessanterweise zwei Wachstumsschübe im Jahr. Der erste findet mitten im Winter statt. Der Volksmund behauptet, der Buchsbaum sei so alt, dass er sich noch an eine Zeit mit zwei Frühlingen erinnere. Der gesunde Hausverstand sagt uns, dass er nicht in dieser Zeit, sondern in Wachstumspausen geschnitten werden sollte, d. h. von Mitte März bis Anfang Mai sowie August und September.

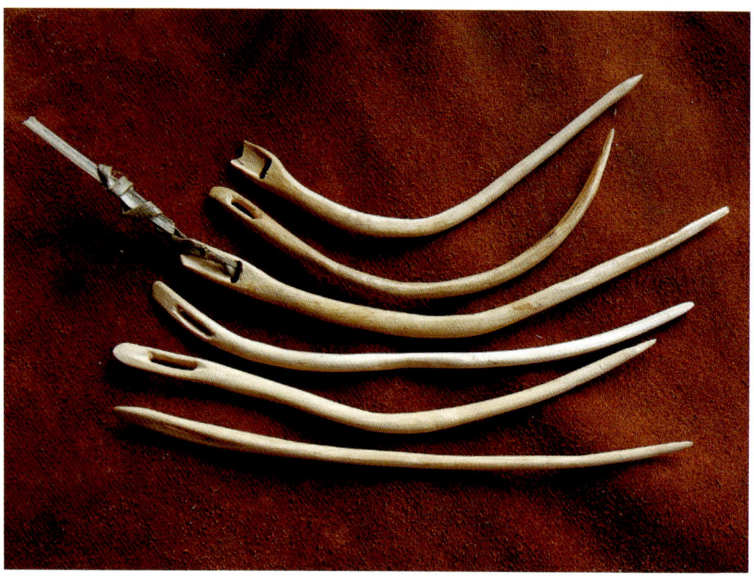

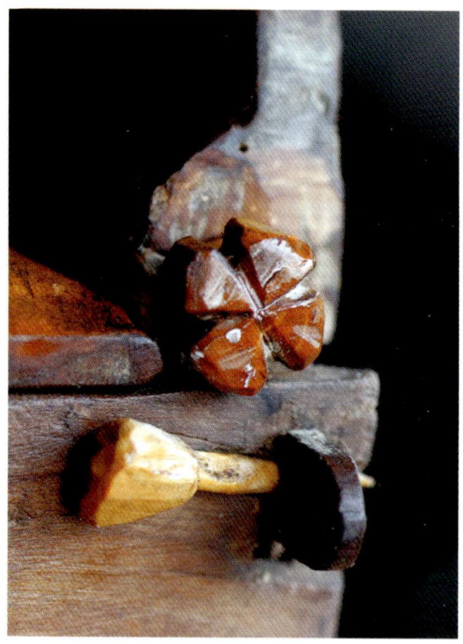

Links: Nadeln zur Herstellung von Türvorlegern (in einer steckt noch der Brombeerfaden)
Rechts: Dübel und Achse einer Salzschatulle, Terran 1978

Ahorn

Acer campestris*, Familie der Seifenbaumgewächse *(Sapindaceae)

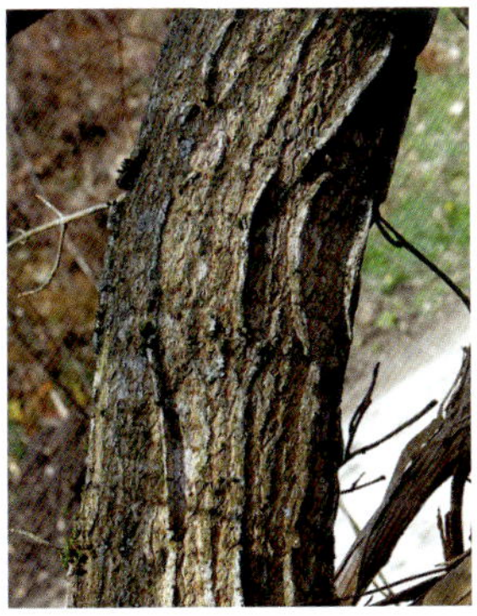

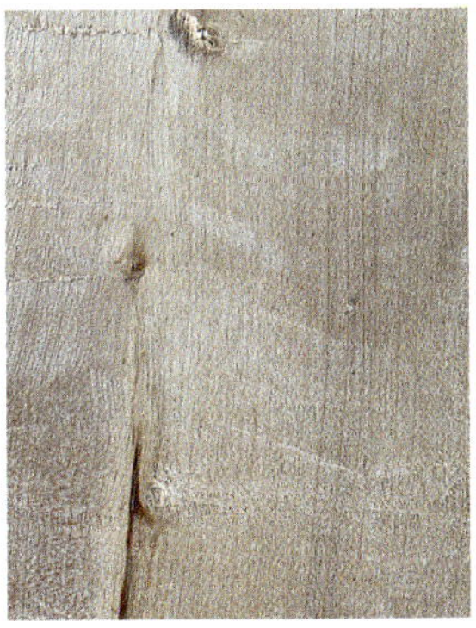

Dieser Baum ist ebenso häufig wie diskret. Er wird selten höher als 15 m, wird bis zu 150 Jahre alt und lässt sich leicht schneiden, um eine dichtere Krone mit kräftigen Schösslingen zu bilden. Kinder nennen seine mit einem Propellerblatt versehenen Samen wegen ihres drehenden Flugs zur Erde gerne „Hubschrauber". Ahorn ist außerdem leicht in Hecken zu zähmen.

Sein Holz ist von ausgezeichneter Qualität, hart, sehr einheitlich, fein gekörnt und goldfarben.

Wenn dieses gute Brennholz nicht im Kamin landet, so ist es beliebt bei Drechslern, Holzbildhauern, Geigenbauern und Kunsttischlern für Einlegearbeiten.

Ernteperiode

November bis Dezember.

Gemeine Esche

Fraxinus excelsior*, Familie der Ölbaumgewächse *(Oleaceae)

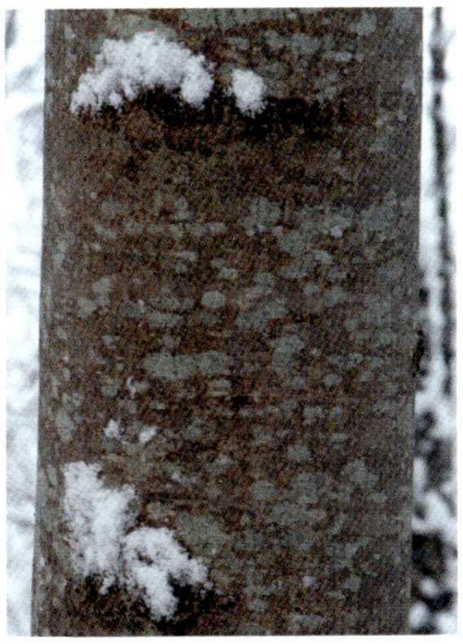

Vorab eine kleine Überraschung: Die Esche ist eine nahe Verwandte des Olivenbaums – und auch des Ligusters.

Die Esche ist ein wahrer Zivilisationsbaum. Die nordischen Völker verehrten sie lange im Yggdrasil-Kult als Weltenbaum, der auf, über und unter der Erde die Verbindung zwischen der stofflichen und der spirituellen Welt herstellt.

Für die Kelten war die Esche der Sonnenbaum, der die Eiche zwar wohl kaum an Bedeutung übertraf, ihr aber vielleicht sehr nahe kam, wie sich aus zahlreichen Ortsnamen und aber auch aus der Taxonomie schließen lässt. Ihr Holz ist nicht nur ein ausgezeichnetes Brennholz, sondern wird auch zu Henkeln, Griffen und Stielen der verschiedensten Gebrauchsgegenstände und Werkzeuge verarbeitet. Eschen werden 25 bis 30 m hoch und bis zu 200 Jahre alt. Sie passen sich an die verschiedensten Bedingungen an und kommen auf Ebenen ebenso vor wie in mittleren Berglagen. Am besten gedeihen sie jedoch in lockeren und tiefen Böden. Während sie sich besonders gut in offenen Landschaften ausbreiten, findet man sie trotzdem häufiger in Wäldern als z. B. Birken oder Weiden.

Eschenholz hat lange, dünne Fasern, die leicht zu bearbeiten sind. Das getrocknete Holz ist dicht und hart, aber nicht sehr schwer und bleibt ziemlich biegsam.

Dies ist auch der Grund, weshalb es besonders bei Werkzeuggriffen zum Einsatz kommt. Es übernimmt trotz seiner Härte gleichsam die Aufgabe eines Stoßdämpfers. Abgesehen davon, wird es oft auch zur Täfelung oder zu Küchengebrauchsgegenständen verarbeitet. Zu Kopfeschen beschnittene Exemplare haben verwachseneres Holz mit sehr schöner, wilder Maserung. Eschenknorren sind besonders in der Drechslerei und der Intarsienarbeit beliebt.

Ernteperiode

Eschen werfen ihr Laub sehr spät ab, treiben aber auch im Frühling als Letztes aus. Daher werden sie am besten zwischen Dezember und Ende Februar geschlagen.

Rotbuche

Fagus sylvatica,* Familie der Buchengewächse *(Fagaceae)

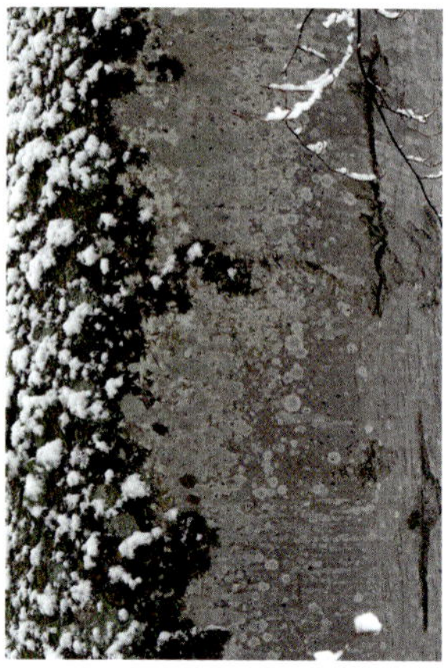

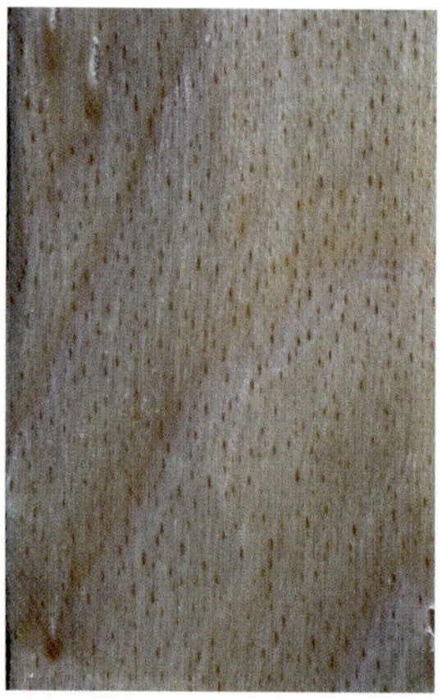

Buchen und Eichen beherrschten sicher die europäischen Urwälder, bevor der Mensch diese urbar machte. Die Überreste ihrer früheren Dominanz beschränken sich heute auf Gebirgsregionen, weshalb heute oft noch (fälschlich) geglaubt wird, dass sie sehr häufig sind.

Buchen können bis zu 35 m hoch und 200 bis 300 Jahre alt werden. Ihre Früchte, die Bucheckern, stellen eine wichtige Nahrung für die Tierwelt dar.

Charakteristisch für das dichte, kompakte Buchenholz sind die dunkleren Fasern in einem sonst hellen Holz. Die Fasern sind so kurz wie die des Buchsbaums und lassen sich ebenso gut verarbeiten.

Diesem Umstand ist es zu verdanken, dass die Holzindustrie die meisten Küchengebrauchsgegenstände (wie Spachteln, Schneidbretter usw.) serienmäßig aus Buchenholz anfertigt. Es lässt sich gut drechseln und wird in Spanplatten ebenso wie als Brennholz verwendet. Früher wurden die meisten Holzschuhe aus Buchenholz hergestellt. Allein für Anwendungen im Außenbereich eignet sich dieses feine Holz aufgrund seiner schlechten Witterungsresistenz allerdings nicht.

Ernteperiode

Buchen werden zwischen Ende Oktober und Januar geschlagen.

Vogelkirsche (Wildkirsche)

Prunus avium,* Familie der Rosengewächse *(Rosaceae)

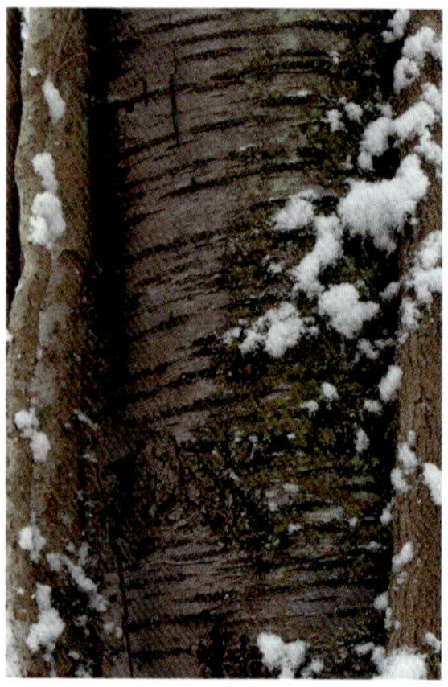

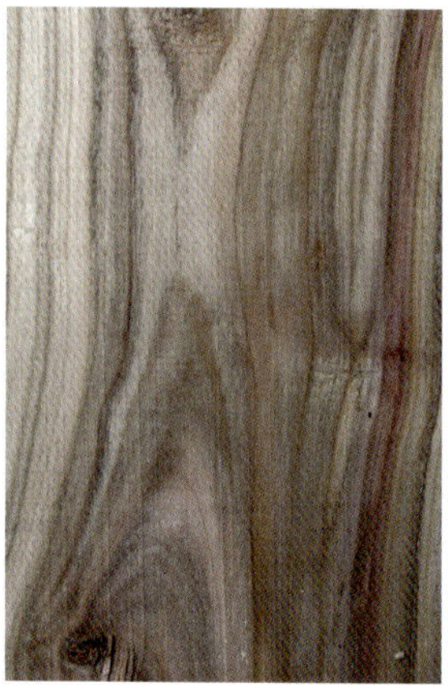

Dieser bis zu 20 m hohe Baum ist nicht nur schön und beehrt uns im Sommer mit seinen feinen Früchten, sondern er dient auch als Unterlage für unsere Kulturkirschen. In manchen Wäldern ist er sehr häufig, wird aber nicht sehr alt (60 bis 80 Jahre). Dann beginnt sein Stamm meist durch widrige Witterung aufzuplatzen, was einen relativ raschen Verfall zur Folge hat.

Sein feinkörniges, rötliches Holz kann rosa, braun, grau oder fast schwarz gemasert sein. Es lässt sich leicht polieren und altert ausgezeichnet, indem es eine unübertroffene Patina anlegt.

Neben dem Walnussbaum verdanken wir der Wildkirsche unsere schönsten Möbel, die jedoch vor Feuchtigkeit geschützt werden müssen, da sie sich sonst schnell verziehen. Zu ihren wenigen Schwachstellen gehört der Umstand, dass junge Bäume sehr viel Splintholz aufweisen, welches bis zur Hälfte des Stamms ausmachen kann. Das bedeutet, dass das Werkstück oft sehr viel kleiner als unser ursprünglicher Holzblock ausfällt.

Ernteperiode

Wildkirschen werden zwischen Oktober und Januar geschlagen.

Walnussbaum

Juglans regia*, Familie der Walnussgewächse *(Juglandaceae)

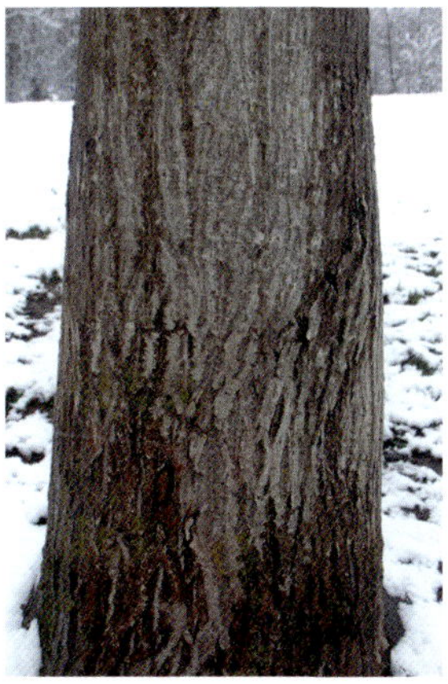

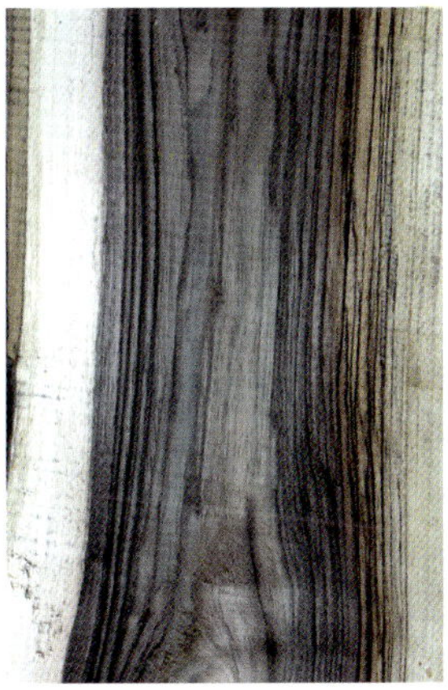

Der wohl aus Asien stammenden Walnuss ist es im Wald zu eng, denn mit nur 15 bis 20 Metern Höhe bekommt sie hier nicht genügend Sonnenlicht. Deshalb treffen wir sie auch nur selten in Wildgehölzen, aber umso öfter in Hecken und Hainen oder aber wegen ihrer Frucht gezüchtet an. Aber nicht nur die Walnüsse, auch ihr Holz sind eine gute Einnahmequelle.

Auf schöne, alte Walnussbäume legen Kunsttischler schon bald ihr Augenmerk, weil ihr Holz nicht nur feinkörnig und leicht zu verarbeiten, sondern auch sehr widerstandsfest ist. Das alte Kernholz ist dunkelbraun mit schöner, manchmal fast ins Schwarze gehender, intensiver Maserung.

Aufgrund dieses ästhetischen Aspekts ist es ein begehrtes Nutzholz. Neben der Möbelherstellung ist es auch für die Intarsienarbeit und die Drechslerei beliebt. Aus Walnussholz werden edle Holzverkleidungen, Spielfiguren (wie für Schach und Dame), Gewehrkolben und Armaturenbretter für Luxusfahrzeuge angefertigt. Dazu wird auch das wunderbare Wurzelholz verwendet.

Durch Vergärung der Schale unreifer, grüner Nüsse wird auch ein hochqualitatives Naturfärbemittel, die Walnussbeize, hergestellt.

Ernteperiode

Da die Walnuss recht bald austreibt, wird sie am besten im Herbst oder am Anfang des Winters geschlagen.

Olivenbaum

Olea europaea*, Familie der Ölbaumgewächse *(Oleaceae)

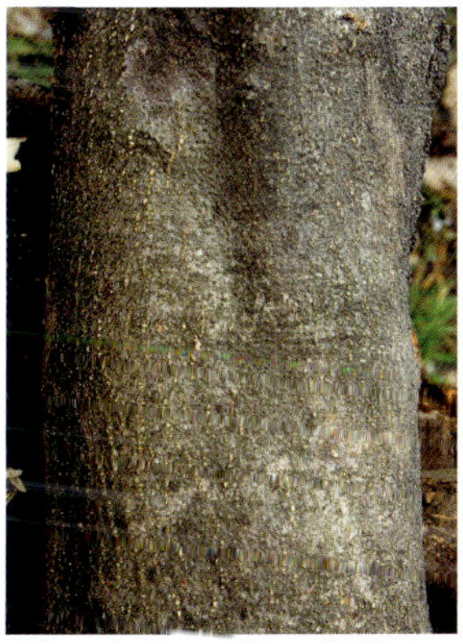

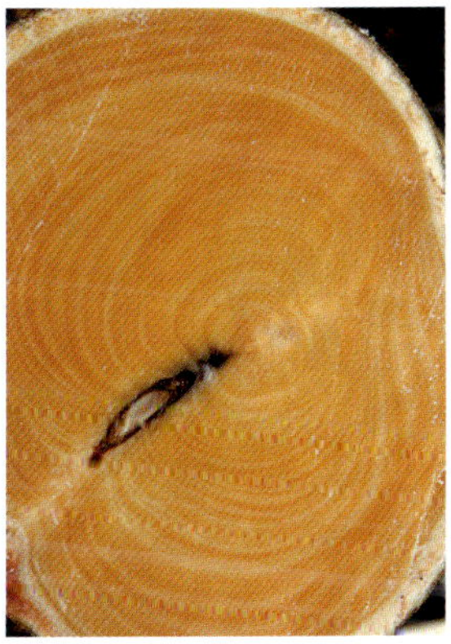

Und hier ist sie, die schönste Ausnahme der Regeln … Wie wir alle wissen, wächst kein Ölbaum in deutschsprachigen Landen. Aber wie könnte man ein Buch über Holzschnitzerei schreiben, ohne den Baum zu beschreiben, der neben dem Buchsbaum König in dieser Disziplin ist?

Vielleicht gelingt es dem einen oder anderen ja bei einem Urlaub im Mittelmeerraum ein Stück mit nach Hause zu nehmen. Man bekommt Olivenholz aber auch im gut sortierten Holzhandel. Sein dichter Wuchs erinnert vielleicht an einen großen Busch, doch da endet auch schon der Vergleich, denn so manches Exemplar steht in aller Würde in 15 bis 20 m Höhe auch nach 2.000 Jahren noch an seinem angestammten Platz.

Olivenholz ist hart, dicht und feinkörnig. Und doch ist es gut und für vielerlei zu verarbeiten: Nicht nur Besteck, Schüsseln, Teller und Tablette, sondern auch Mörser und Stößel, Kämme, Haarspangen und vieles mehr werden aus diesem Holz hergestellt.

Der besondere Charme, gleichsam das Markenzeichen des Olivenholzes, liegt in seinem schönen Gelb, welches von mehr oder weniger dunkler Maserung durchzogen wird.

Ernteperiode

Wann soll man einen Olivenbaum schlagen? Gar nicht! Nutzholz findet man am besten dort, wo Bäume nach dem Januar oft recht stark zurückgeschnitten werden. Manchmal ist dann auch ein Stück Stamm zu ergattern.

Birnbaum

Pyrus communis,* Familien der Rosengewächse *(Rosaceae)

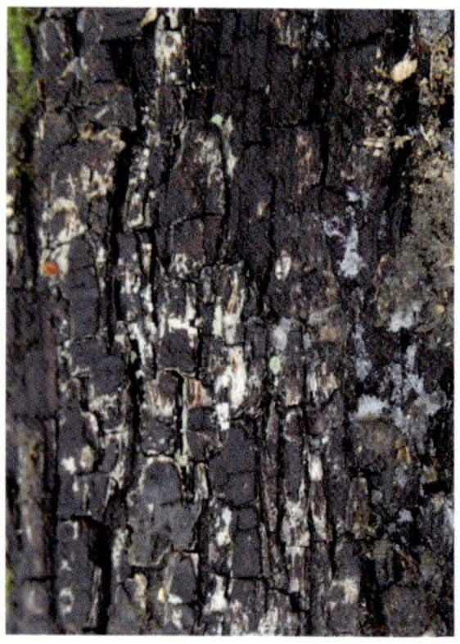

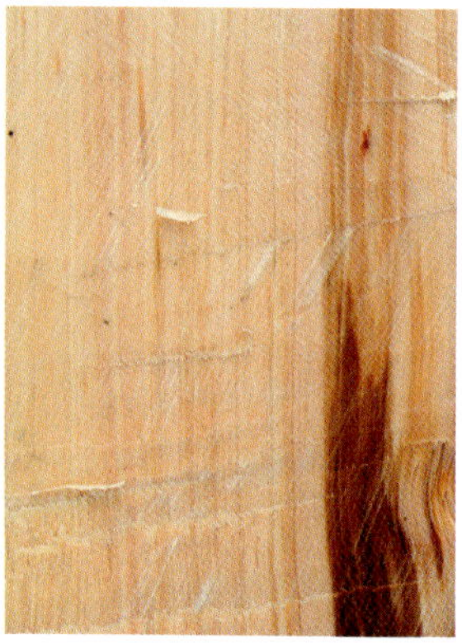

Birnenholz ist sehr homogen und besonders feinkörnig, was eine bemerkenswert feine Politur ermöglicht. Dieses rötliche Holz eignet sich ausgezeichnet für die Feinarbeit kleiner Gegenstände, Musikinstrumente, wie z. B. Flöten, aber auch für größere Skulpturen aus Holz. Es wird auch in der Kunsttischlerei und für die Intarsienarbeit verwendet. Es ist sehr resistent und wurde daher auch für Verschleißteile im Mühlenbau und für Laufrollen verwendet.

Ernteperiode

Manche fällen alte Birnbäume, um einen Obstgarten zu verjüngen. Man findet wilde Birnen auch in Hecken. Der Baum kann im November und Dezember geschlagen werden.

Robinie oder Scheinakazie

Robinia pseudocacia,* Familie der Hülsenfrüchtler *(Fabaceae)

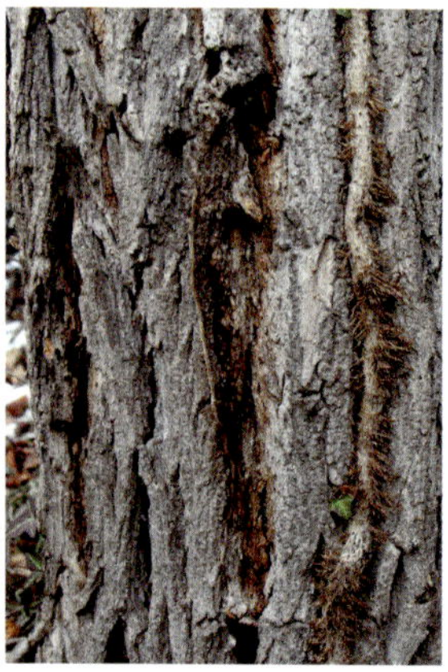

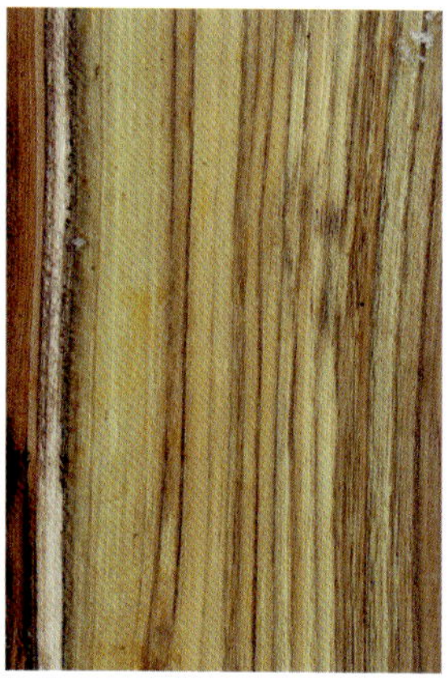

Die Scheinakazie oder auch der Silberregen wurde 1590 von Jean Robin (Hofgärtner des französischen Königs Heinrich IV.) nach Europa gebracht. Ihr Holz ist so hart und witterungsfest, dass daraus Pfeiler und Eisenbahnschwellen hergestellt werden. Aufgrund seiner großen Widerstandskraft wird Robinienholz gern im Schiffsbau, zur Herstellung von Treppen und besonders für belastbare Parkettböden verwendet. Bei Gartenmöbeln ersetzt es glücklicherweise immer öfter Tropenhölzer.

Das gelbliche, mit schwarzer Maserung durchzogene Holz ist hart und lässt sich sehr fein polieren.

Die Einschlüsse fast reinen Siliziums lassen das Werkzeug aber schneller stumpf werden als bei allen anderen Holzarten. Und doch ist dieses Holz bei Kunsttischlern, Drechslern und Bildhauern besonders beliebt.

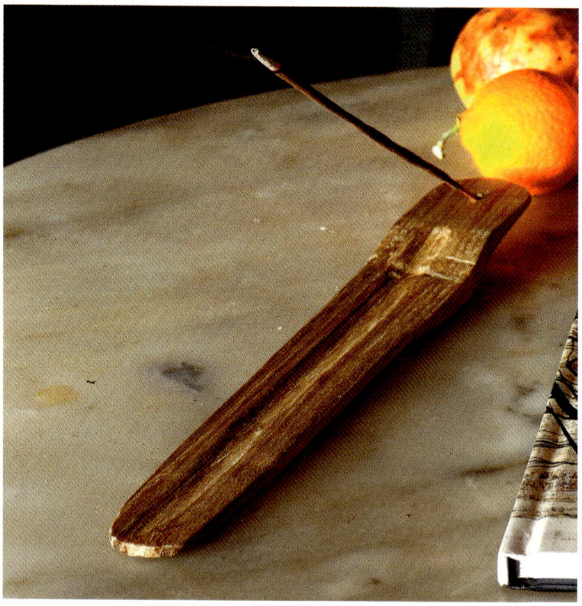

Schwarzer Holunder

Sambucus nigra,* Familie der Moschuskrautgewächse *(Adoxaceae)

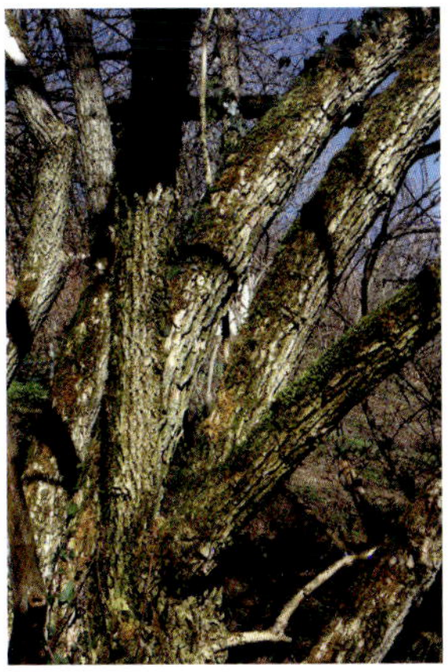

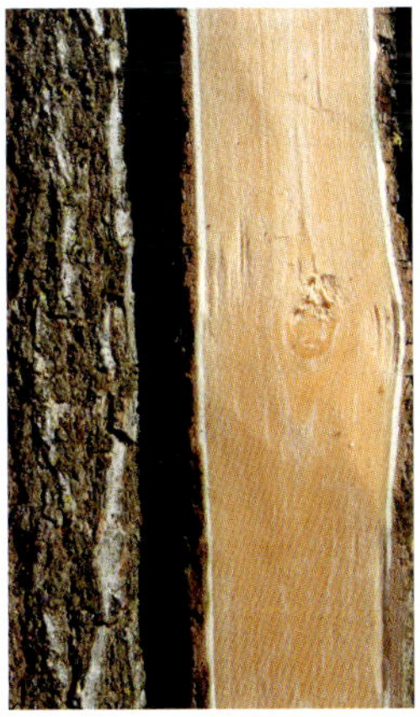

Dieser kleine heimische Baum ist aus unseren Gärten und Hecken nicht wegzudenken. Er kommt nicht nur in Küche, Pflanzenheilkunde und Handwerk zur Verwendung, sondern soll im Volksglauben auch eine beliebte Wohnstätte des Elfenvolks und anderer Schutzgeister sein. Kurzum, nicht nur Frau Holle hängt am Holunder.

Wie könnten wir es da übers Herz bringen, diesen liebenswerten Baum zu schlagen? Doch ist dies auch keineswegs nötig, denn ein Ast genügt zur Herstellung von Holzgegenständen.

Sein hellgelbes Holz verfügt über eine feine Körnung, ist hart, dicht und trotzdem leicht.

Abgesehen von seinem Gewicht könnte man fertige Werkstücke mit Buchsbaumholz verwechseln, mit dem das Holunderholz viele Eigenschaften teilt. Früher stellte man oft Spielzeug, Musikinstrumente, Spindeln zum Spinnen von Wolle oder Leinen, Werkzeuggriffe und die in Frankreich beliebten Bouffadous, das sind Blasrohre zum Anfachen des Feuers, her. Aufgrund seines weichen Marks eignet sich Holunderholz besonders für hohle Gegenstände, da sich das Mark leicht mit einer Feile oder einem heißen Metallstab entfernen lässt.

Ernteperiode

Der Holunder hat es sehr eilig und beginnt schon im ausgehenden Winter auszutreiben, was manchmal zu Frostschäden führen kann. Daher wird sein Holz am besten gleich nach Abwurf des Laubes Mitte Oktober, spätestens aber im November geschnitten.

Winter-Linde

Tilia cordata,* Familie der Malvengewächse *(Malvaceae)

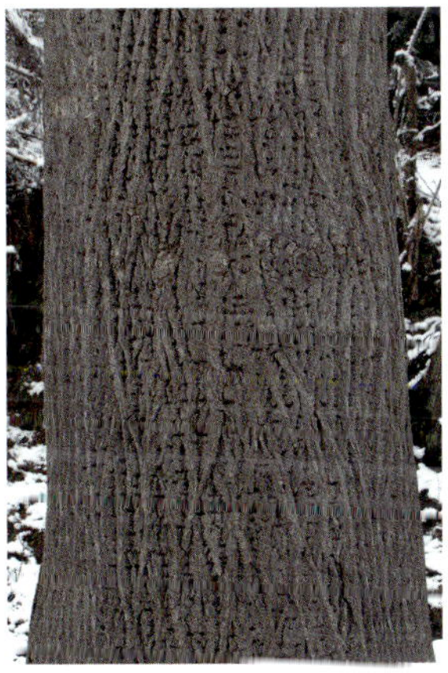

Von der Linde sind Blüten und Blütenblatt bekannter als der eigentliche Baum. Und doch ist sie sehr häufig und wird nach der Blüte oft übersehen. In der Blüte jedoch nehmen wir eine Linde von Weitem aufgrund ihres berauschenden Geruches und wegen des Summens der Tausenden von Bienen in ihren Ästen wahr.

Lindenholz ist das beste Holz für Anfänger. Es ist weich und besonders leicht, aber trotzdem homogen genug, um einfach verarbeitet und fein poliert werden zu können. Das Holz ist weiß und lässt sich gut färben.

Auch etwas stumpfes Werkzeug wird seiner Faser noch Herr. Lindenholz wird für Skulpturen, Gravuren, in Drechslerei und Tischlerei (Zierleisten, Möbelverkleidungen, Schubladen usw.) verwendet. Linden gibt es nicht nur auf dem Land, sondern auch in Städten, wo sie oft streng geschnitten werden, wobei so manches Stück für den Schnitzer zu ergattern ist.

Ernteperiode

Linden werden im November und im Dezember geschlagen.

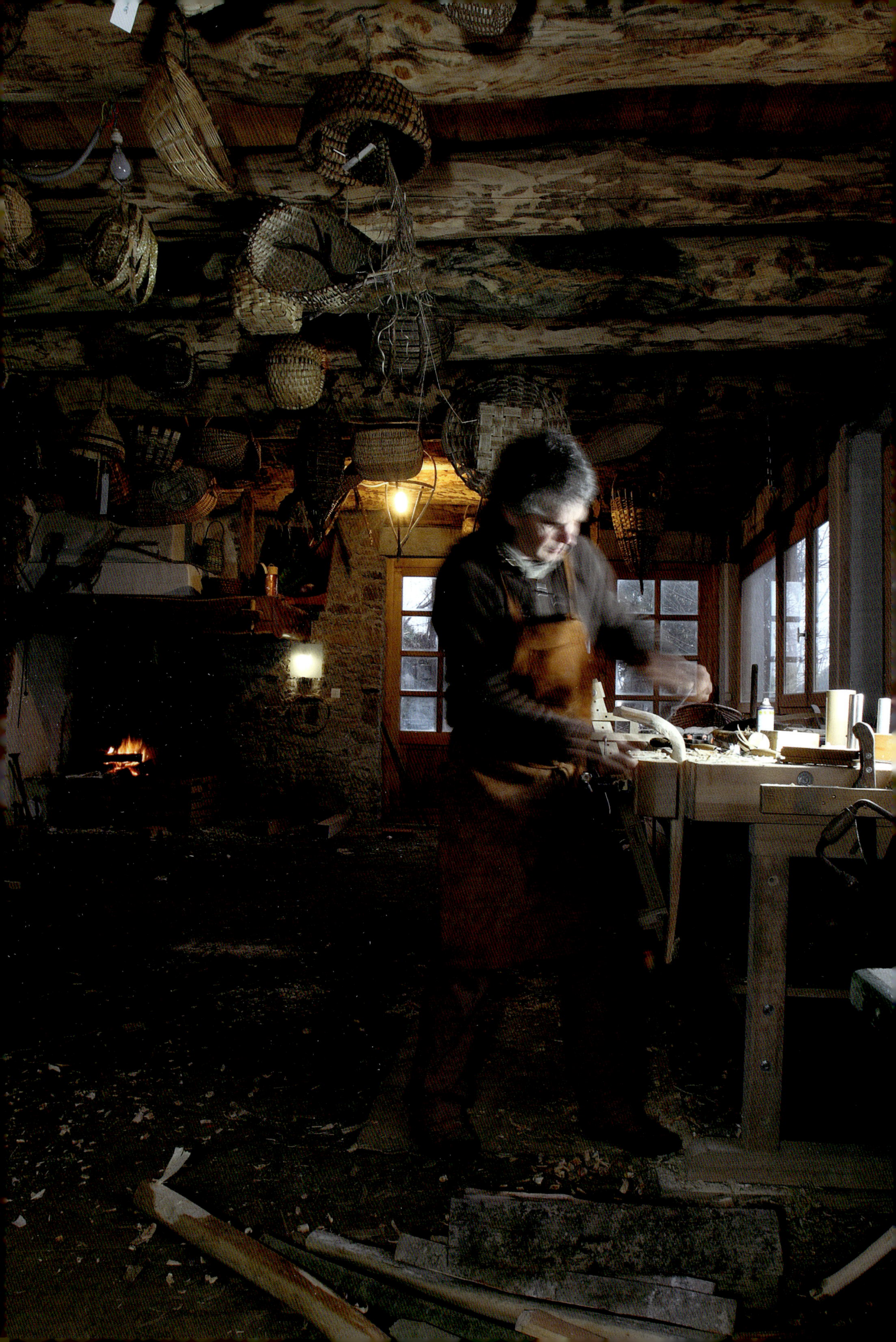

Handwerkszeug

Werkzeughandbuch

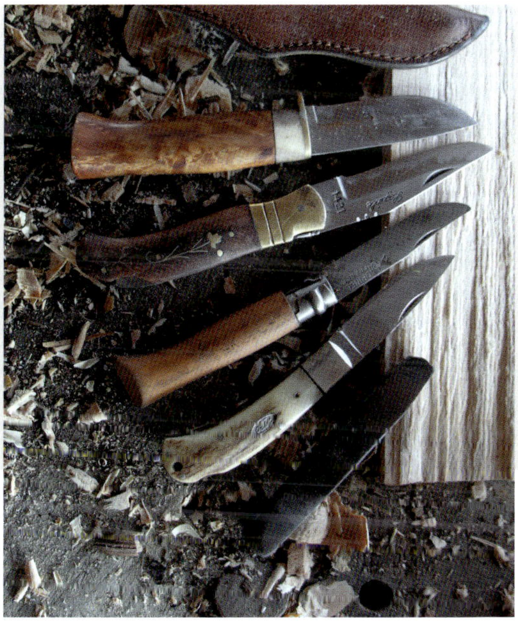

Eine Frage der Wahl …
- Fossile Energien sind unnötig!

Vom Einfachen zum Komplizierten
- Werkzeug in freier Natur
- Werkzeug in der Werkstatt

Was kostet das?

Schleifen und Instandhaltung

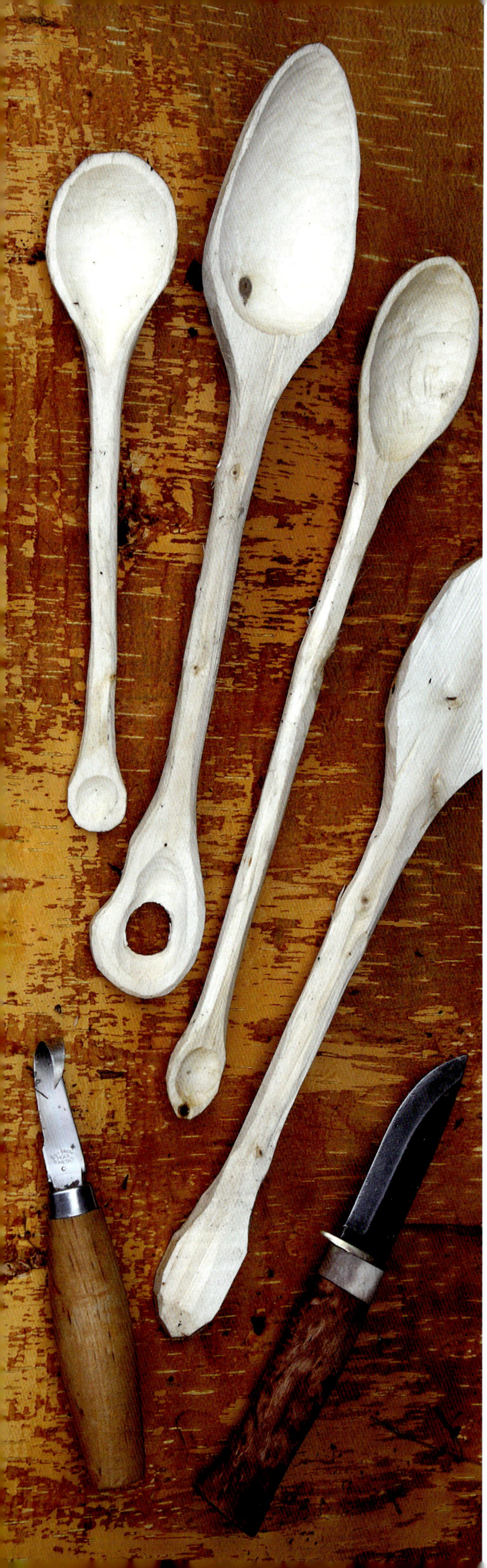

Eine Frage der Wahl ...

Fossile Energien sind unnötig!

Wir haben uns entschieden, in diesem Buch Handwerkzeugen den Vorzug zu lassen, die nur der Energie des Handwerkers bedürfen. Genau genommen kostet natürlich auch die Herstellung des Werkzeugs Energie, doch ist seine Lebensdauer oft länger als die des Handwerkers. Bei Elektrowerkzeugen ist dies nicht der Fall, wodurch ein Konsumsystem unterstützt wird, welches durchaus in Frage gestellt werden sollte.

Es soll hier wirklich kein Fundamentalismus gepredigt werden, denn auch in unseren Werkstätten gibt es elektrisches Werkzeug, wenn auch manche davon mit Sonne geladen werden können. Jeder muss für sich selbst entscheiden, mit welchem Werkzeug er arbeiten kann oder will.

Doch ist die Besorgung mancher Spezialwerkzeuge manchmal gar nicht so leicht. Der erste Gang führt meist in den lokalen Werkzeugladen.

Oft findet man aber auch auf Flohmärkten, bei Trödlern oder in den diversen Tauschgeschäften wahre Schätze.

Doch vergessen Sie bei all den folgenden Seiten nie, dass viele der genannten Werkzeuge durchaus austauschbar sind. Sind manche vielleicht rationeller, so ist es immer gut zu lernen, mit denen zu arbeiten, die wir gerade zur Hand haben. Das Endergebnis hängt meist viel mehr von unserer Motivation und Fingerfertigkeit als von der Verfügbarkeit dieses oder jenes Werkzeugs ab. Also nie die Flinte vorzeitig ins Korn werfen! Es genügt, uns die atemberaubende afrikanische Holzschnitzerei vor Augen zu führen, um uns davon zu überzeugen, was alles mit minimalem Werkzeug möglich ist.

Nicht das Werkzeug schnitzt den Gegenstand, sondern unsere Hand, die es führt, und unser Auge, welches es konzipiert.

Holzlöffel und die zu ihrer Herstellung verwendeten Werkzeuge

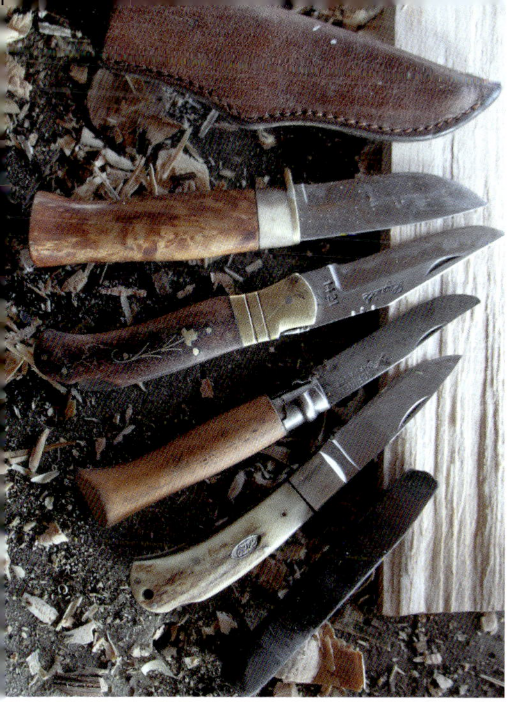

Vom Einfachen zum Komplizierten

Werkzeug in freier Natur

Das einfachste und vielseitigste Werkzeug im Freien ist das Taschenmesser, mit dem man so ziemlich alles herstellen kann. Unter einer Bedingung, die in unserer modernen und schnelllebigen Zeit gar nicht mehr so selbstverständlich ist: **Man braucht Zeit.**

Es ist noch gar nicht so lange her, da brachte ein Hirte am Abend so manchen Gehstock für seinen Vater, einen Korb für seine Mutter, Halsbänder für seine Schafe und ein Spielzeug für die Kinder mit.

Heute kann uns eine längere Wanderung im Grünen zur „Kunst des Taschenmessers" inspirieren, die uns schon bald das lohnende Gefühl gibt, uns mit fast nichts durchschlagen zu können, um unsere Grundbedürfnisse zu erfüllen.

Dieses Taschenmesser kann man nun mit ein paar weiteren Grundwerkzeugen im Rucksack vervollständigen: Ein kleines Handbeil, eine leichte, wenn möglich zusammenklappbare Säge oder Laubsäge und – als Tüpfelchen auf dem I – ein kleines Stemmeisen oder Schälmesser (wie auf dem Foto links unten). Die ebenfalls auf dem Bild abgebildete Bildhauerraspel ist hingegen entbehrlich.

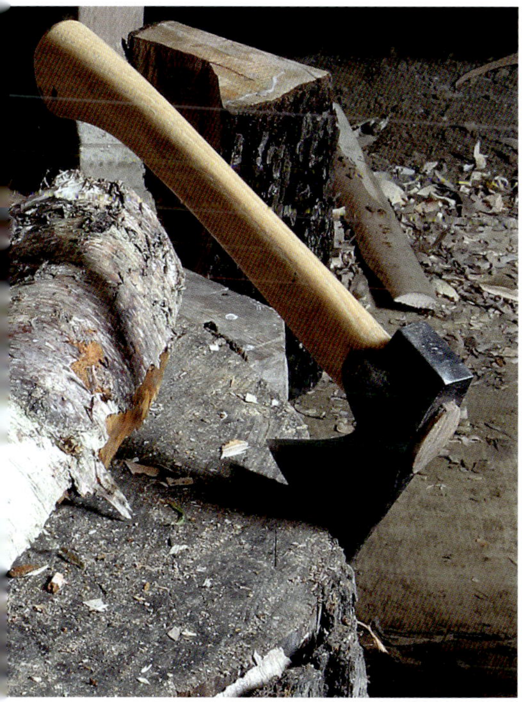

Um in der freien Natur arbeiten zu können, kann sich folgendes Werkzeug als hilfreich erweisen: Taschenmesser oder Messer mit Scheide, Schälmesser, Klappsäge und Handbeil

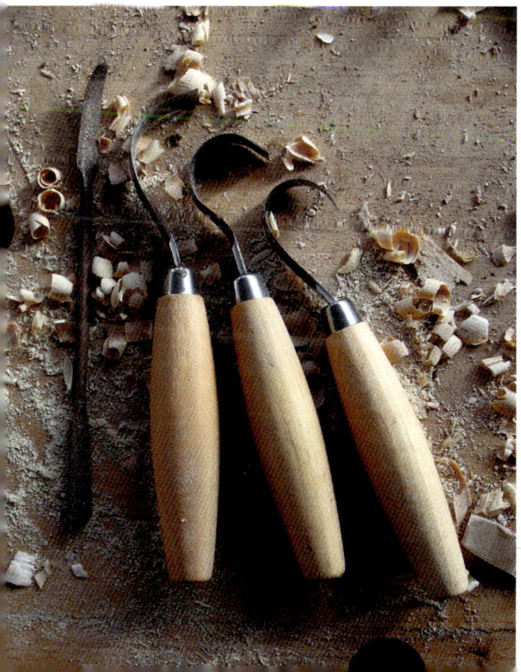

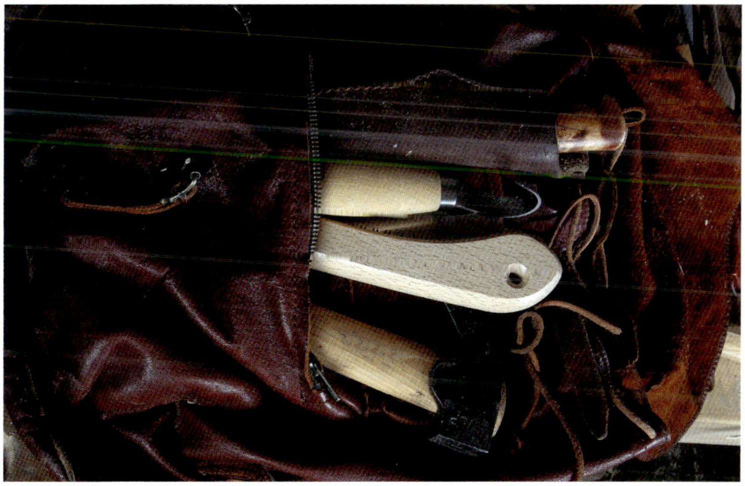

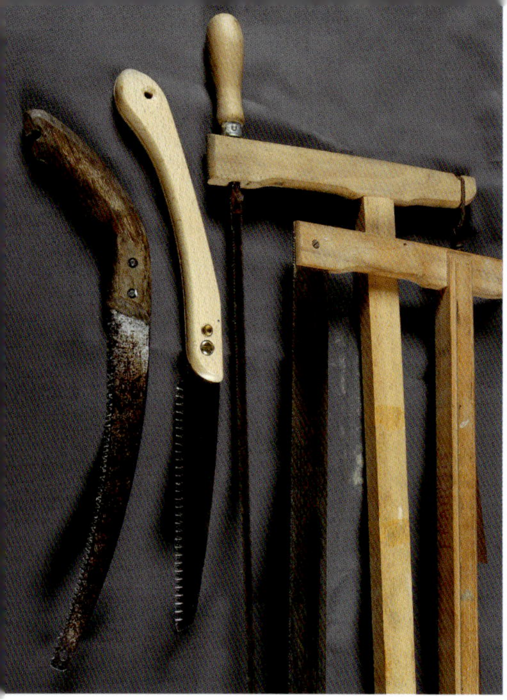

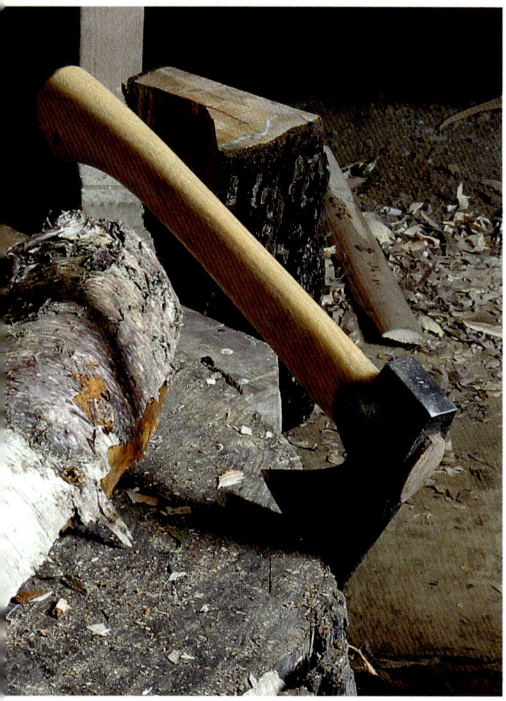

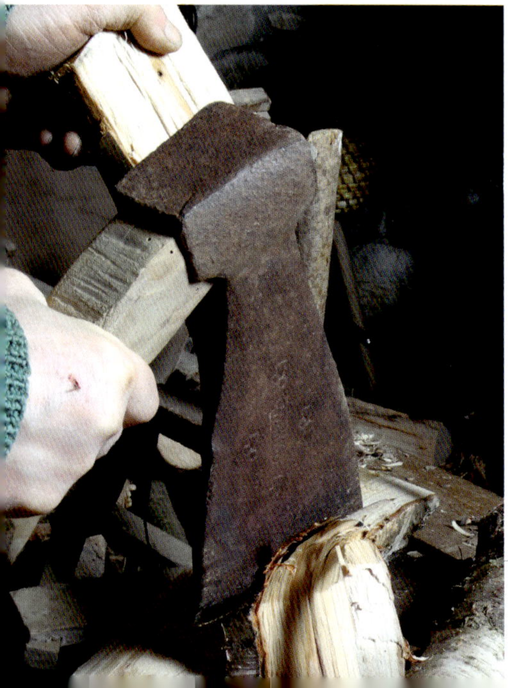

Werkzeug in der Werkstatt

Diese Liste ist zwangsläufig etwas länger und spiegelt wohl auch eine subjektive Auswahl wider. Man benötigt keineswegs all die angeführten Werkzeuge, doch einige davon sind unumgänglich.

Neben den eben aufgelisteten Werkzeugen, die auch in der Werkstatt ihren Platz haben (und das gilt auch für das Taschenmesser), kommen hier noch Axt, Dechsel, verschiedene Stemm- und Hohleisen, Spaltmesser oder Hippe, Schlegel, diverse Sägen, Handbohrmaschine mit verschiedenen Bohrern, Holzbohrer und Löffelbohrer, Poalmeß, Ziehbank und Ziehmesser in verschiedenen Formen hinzu. Hierbei darf die robuste Hobelbank mit den diversen Pressen, Schraubstöcken und anderen Befestigungsmechanismen nicht vergessen werden.

Sägen zum Ab- und Zusägen von Holz.

Auf Wanderungen sind Ast-, Klapp- oder Laubsägen praktische Wegbegleiter. Sie findet man in Sport- oder Bastelgeschäften.

In der Werkstatt haben die Sägen verschiedene Funktionen: Man kann mit ihnen nicht nur ab-, aus- und zersägen, sondern auch glätten und nachschneiden.

Im Wald sind professionelle Ast-, Baum- und Kettensägen erforderlich, um ganzen Bäumen und Stämmen Herr zu werden.

Während der Tischler über eine Reihe von Sägen verfügt, mit denen trockenes Holz gesägt werden kann, so braucht der Schnitzer für kleine Gegenstände auch Frischholzsägen mit einem breiteren Sägeblatt.

Axt und Beil zum Schlagen, Zuschneiden und Behauen von Holz. Zum Schlagen und Spalten von Holz genügt eine normale Axt mit mittigem Klingenschliff. Um jedoch Rohlinge herzustellen, erweist sich ein Beil mit seitlich versetzter Schneide als wertvoller Helfer, weil diese Klingen nicht zu tief ins Holz dringen und dadurch vermieden wird, die Faser anzuschneiden, was oft schwer auszubessern ist. Solches Werkzeug ist bei Trödlern (siehe das Schumacherbeil in der Mitte) oder im professionellen Werkzeughandel zu erhalten. Aber aufgepasst, solche Beile gibt es für Rechts- und für Linkshänder. Ersteres hat die Schneide rechts, letzteres links.

Das Handbeil ist ein wunderbares Werkzeug, mit dem man wesentlich mehr als nur hacken kann. Mit etwas Fingerspitzengefühl kann man damit richtig bildhauern.

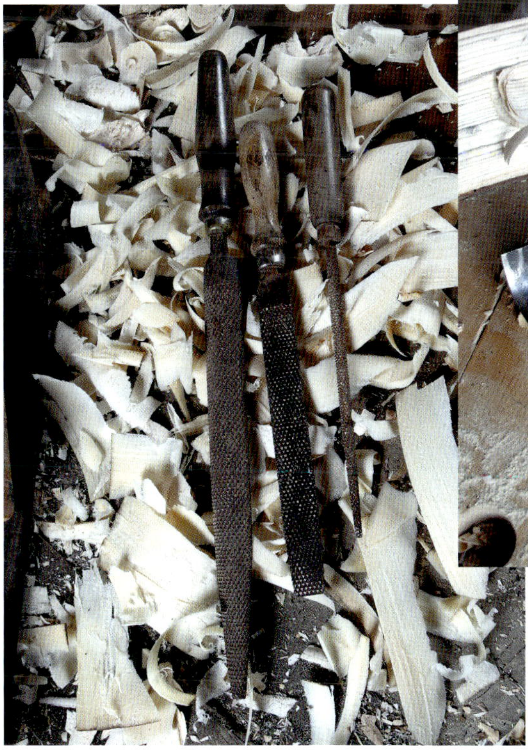

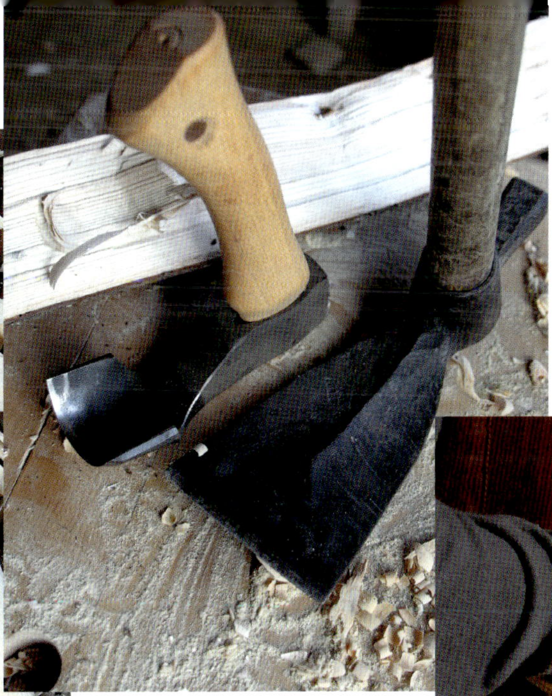

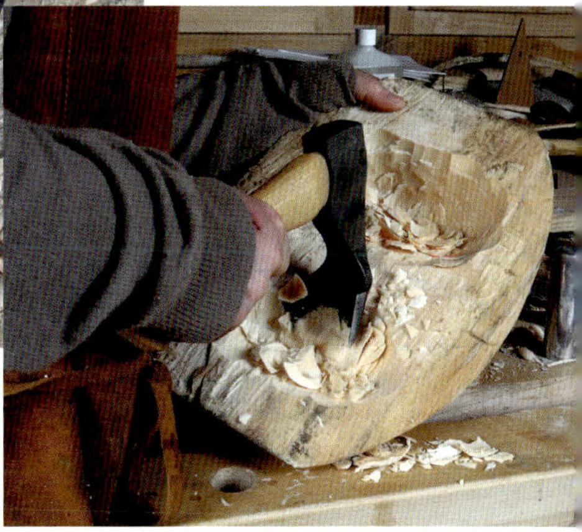

Dechseln (siehe Foto Mitte oben) zum Abnehmen großer Spanmengen und Glätten (rechts auf dem Bild) und/oder Aushöhlen (die kleine Hohldechsel links). Dechseln findet man ziemlich problemlos im Fachhandel oder bei Trödlern. Hat man keine zur Hand, so kann das meiste auch mit Handbeil, Bohrern, Hohleisen und Lochbohrer erledigt werden.

Die Dechselklinge ist nur auf der Außenseite geschliffen, was verhindert, dass das Werkzeug zu tief ins Holz eindringt und es beschädigt.

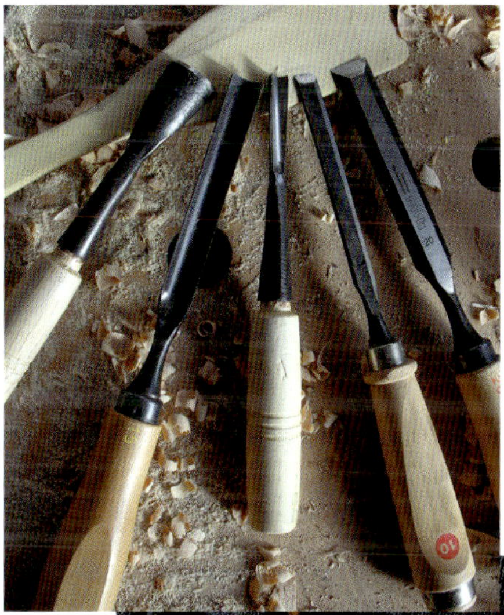

Stemm- und Hohleisen dienen dazu, den Rohling zu verringern. Während Stemmeisen gerade Klingen haben, sind die der Hohleisen rund, V-förmig oder spitz.

Schäleisen dienen zum Aushöhlen des Werkstücks (siehe Foto unten).

Raspeln (Foto links oben) gibt es in den verschiedensten Formen (flach, rund und halbrund) und Größen, um sich den Anforderungen der verschiedenen Werkstücke anpassen zu können. Mit Raspeln können vor allem die heiklen Stellen der Astaugen gemeistert werden, an denen die Faserrichtung schlechter zu schnitzen ist.

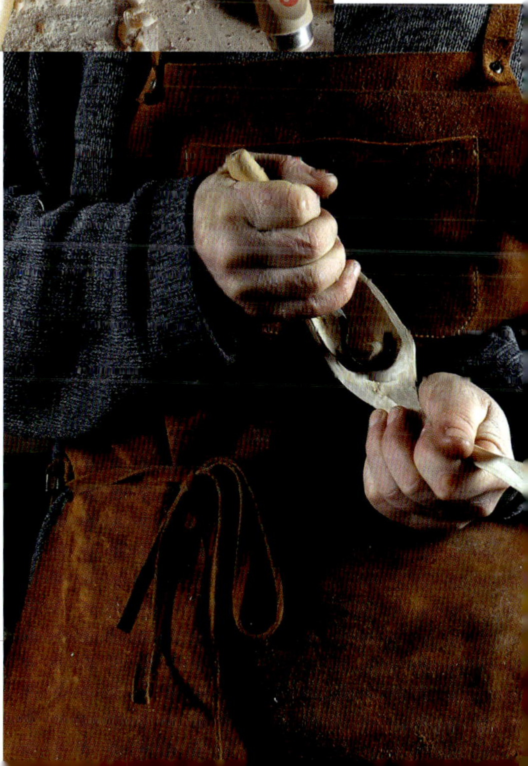

Schutzschürze (siehe Foto rechts): Auch wenn es sich hier um kein wirkliches Werkzeug handelt, so ist es doch ein wertvolles Hilfsmittel zum Schutz von Oberkörper und Schoß. Die meisten Unfälle könnten eigentlich durch Vorsicht vermieden werden. Lederschürzen leisten hier wertvollste Dienste.

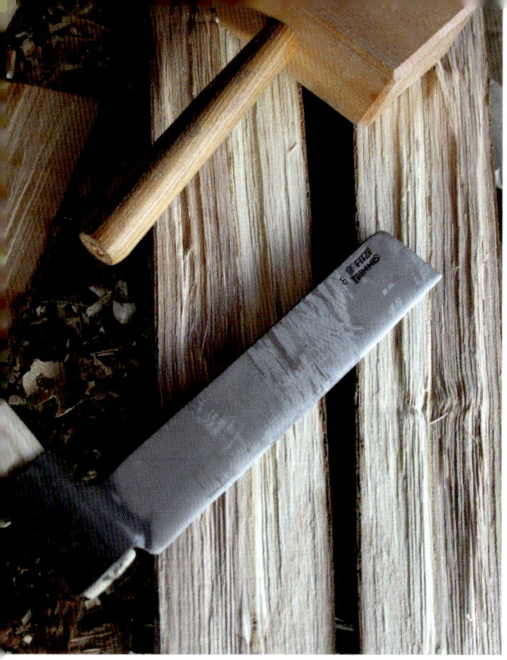

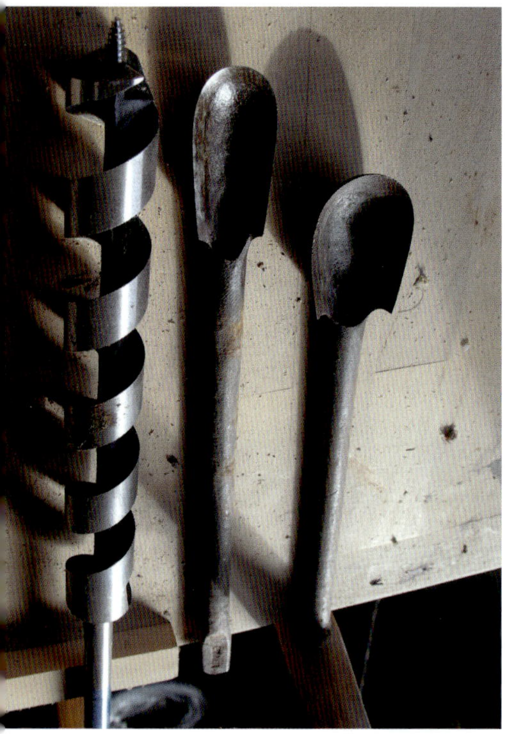

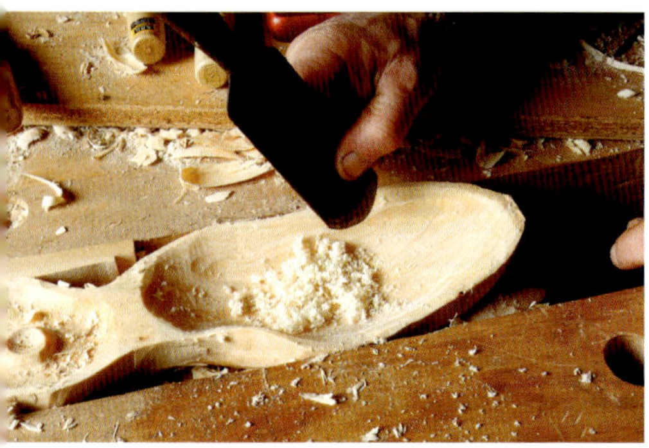

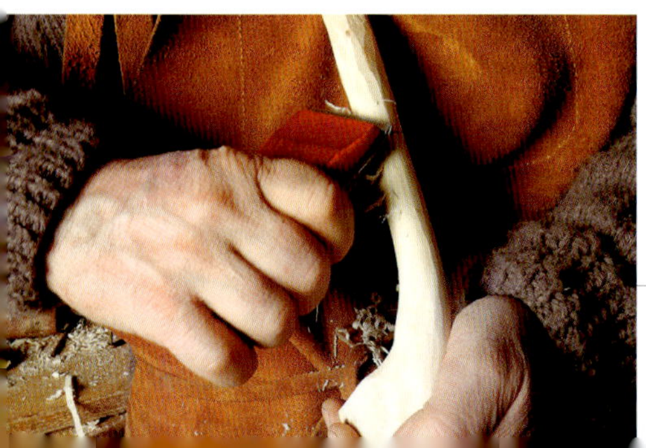

Spaltmesser (Foto links mit einem Holzschlegel) dienen dazu, Holzblöcke in feinere Stücke zu spalten, was jedoch auch mit Axt, Beil oder Keilen geschehen kann.

Loch- und Löffelbohrer verschiedener Größen (rechts auf dem Foto in der Mitte) dienen dazu, größere Werkstücke zu durchbohren oder auszuhöhlen. Diese Arbeit kann auch mit großen Holzbohrern vollzogen werden. Für elektrische Bohrmaschinen sind jene aber ziemlich teuer.

Handbohrer sind die alten (und effizienten) Vorläufer der Bohrmaschinen

Zieh- oder Zugmesser (rechte Seite, Foto links oben) haben zwei Henkel und sind sehr praktisch für die meisten hier beschriebenen Gegenstände. Ziehmesser sind eigentlich keine typischen Werkzeuge für Tischler, sondern eher für Landwirte und Bastler, die selbst kleine Gegenstände wie Werkzeuggriffe, Holzbesteck usw. herstellen wollen. Man kann viele Arbeiten mit dem Ziehmesser erledigen, die sonst nur mit Hobel oder Dechsel möglich sind. Ziehmesser sind in jeder guten Eisenwarenhandlung erhältlich.

Die Ziehbank (rechte Seite oben) ist die unabdingliche Werkbank für die Arbeit mit dem Ziehmesser. Sie ist zwar nur schwer im Handel erhältlich, doch relativ einfach selbst herzustellen. Sie kann eigenständig (rechte Seite oben rechts) oder an der Hobelbank befestigt sein (rechte Seite oben links). Sie kann aber auch durch einen Schraubstock ersetzt werden, allerdings geht die Arbeit auf der Ziehbank schneller voran.

Das Poalmeß (Seite 37 unten) ist das alte Werkzeug der Holzschuhmacher, ist aber leider außer beim Trödler oder bei Sammlern kaum noch im Handel zu finden. Auch wenn es nicht unabdinglich ist (was für jedes der genannten Werkzeuge gilt) ermöglicht es doch eine gewaltige Zeitersparnis. Es ist vielseitig anwendbar und seine 50 bis 70 cm lange Klinge schneidet durch grünes wie durch trockenes Holz.

Das Poalmeß kann durch das Handbeil, Ziehmesser oder einen Hobel ersetzt werden (der hier nicht im Detail erklärt wird).

Schaber (links) sind Parkettlegern gut bekannt, da sie damit Holzböden polieren.

Solche Schaber gibt es in jeder Eisenwarenhandlung, können aber auch aus einer fein geschliffenen Stahlklinge bestehen, die man mit einem Griff versieht. So können auch Rundschaber hergestellt werden, um hohle Gegenstände, wie Schalen oder Teller, glätten zu können.

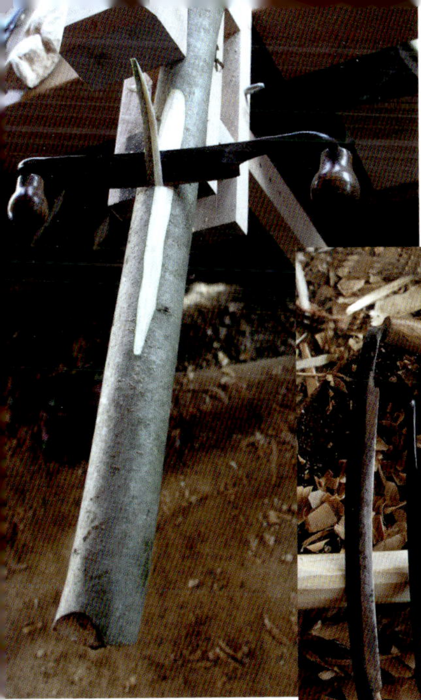
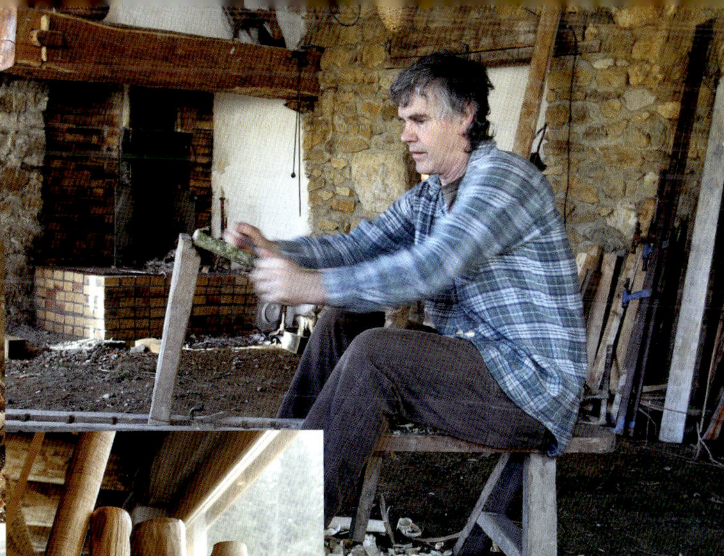
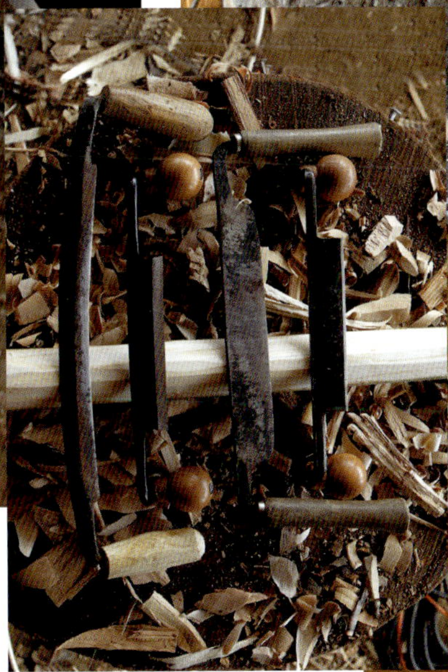
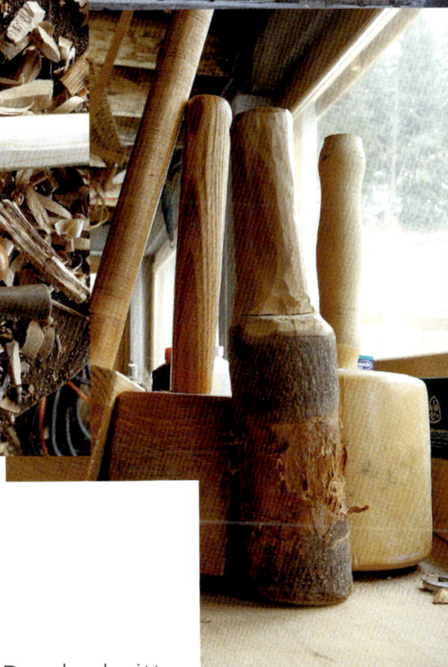
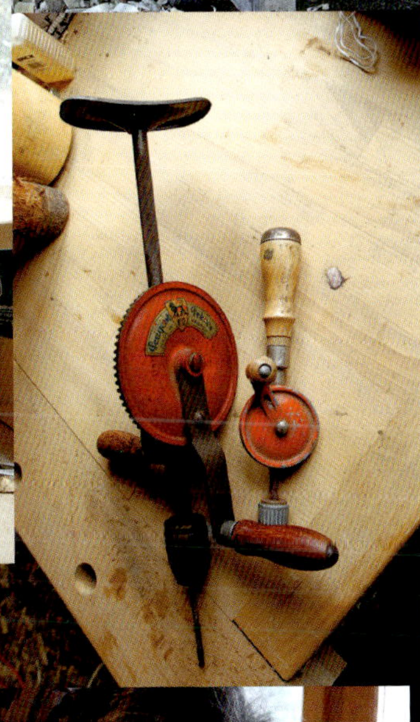

Was kostet das?

Ungefähre Preisrichtlinien*

[*Es handelt sich hier um ungefähre Durchschnittspreise, die von Land zu Land zum Teil erheblich differieren können.]

Im Freien genügen ein Taschenmesser (15 €), eine kleine Klappsäge (20 €), um Zeit zu gewinnen, und ein Schälmesser (15 €), also eine Gesamtinvestition von 50 €.

Die **Grundlage einer Schnitzwerkstatt** sind:

- eine Axt (30 €),
- ein Ziehmesser (30 €)
- ein einfaches Taschenmesser (15 €)
- ein Schälmesser (15 €)
- Stemm- und Hohleisen (50 €)
- eine Bügelsäge und ein Fuchsschwanz (50 €)
- ein Schlegel (10 €), der aber auch aus hartem Holz selbst angefertigt werden kann
- ein Hackstock (20 € im Sägewerk)
- eine improvisierte Hobelbank (solide Bretter auf zwei Böcken, 50 €)
- ein Handbohrer mit Bohrern (30 €)
- Arbeitseifer und Ausdauer (gratis)

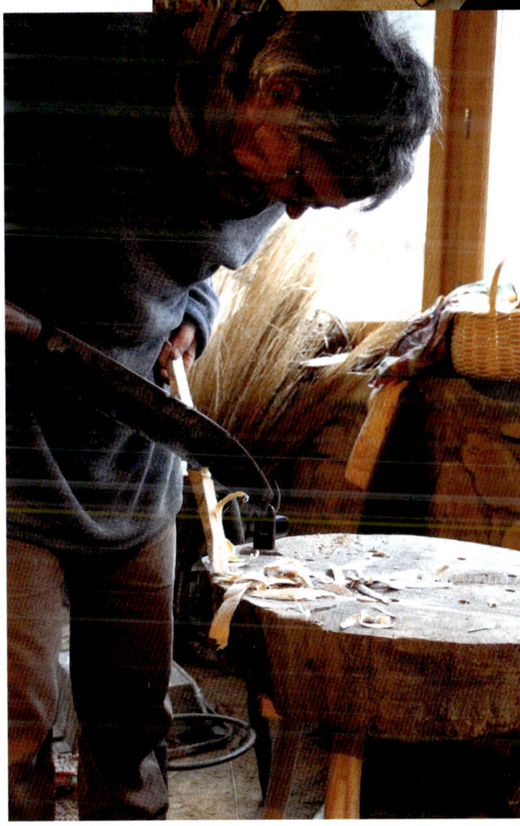

Mit einer Gesamtsumme von rund 300 € sind also die Grundlagen einer Werkstatt geschaffen.

Angesichts der unzähligen Möglichkeiten, die wir uns dadurch schaffen, scheint uns diese Grundausrüstung durchaus erschwinglich zu sein.

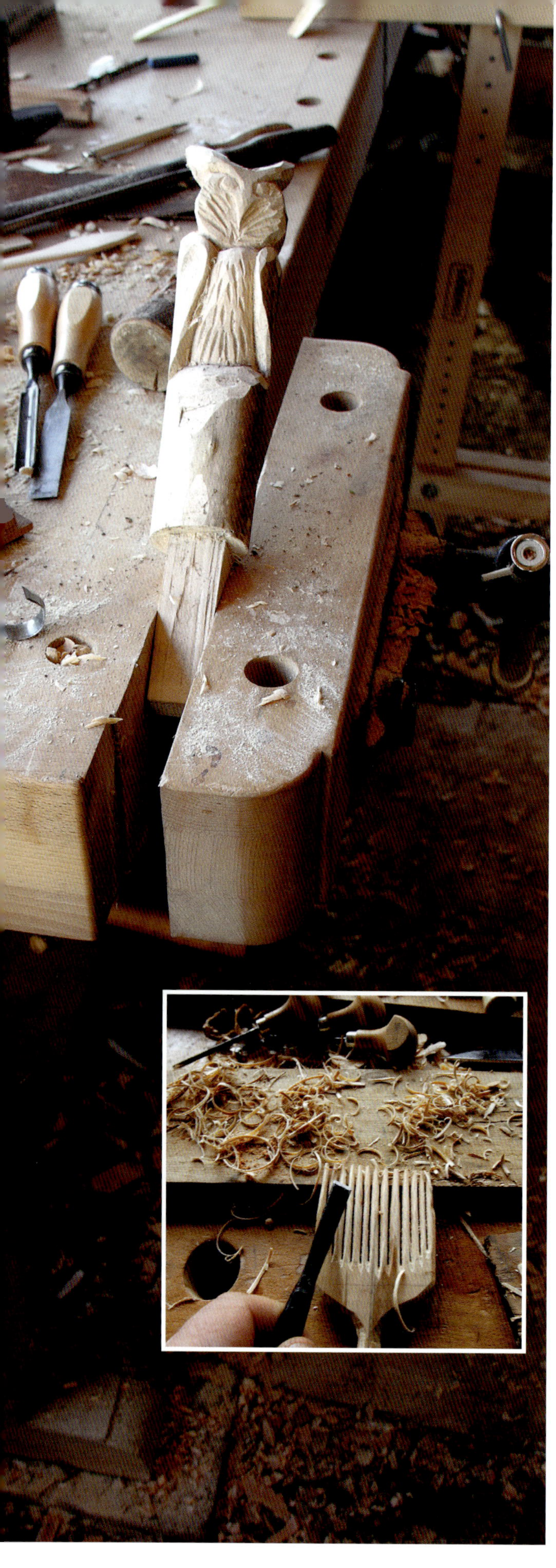

Die Hobelbank

(Foto links)

Sie ist natürlich eigentlich ein Möbelstück und kein Werkzeug, obwohl sie über viele Funktionen verfügt – vor allem die, Werkstücke für unsere Arbeit festzuspannen.

Wenn es an Mitteln fehlen sollte, so können wir uns anfangs durchaus mit ein paar dicken Brettern auf zwei Böcken begnügen. Auch wenn sie nicht unbedingt nötig ist, werden wir doch schon bald eine richtige Hobelbank mit all ihren Spannbacken (Bild Mitte unten), Niederhaltern und Klemmen (unten rechts) zu schätzen wissen.

Für eine selbstgemachte Hobelbank genügen eine Arbeitsplatte aus Buchen- oder – noch besser – aus Pappelholz und vier gut verankerte, starke Beine. Ein oder zwei Spannbacken bekommt man im Eisenwarengeschäft, ein Niederhalter muss noch montiert werden und schon ist die Werkbank arbeitstauglich. Im Fachhandel oder Internet kostet eine gute Hobelbank etwa 500 €.

Nicht vergessen!

Wenn wir uns lange an einer schönen Hobelbank erfreuen möchten, dann sollten wir auch die Arbeitsplatte vor dem Angriff spitzer und scharfer Werkzeuge schützen. Dazu werden Schutzbretter (so genannte Märtyrer) zwischen Werkstück und Hobelbank geklemmt (siehe Bild unten links).

Improvisierte Klemmen

Wie in vielen anderen Handwerken können auch bei der Holzschnitzerei Einfallsreichtum und Resteverwertung nie schaden. Unten rechts: Eine aus einer alten Wagenbremse gebastelte Holzklemme.

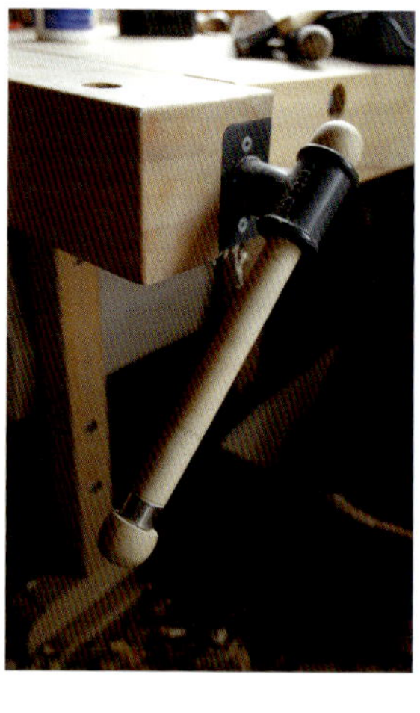

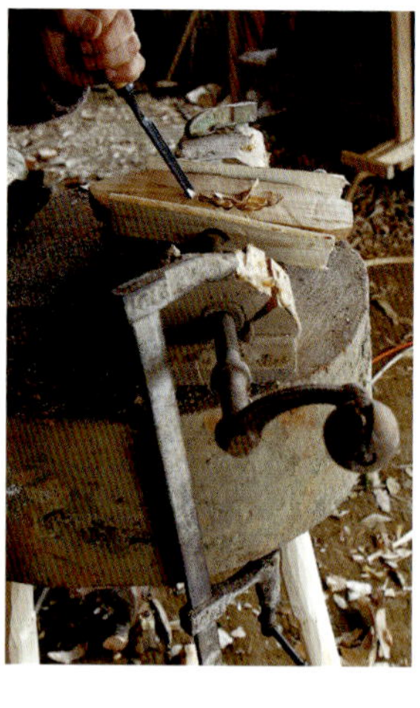

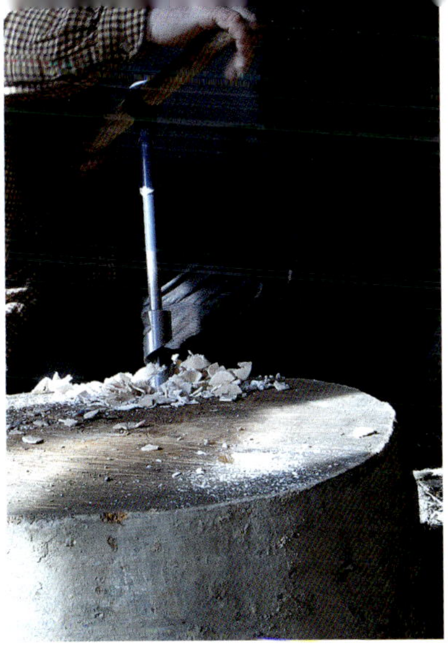
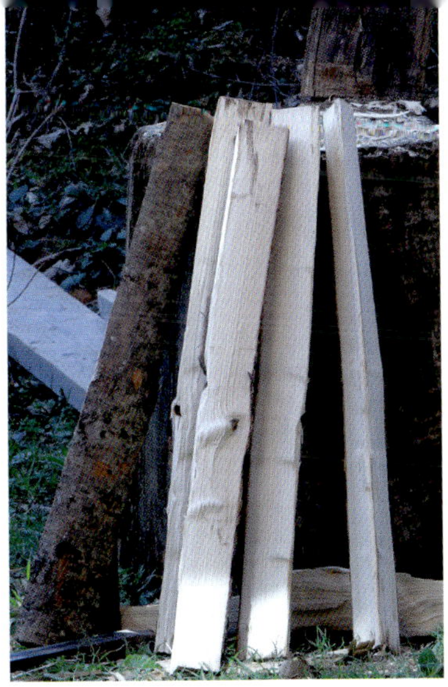
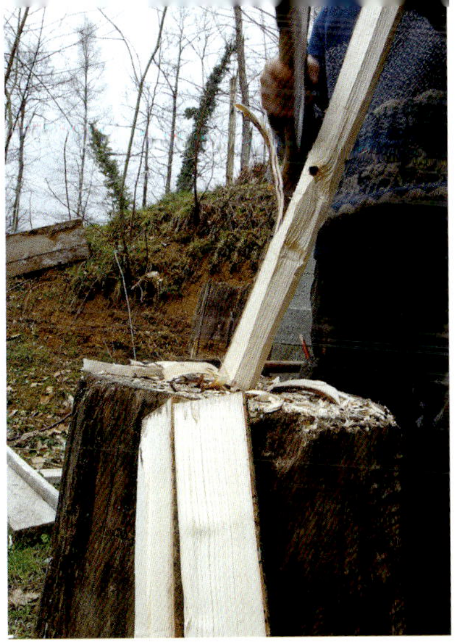

Hackstock

Ein Hackstock ist für die Herstellung der Rohlinge unverzichtbar. Hier gibt es zwei Grundtypen. Das einfache Stück Baumstamm (siehe rechts) und der Hackstock auf Beinen.

Dazu beschaffen wir uns ein 20 bis 40 cm langes Stammsegment von mindestens 50 cm Durchmesser vom Förster oder aus der Sägerei. Je dicker und breiter der Hackstock, desto besser wird er auch unsere Schläge wegstecken.

Mit einem Lochbohrer mit einem Durchmesser von 36 mm werden drei leicht schräge Löcher gebohrt, wobei das Holz völlig durchbohrt wird. Warum? Sollte ein Bein abbrechen, so kann das übrige Stück leicht von der anderen Seite aus dem Loch geschlagen werden, um es durch ein neues Bein zu ersetzen.

Nun wird ein Eschenscheit geviertelt und mit Beil und Ziehmesser zu drei Beinen geschnitzt. Dabei sollte die Standfläche möglichst groß gehalten und der Oberteil der Beine passgenau in die Löcher eingefügt werden.

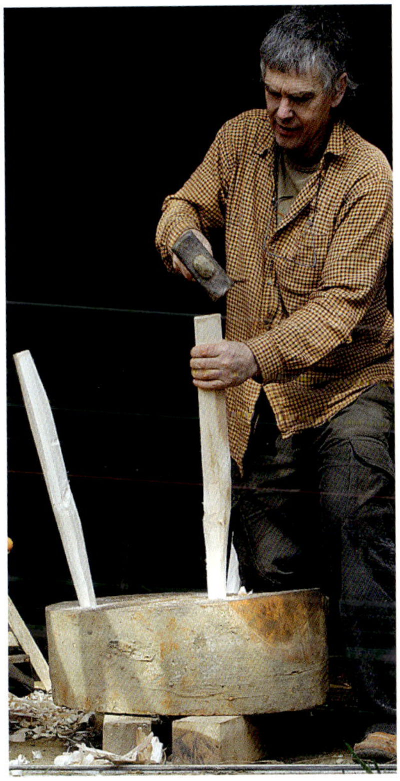

Die Höhe der Beine hängt von der gewünschten Höhe des Hackstocks, also von unserer eigenen Körpergröße ab.

Sind die drei Beine eingeklopft, wird der Hackstock umgedreht, um zu prüfen, ob die Arbeitsfläche eben ist. Gegebenenfalls muss das eine oder andere Bein etwas gekürzt werden.

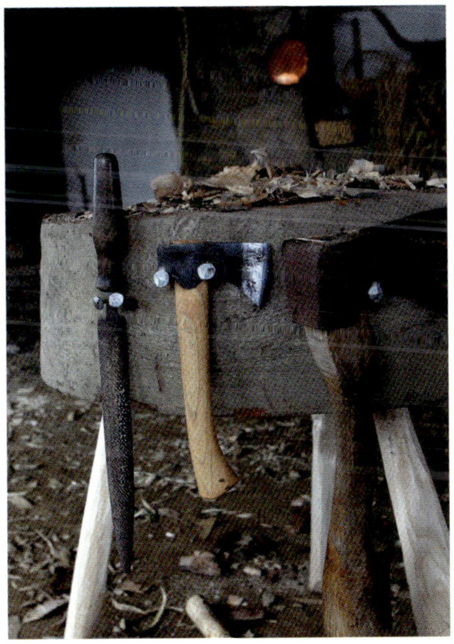
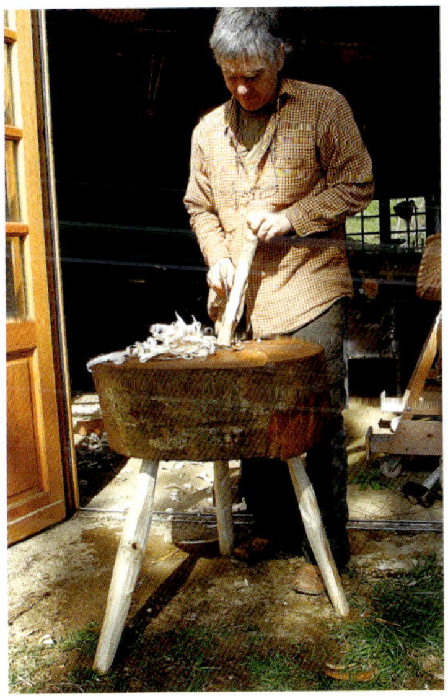
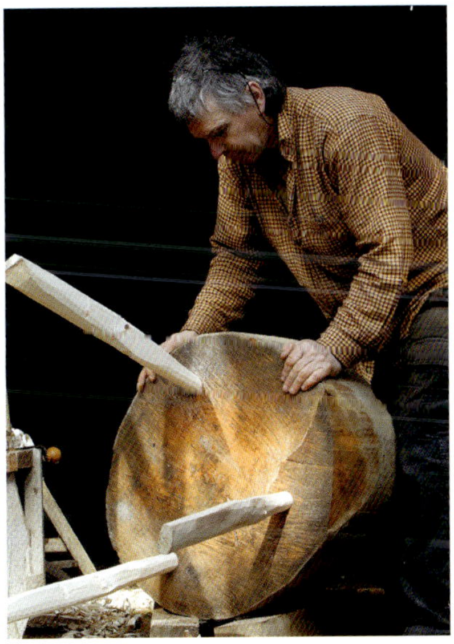

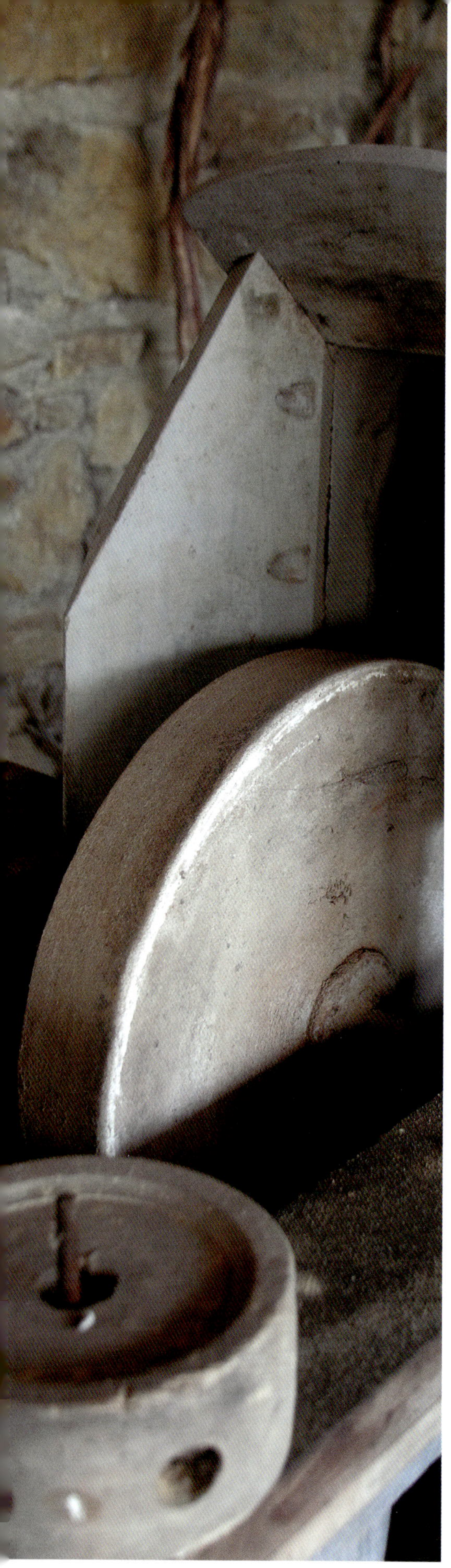

Schleifen und Instandhaltung

Ohne gutes Werkzeug gibt es keinen guten Arbeiter!

So lautet ein französisches Sprichwort, welches ich nur bestätigen kann. Aber zu einem guten Holzwerkzeug gehört auch der gute Schliff. Das spart nicht nur Kraft, sondern ermöglicht auch eine saubere Arbeit.

Der perfekte Schliff bedarf also eines besonderen Augenmerks. Man braucht dafür nicht nur Erfahrung, sondern auch Zeit.

Das Schleifen geschieht in drei Etappen: Zuerst auf der Schleifscheibe, dann mit dem Schleifstein und zuletzt mit dem Wetzstahl.

Mit der Schleifscheibe werden die groben Kerben abgeschliffen und die Schräge der Klinge bestimmt, die von der generellen oder aber auch von der momentanen Verwendung des Werkzeugs abhängt. So sollen Klingen zur Bearbeitung von Weichholz flacher geschliffen werden als Klingen für die Arbeit mit Hartholz. Ein falscher Klingenwinkel kann zu Stahlbruch führen, was das Werkzeug dauerhaft in Mitleidenschaft zieht. Große Schleifscheiben aus weichem Sandstein sind bei Weitem die besten (Bild links). Diese Steine finden sich heute immer seltener, da sie zumeist durch kleine künstliche Schleifsteine ersetzt werden, die den Stahl wesentlich stärker angreifen und die Klingen schneller abnutzen. Die Schleifscheibe wird erst verwendet, wenn die beiden in der Folge erklärten Arbeitsgänge nicht ausreichend sind.

Schleifen mit Stein und Wasser (Messer, Ziehmesser oder Beil) oder öfter noch mit Öl (Stemm- und Hohleisen, Hobelklingen usw.) ermöglicht auch bei größeren Abständen zwischen den Schleifgängen einen permanent scharfen Schnitt. Feine Stahlreste an der Schneide sind ein Zeichen für einen guten Schliff.

Für einen perfekten Schliff müssen nun die Stahlreste von der Klinge entfernt werden. Für diesen dritten Schritt brauchen wir einen besonders feinen Schleifstein oder aber einen Wetz- bzw. Abziehstahl. Diesen Vorgang nennt man den Feinschliff. Bei den verschiedenen Etappen werden die Schleifsteine immer von Durchgang zu Durchgang feinkörniger.

Schnitzen wir mehrere Stunden am Tag, so dürfen wir nicht vergessen, auch unser Werkzeug dafür mehrmals zu schleifen, um immer mit scharfen Klingen zu arbeiten.

Auch Schleifsteine nützen sich ab und verschmutzen. Wir versuchen daher möglichst gleichmäßig, mit all ihren Seiten zu arbeiten.

Außerdem muss das Stahlmehl regelmäßig mit einem trockenen Tuch und Öl abgeputz werden, da sonst bald die ganze Schleifwirkung verloren geht. Das Öl kann auch selbst im Ofen aus Schleifsteinen gebrannt werden. Steine zum Wasserschleifen reinigen sich selbstverständlich mit Wasser.

Hohleisen und Löffelbohrer werden mit runden Steinen geschliffen. Im Handel sind Schleifsteine in den verschiedensten Formen dafür erhältlich.

Nicht vergessen!

Sollten Sie Ihr Werkzeug ein paar Wochen, Monate oder Jahre nicht benützen, so ist es sehr wichtig, es einzufetten oder zu ölen, um dem Rost Einhalt zu gebieten. Am preiswertesten ist hier sicher das sehr wirksame Schweinefett. Teurer sind synthetische Waffen- oder Nähmaschinenöle, die in sehr kleiner Menge verkauft werden.

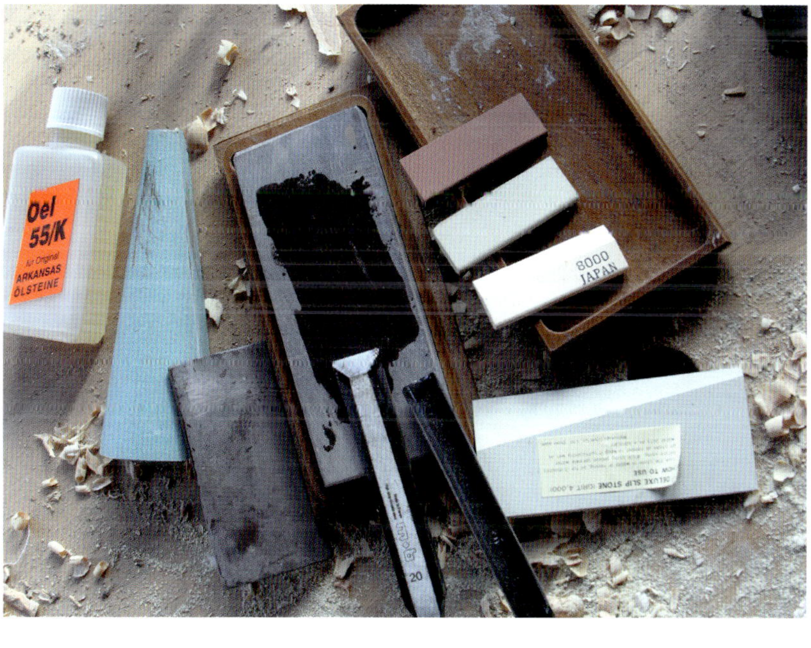

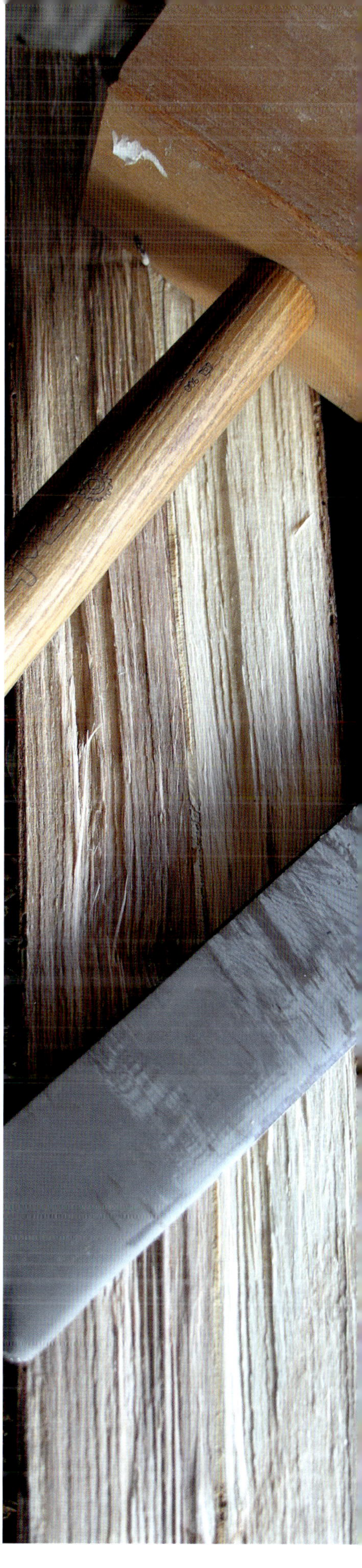

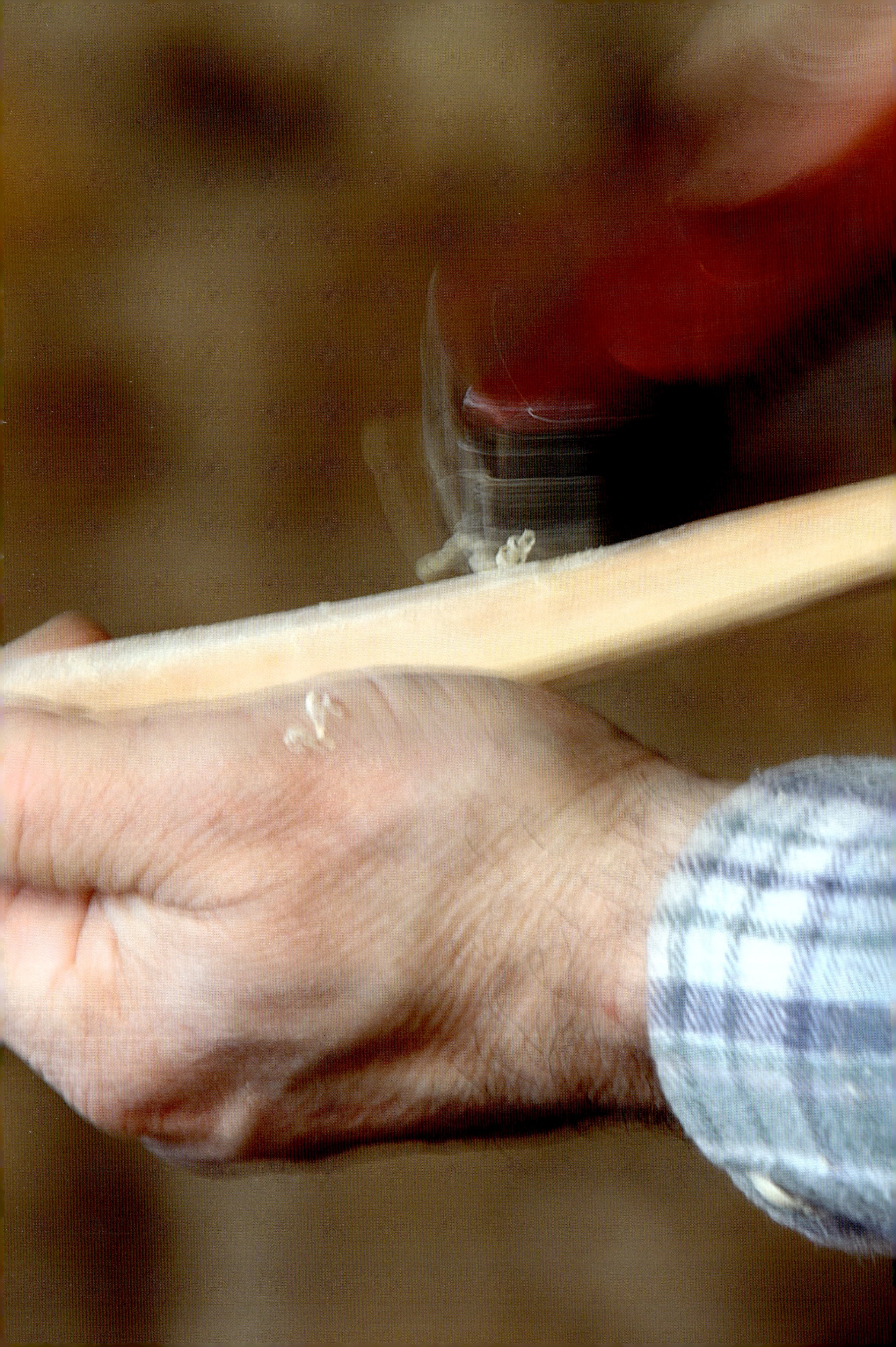

Praktische Einleitung

vom Baum zum Werkstück

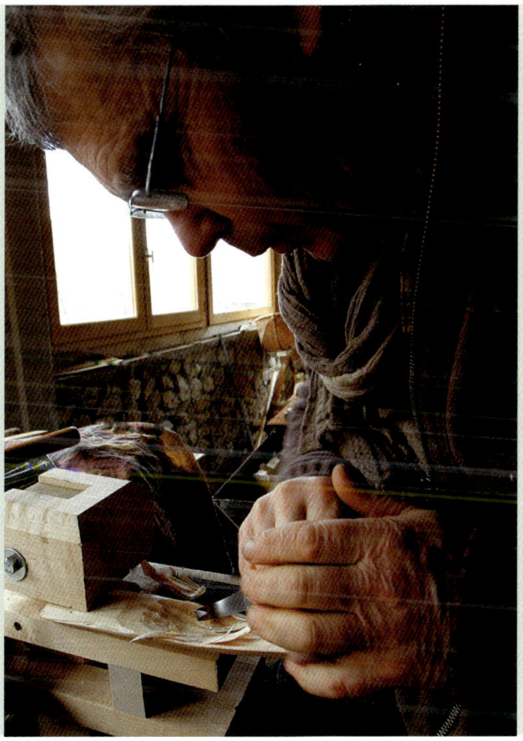

- Lernprozess
- Vorstellung eines Gegenstandes und seiner Größe
- Vorbereitung des Holzes
- Der Faser folgen
- Erstellen eines Rohlings
- Einspannen des Werkstücks
- Märtyrer
- Fertigstellung
- Reparaturarbeiten

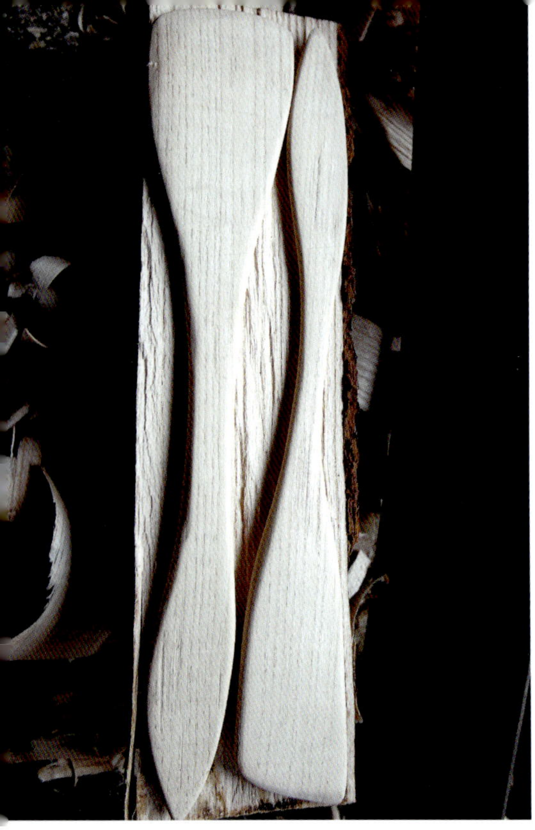

Lernprozess

Die Idee …

In jeder Disziplin kommt die Erfahrung … mit der Erfahrung. Auch hier gilt also das alte Sprichwort: Übung macht den Meister. Es wäre unsinnig zu glauben, schnitzen zu können, ohne jemals Schnitzwerkzeug in der Hand gehalten zu haben. Und doch führt gerade diese Anmaßung oft zu Enttäuschungen, die manchen Einsteigern den Spaß an der Arbeit endgültig verderben.

Zuerst heißt es also, die Augen nicht größer als den Mund zu haben. Wählen Sie als ersten selbst hergestellten Holzgegenstand also vielleicht nicht gerade einen Mörser und einen Stößel, wenn sie noch nicht mit der Verwendung des Hohleisens vertraut sind. Die Arbeit mit dem Taschenmesser ist in der Regel ein ausgezeichneter Einstieg.

Außerdem wird Ihnen die Arbeit leichter fallen, wenn Sie dazu ein Stück grünes Holz wählen, dessen Form bereits dem gewünschten Gegenstand ähnelt. Eine Holzgabel oder ein Gehstock sind gute Einstiegsobjekte.

Danach können Sie sich an einem Teigschaber versuchen. Wenn Ihnen der gelingt, dann höhlen Sie doch ein etwas dickeres Exemplar als Löffel aus.

Ein Blasrohr aus Holunderholz zum Anfachen der Glut ist ebenfalls ein beliebtes Erstlingswerk. Dieses Hohlholz ist nicht nur leicht herzustellen, sondern auch zweckdienlich und ästhetisch.

Langsam können Sie sich dann auch an etwas größere und komplexere Gebrauchsgegenstände wie Teller und Schüsseln wagen. Auch Kämme bedürfen schon einer gewissen Fingerfertigkeit mit dem Werkzeug, sind aber dennoch nicht allzu kompliziert herzustellen.

Alle hier vorgestellten Gegenstände sind nach ein paar Stunden Übung im Bereich Ihrer Möglichkeiten. Unter einer Bedingung: Zäumen Sie das Pferd nicht am Schwanz auf!

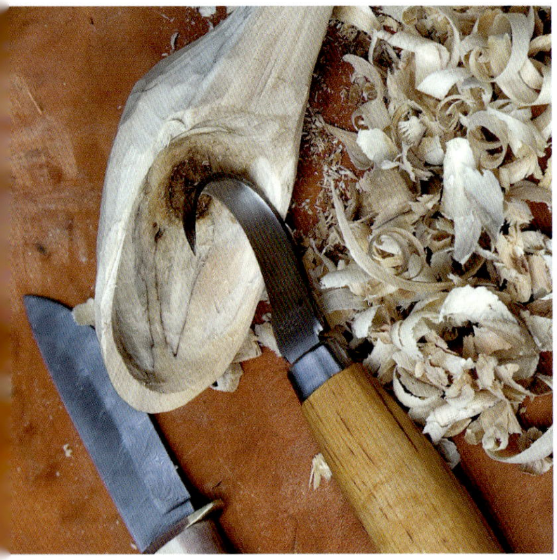

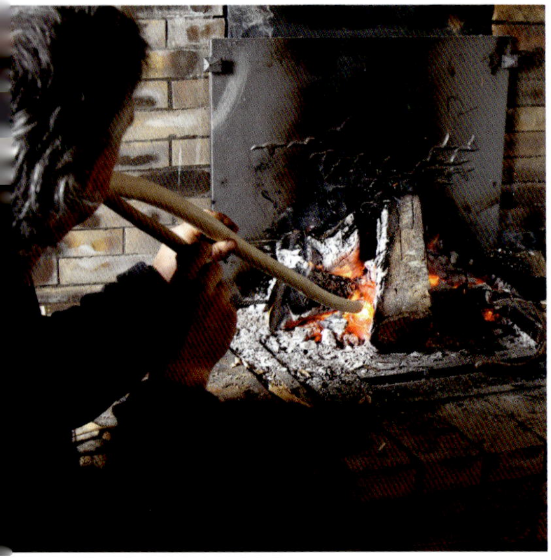

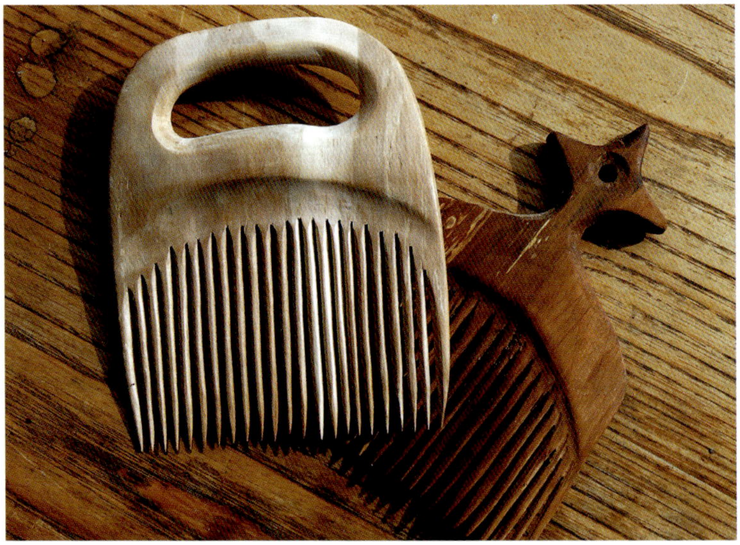

Abschätzen eines Gegenstandes und seiner Größe

Die erste Schwierigkeit besteht darin, uns den fertigen Gegenstand im groben Holzklotz vorzustellen. Schon allein deshalb ist es – wie gesagt – sinnvoll, sich anfangs ein Stück Holz auszusuchen, dessen Form bereits dem gewünschten Objekt ähnelt. Sehen Sie sich das Beispiel der Gabel aus Buchsbaumholz auf Seite 70 an. Das ist ganz einfach!

Ein größerer Holzblock wird zuerst geviertelt (siehe nächste Seite). Nun haben wir unseren Rohling. Dann haben wir die Wahl: Entweder wir versuchen, nun aus diesem Stück Holz ganz genau den Gegenstand zu formen, der unserem inneren Auge vorschwebt, … oder aber auch nicht.

Im ersten Fall zeichnen wir auf mindestens zwei Seiten des Werkholzes die Umrisse des gewünschten Gegenstandes. Dann „genügt" es, dieser Skizze zu folgen. Die zweite Möglichkeit besteht darin, uns vom Holz inspirieren zu lassen, und seiner Faser, seiner Maserung und seinen „Launen" zu folgen. Daraus entstehen einzigartige Gegenstände mit freien Formen, die meist mehr Charakter und Charme haben als präzise Maßarbeit.

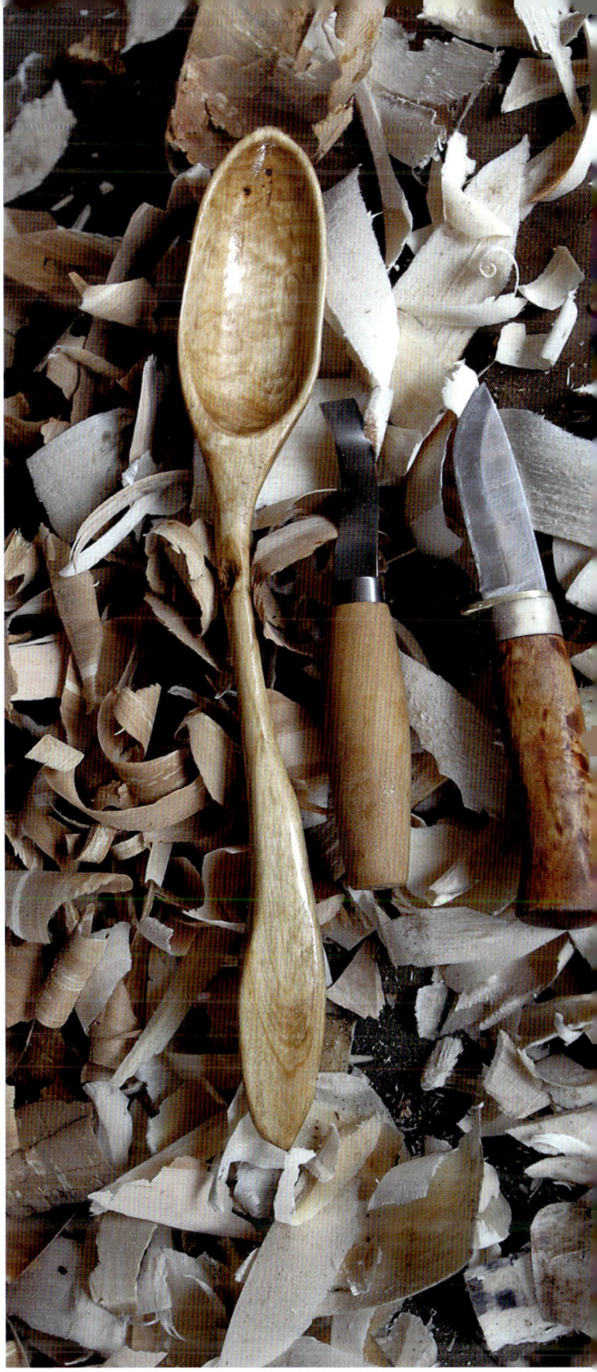

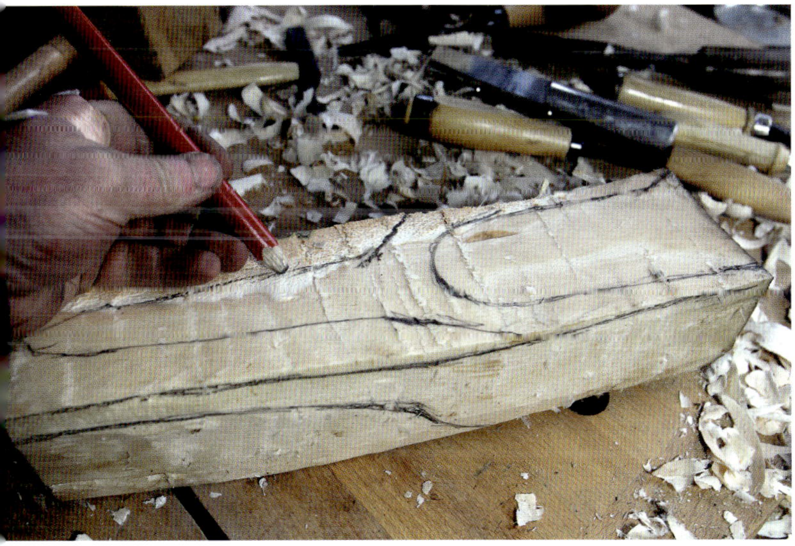

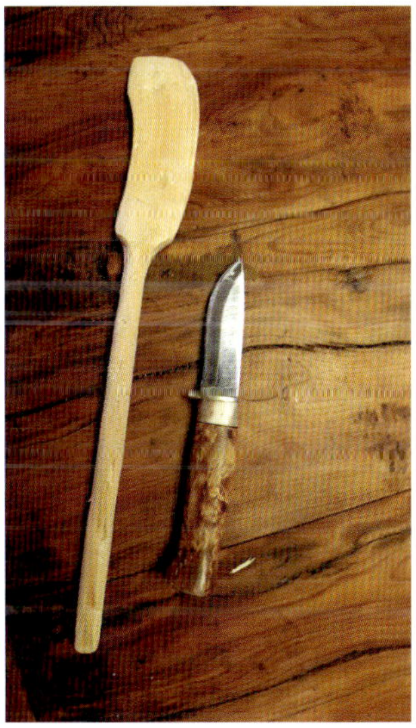

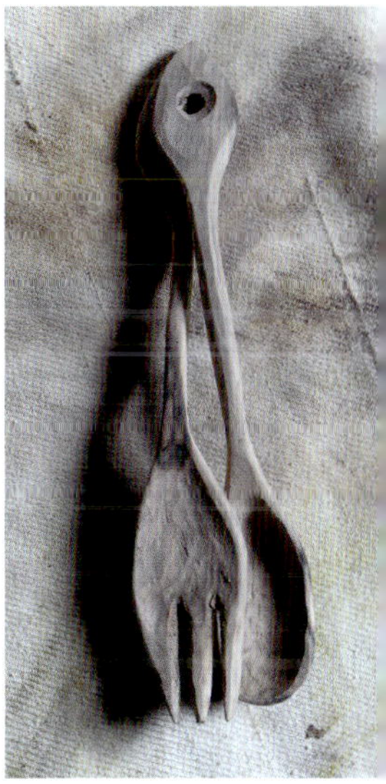

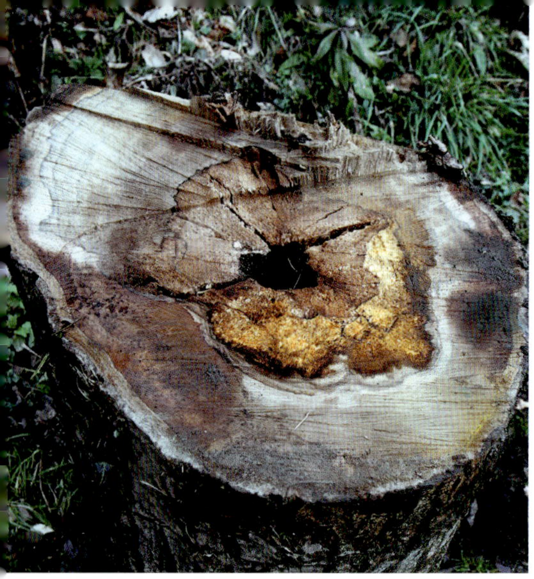

Vorbereitung des Holzes

Die Idee ...

Wir suchen ein schönes Stück Holz, schneiden es in der gewünschten Länge ab (immer etwas länger als das fertige Werkstück), spalten es in Scheite und entfernen eventuelle Schadstellen. Bei dem Birnenstamm auf dem nebenstehenden Bild ist das Kernholz verfault. Es muss weggeschnitten werden, um zu verhindern, dass die Fäulnis auf das restliche Holz übergreift. Dann wird das Holz bis zur Verarbeitung trocken gelagert.

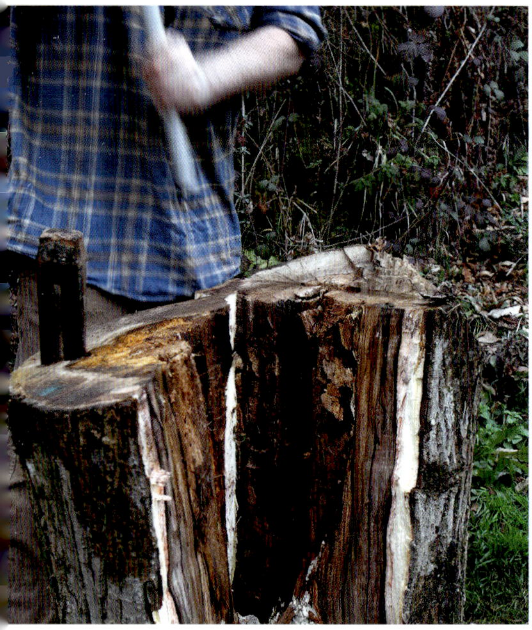

Werkzeuge

Vorschlaghammer, Keile, Hacke, Dechsel, Säge oder Kettensäge für größere Stämme

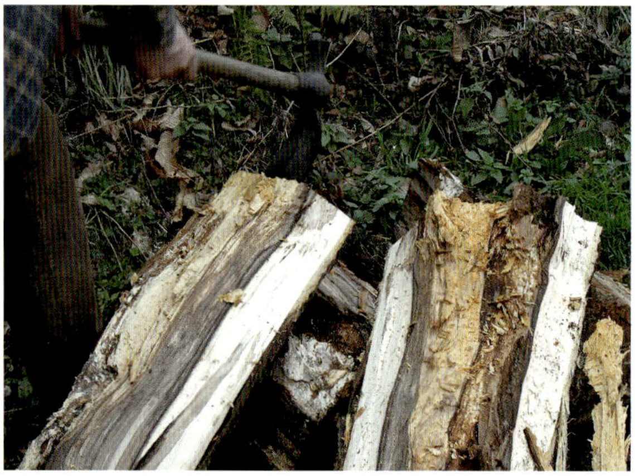

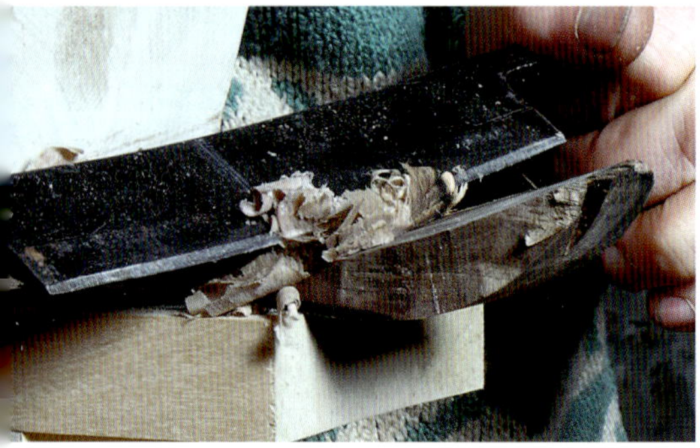

Der Faser folgen

Die Idee ...

Nur in den seltensten Fällen weist ein Holzwerkstück eine wirklich einheitliche Holzfaserung auf. Diesen Umstand zu ignorieren, führt zwangsläufig zur Katastrophe! Die Richtung der Faser ändert sich grundsätzlich an den Ästen und folgt den Wölbungen des Holzes. Die beiden nebenstehenden Fotos zeigen, wie man der Faser durch eine Änderung der Schnittrichtung folgt. Eine Raspel erleichtert diese Arbeit.

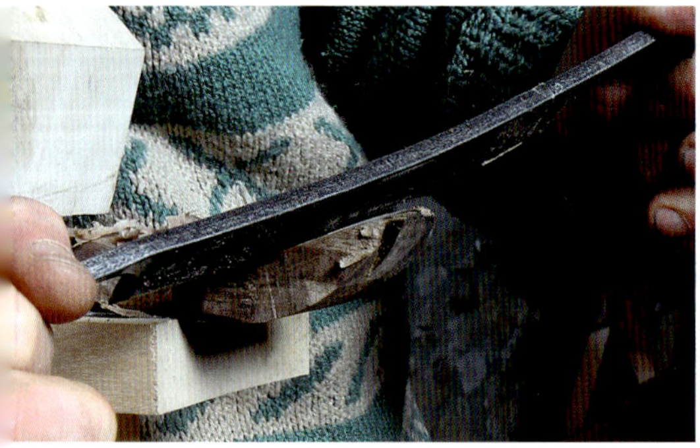

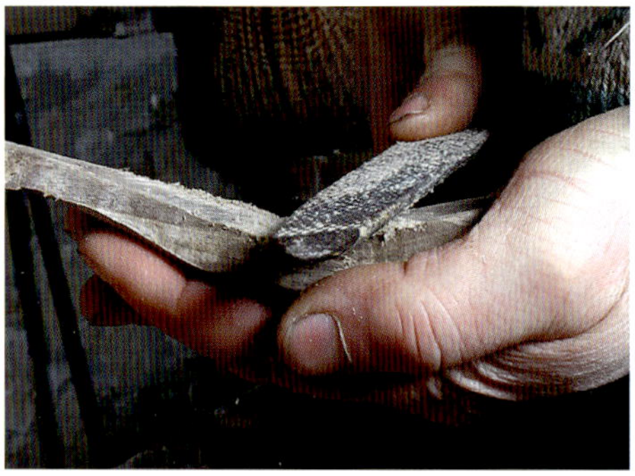

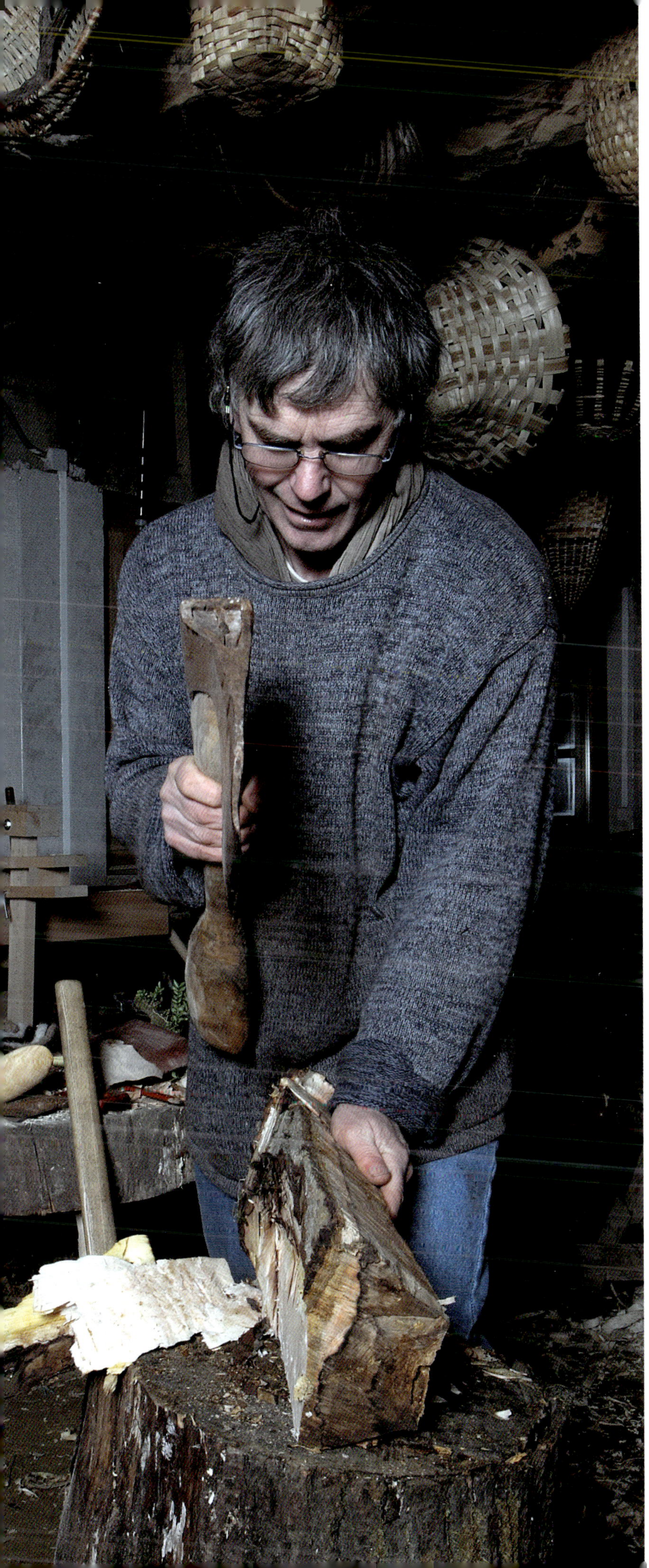

Erstellen eines Rohlings

Die Idee …

Egal, ob in der freien Natur oder in der Werkstatt, die Prinzipien bleiben immer dieselben.

Das erste Prinzip ist zugleich die Grundlage aller Schnitzarbeit: Wir haben ein grobes Stück Holz zur Hand, welches wir uns in einer bestimmten Form vorstellen, die wir ihm dann zu geben versuchen. Der erste Schritt ist also bei all den folgenden Arbeiten die Herstellung eines Rohlings.

Als Beispiel dafür haben wir auf den folgenden Seiten die ersten Etappen der Arbeit an einer ovalen Schüssel illustriert, deren Fertigstellung auf den Seiten 84 bis 86 beschrieben wird.

Hier wurde der Rohling in der Werkstatt angefertigt.

Werkzeuge

Axt, Handbeil

Material

Unbearbeitetes Walnussholz

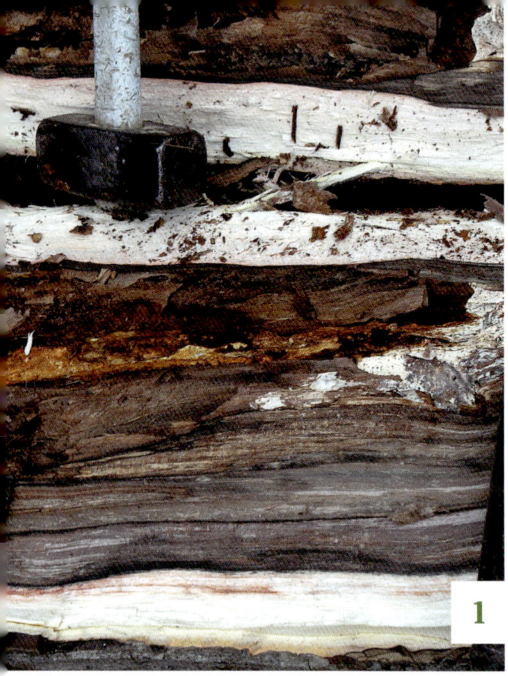

1

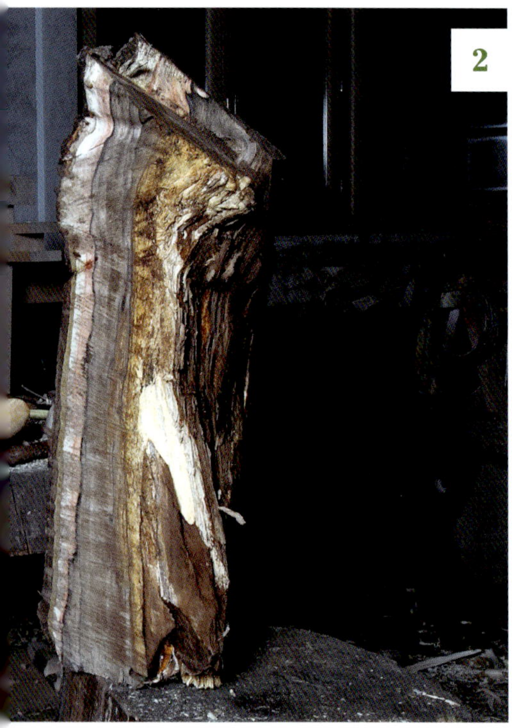

2

1 & 2 - Ein Stamm wird in Scheite gespalten. Eines davon, das nicht breiter als 20 cm sein sollte, wird ausgewählt.

Es ist leichter, den Rohling aus einem längeren Stück Holz anzufertigen. Der Rest des Stammes kann für andere Arbeiten verwendet werden.

3 - Alle unnützen Teile werden entfernt: Rinde, Splint und morsches Holz.

4 - Mit einem Hohl- oder Stemmeisen wird geprüft, ob morsche Adern nicht zu tief ins Holz reichen und dadurch die Festigkeit des Werkstücks gefährden könnten.

5 - Der ungefähre Umriss des Gegenstandes wird skizziert, wobei der Bleistiftstrich auf dunklem Holz oft schwer zu erkennen ist.

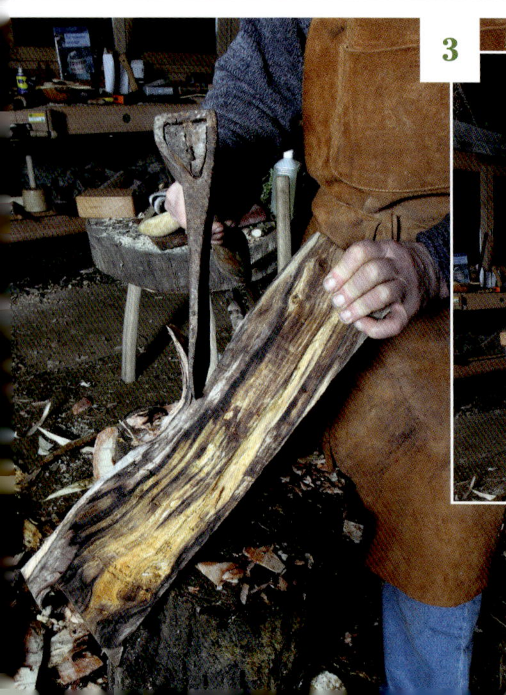

3

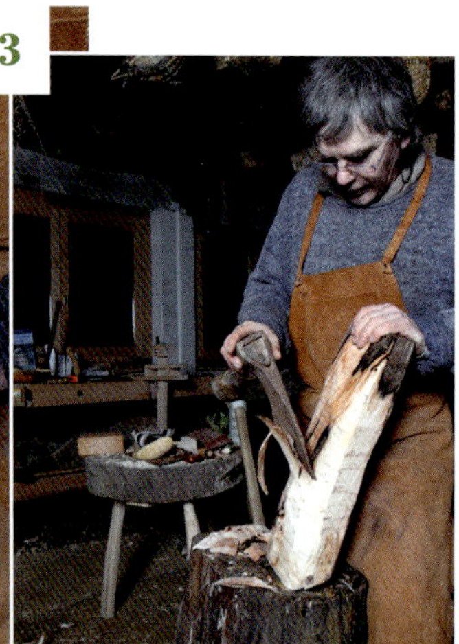

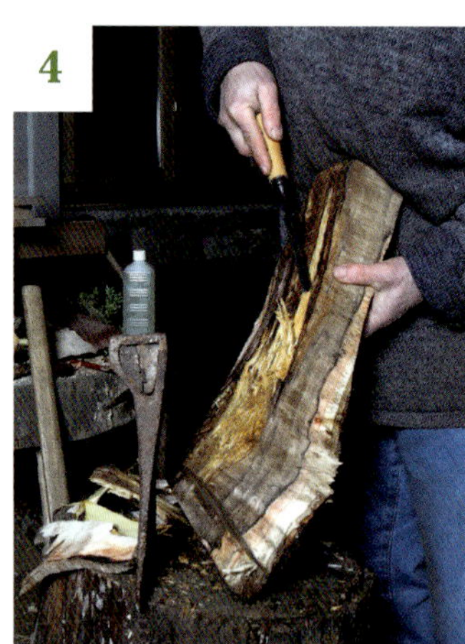

4

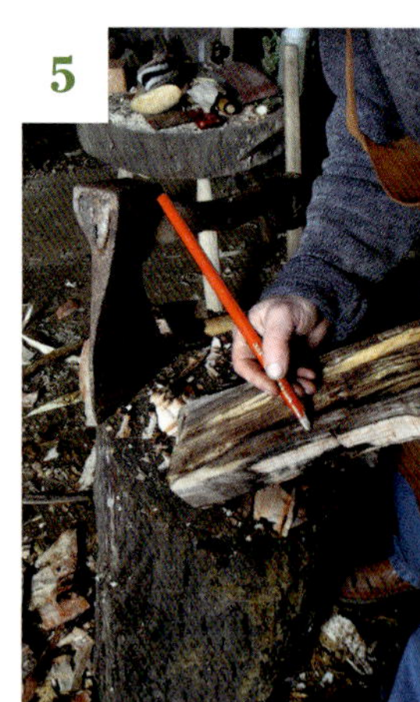

5

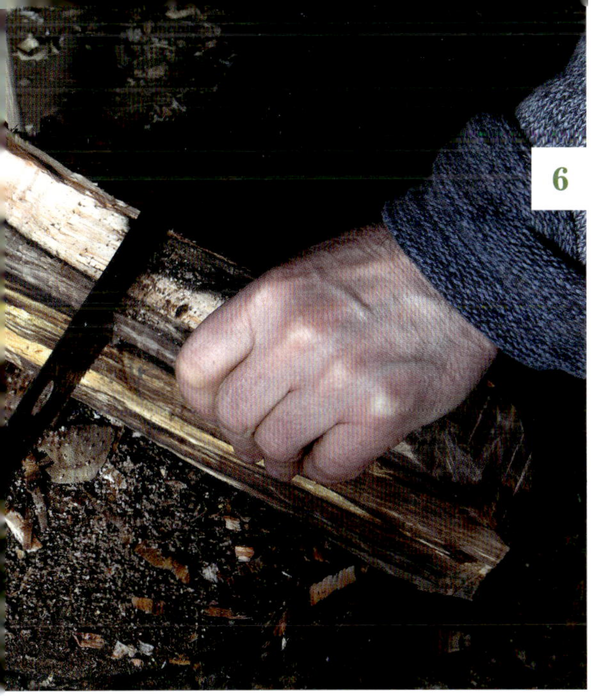
6

6 - Das Scheit wird rundherum in der gewünschten Länge eingesägt, ohne es jedoch ganz durchzusägen. So ist es für die groben Anfangsarbeiten leichter zu handhaben. Beide Enden werden mit dem Handbeil abgerundet.

7 - Langsam bekommt der Rohling die Form eines Trapezes.

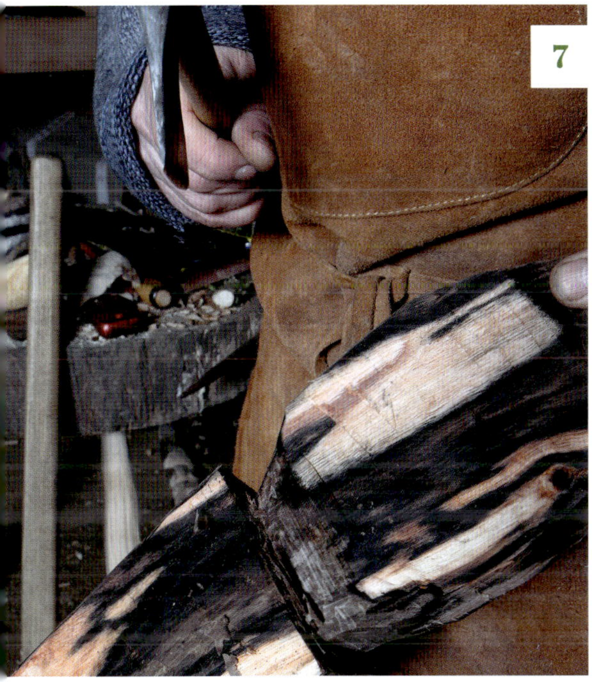
7

8 - Jetzt erst wird er vom restlichen Scheit getrennt.

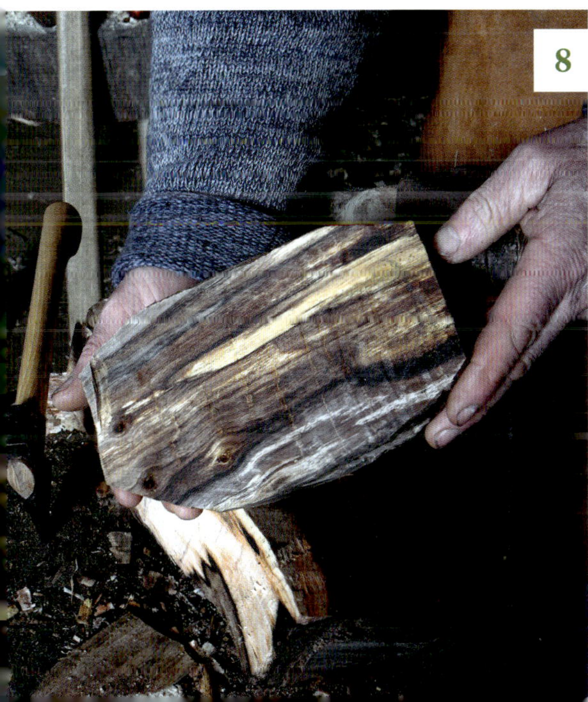
8

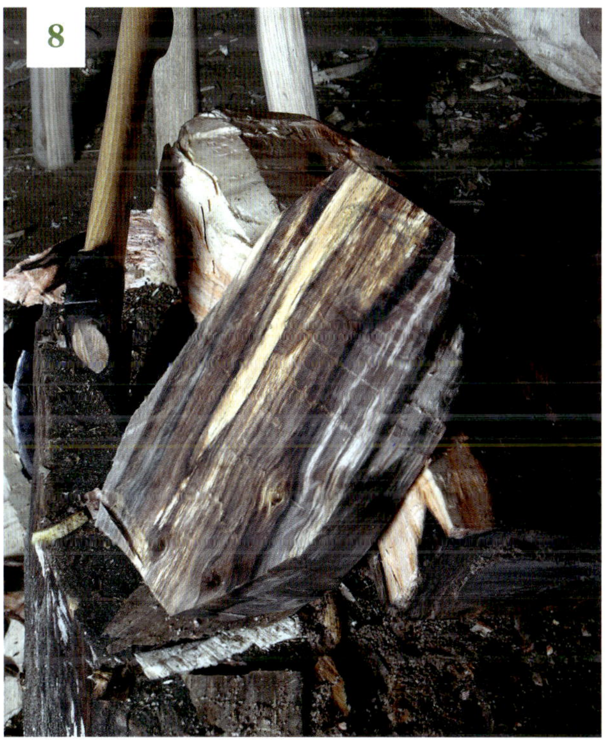
8

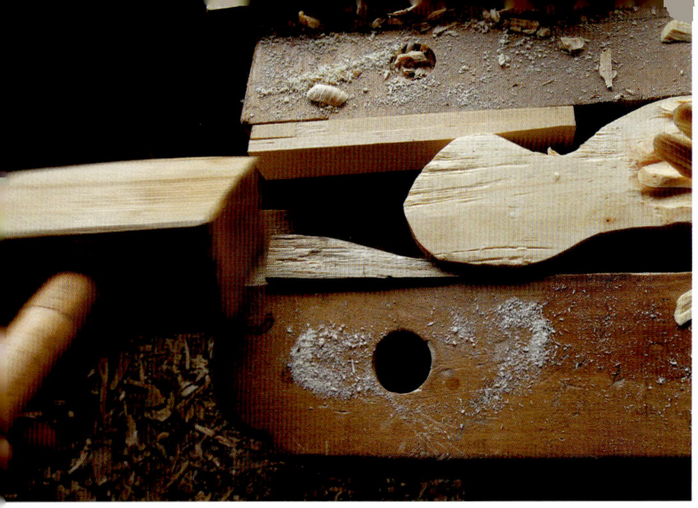

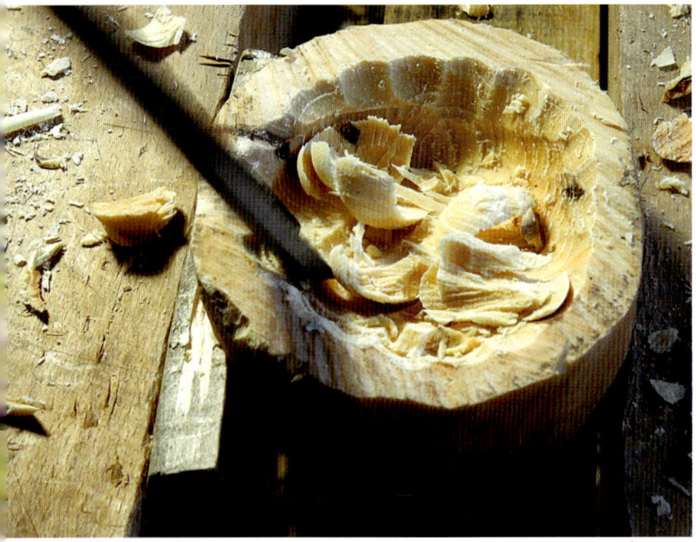

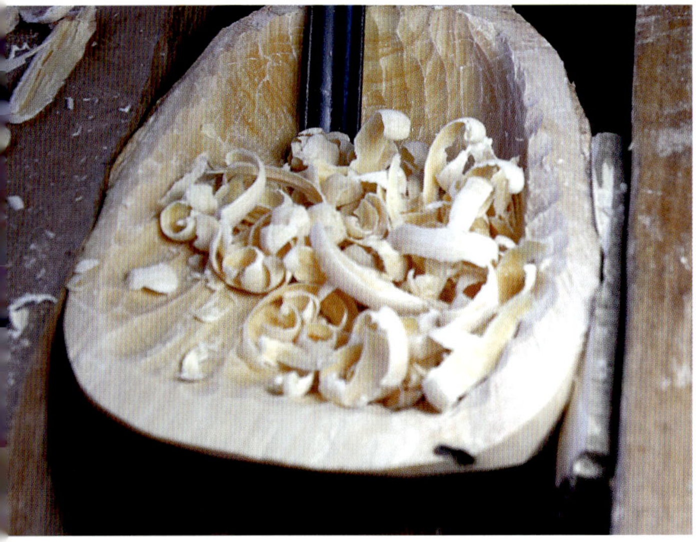

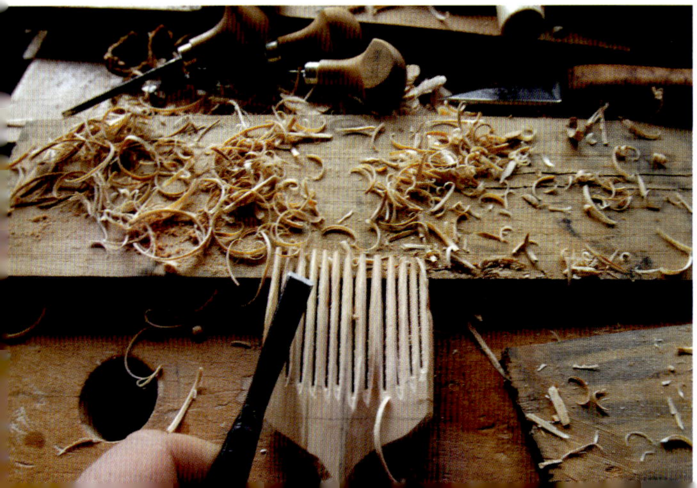

Einspannen des Werkstücks

Das Befestigen von Werkstücken, um sicher und beidhändig arbeiten zu können, wird kompliziert, sobald sie rund sind und sich nur schlecht im Schraubstock einspannen lassen. Wir achten ja zugleich auch darauf, diese beim Aushöhlen nicht zu zerbrechen oder einzudrücken.

Wie so oft gilt es auch hier zu improvisieren. Am besten werden dazu Holzkeile verwendet, die dort dem Werkstück Halt geben, wo es zerbrechlich ist oder wo der Schraubstock keine gute Angriffsfläche hat. Diese Holzblöcke sind demnach Negativstücke.

Es ist wichtig, dass sie aus möglichst weichem Holz sind, da sie den Hauptdruck des Schraubstocks abfangen und gleichmäßig auf das Werkstück verteilen sollen, ohne es dabei zu verformen oder gar zu zerbrechen.

Die nebenstehenden Bilder zeigen einige solcher Problemfälle und wie sie gelöst wurden.

Märtyrer

So nennt man Bretter, die als Schutz auf die Arbeitsfläche gelegt werden, um sie bei der Arbeit nicht mit spitzen oder scharfen Werkzeugen zu beschädigen.

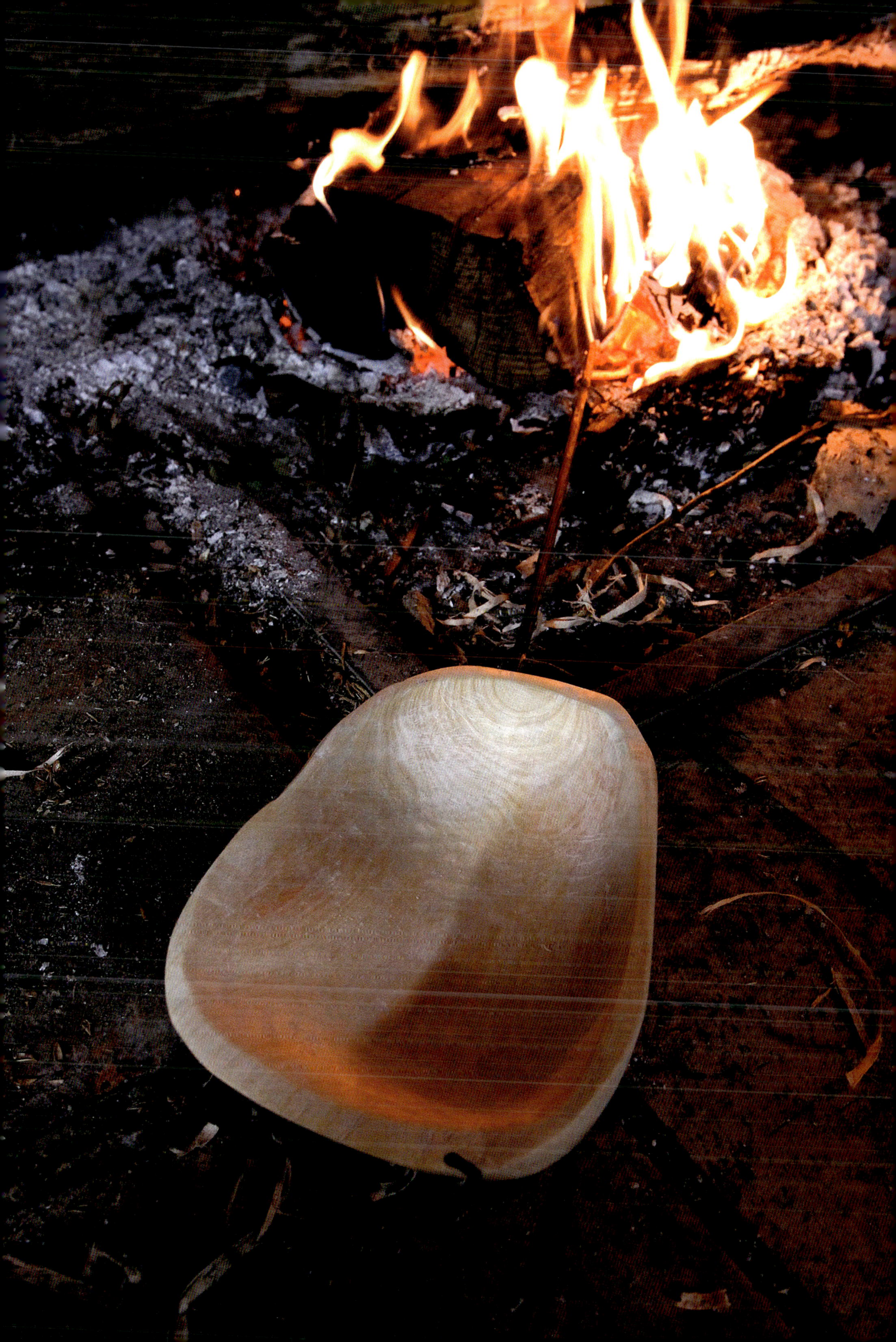

Fertigstellung

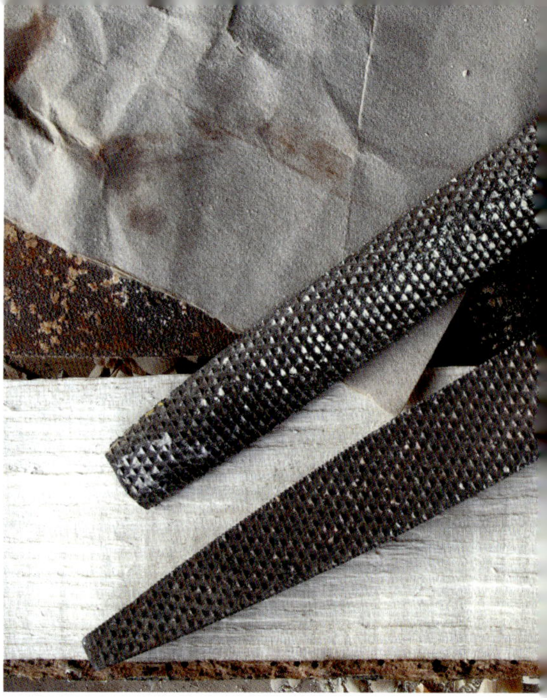

Auch bei geschickten Handwerkern ist das Werkstück nach der Schnitzarbeit immer noch grob und rau. Deshalb wird es am Schluss poliert und mit ungiftigem Pflanzenöl oder -fett eingelassen, um das Holz zu nähren, damit es schöner aussieht und länger hält. Geschliffen und imprägniert wird jedoch erst, wenn es bereits gut getrocknet ist.

Vor dem Schlussschliff wird geraspelt und gefeilt, um die von den Schnitzwerkzeugen entstandenen Kanten zu beseitigen. Das Holz kann auch mit einem Messer im rechten Winkel abgeschabt werden. Doch besonders bei trockenem Holz beeinträchtigt dies den Schliff der Klinge. Deshalb wird dies besser mit einem Stück Glas oder einem Parkettschaber (mit oder ohne Griff – wie auf dem Bild unten) getan.

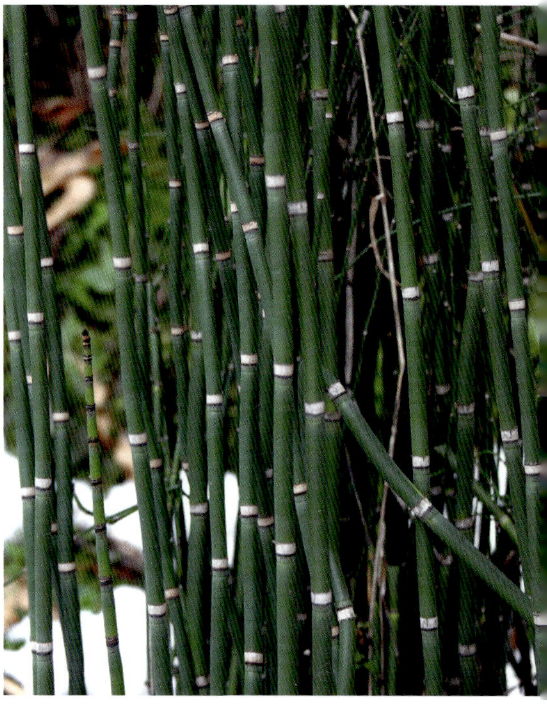

Nach dem Abschaben wird poliert. Meist geschieht dies mit Schleifpapier, wobei auch hier immer die Richtung der Holzfaser beachtet werden muss. Dieser Punkt ist wichtig, da die Oberfläche sonst unnützerweise aufgeraut und nie völlig glatt wird.

Dabei wird zunächst grobes und danach immer feineres Papier verwendet. Wie grob das erste Sandpapier ist, hängt davon ab, wie viele Schnitzreste weggeschliffen werden müssen. Normalerweise genügt Papier mit mittlerer und anschließend eines mit feiner Körnung. Je feiner der Endschliff, desto „vollendeter" wird der Gegenstand. Freunde elektrischer Geräte können natürlich auch eine Schleifmaschine dafür benutzen.

Es kann auch mit Schachtelhalm poliert werden, der genau deshalb auch Zinnkraut genannt wird. Alle Arten enthalten viel Kieselsäure, was sie zu einem sanften Scheuermittel machen. Getrockneter Schachtelhalm zerbröselt jedoch leicht. Die

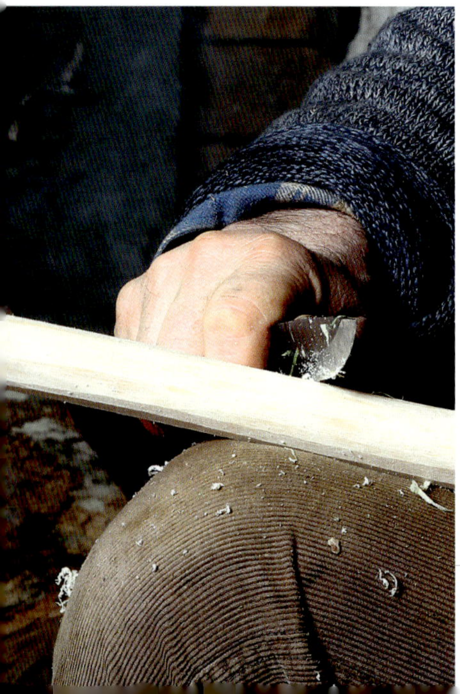

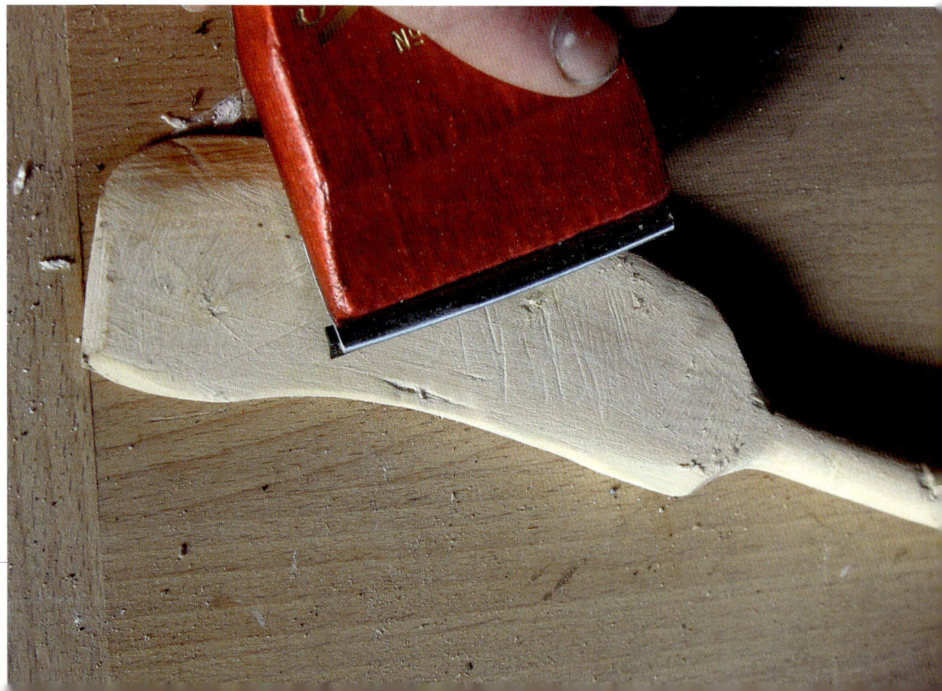

stärksten und deshalb meist verwendeten Arten sind der Winter-Schachtelhalm *(Equisetum hyemale)* oder seine nahen, exotischen Verwandten *(E. japonicum* und *E. americanum)*. Man erkennt sie an ihren dicken knotigen Stielen und auch daran, dass sie winterfest sind.

Poliertes Holz zu berühren ist angenehm. Je dichter es ist, desto feiner ist auch die Faser (Olive, Buchsbaum, Holunder, Birne) und somit auch der letzte Schliff. Solche Gegenstände können wahre „Handschmeichler" werden.

Die letzte, aber nicht unbedingt zwingende Arbeit nach der Politur ist die Imprägnierung mit Öl, die das Holz nährt und einen perfekten Abschluss bildet. Diese Schutzschicht macht den Gegenstand widerstandsfähiger und zugleich ästhetischer. Für kleine Holzobjekte wird dazu ungiftiges Pflanzenöl, wie z. B. Lein- oder Kamelienöl, verwendet.

Unser Kunstwerk kann auch gefärbt, gewachst oder patiniert werden. Auch diese Arbeitsgänge werden natürlich erst nach dem letzten Feinschliff vollzogen. Für Teiglöffel oder Blasrohre sind solche Oberflächenbehandlungen allerdings nicht nötig.

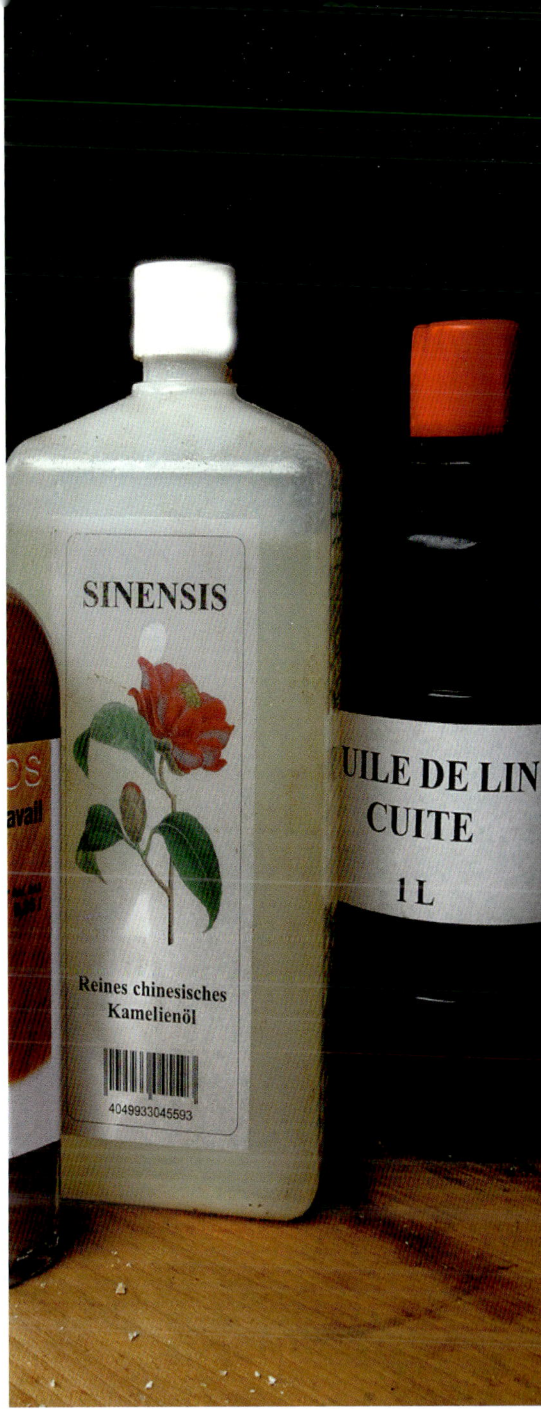

Rechts: Verschiedene Pflanzenöle

Unten: Drei Etappen der Fertigstellung
1 – Der grobe Gegenstand
2 – Abschaben
3 – Imprägnierung mit Kamelienöl

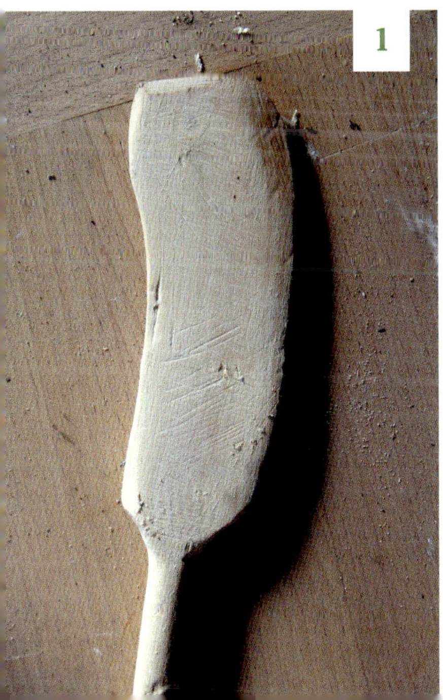

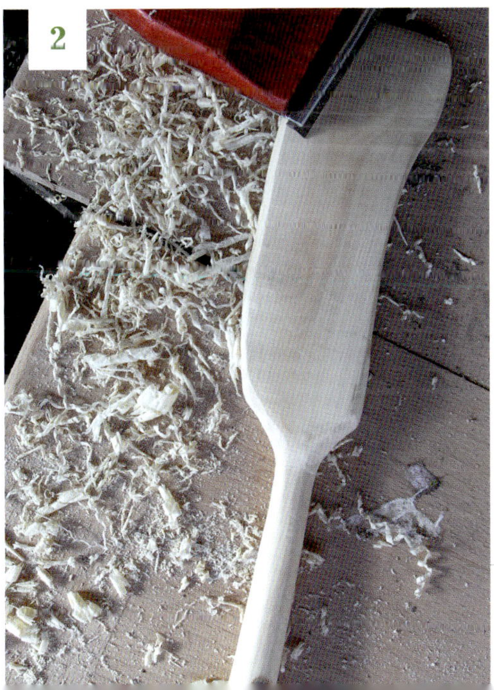

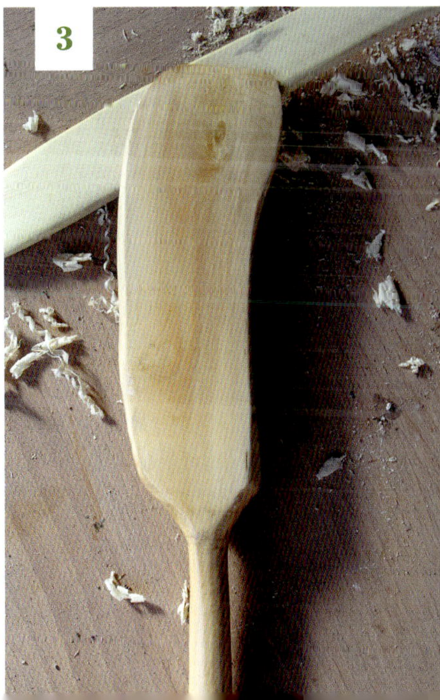

Reparaturarbeiten

Trotz aller Vorkehrungen kann es vorkommen, dass ein Werkstück kurz vor der Fertigstellung einen Riss oder ein Loch bekommt. Solche kleinen Fehler können aber relativ einfach behoben werden. Holzfüller kann leicht selbst hergestellt werden. Dazu wird Holzleim mit Sägemehl vom Holz des Werkstücks vermischt (**1** & **2**). Dies ist nicht nur preiswert, sondern kommt zugleich dem Farbton des Werkholzes am nächsten. Dieser Holzfüller wird mit einer Spachtel möglichst fest in die Löcher und Fugen gestrichen (**3**). Vor dem Abschleifen (**4**) sollte das Werkstück 48 Stunden an einem warmen Ort trocknen.

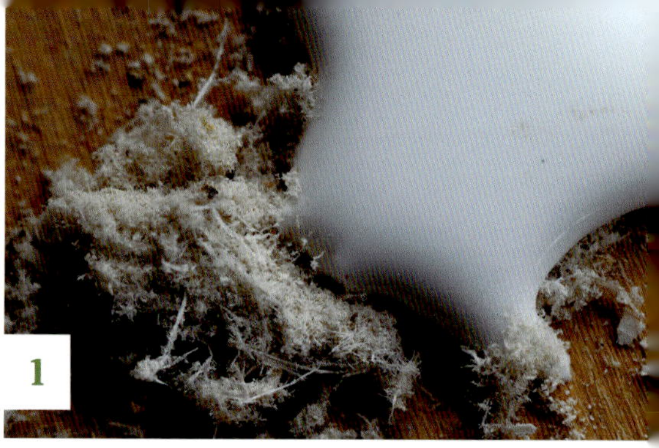

1

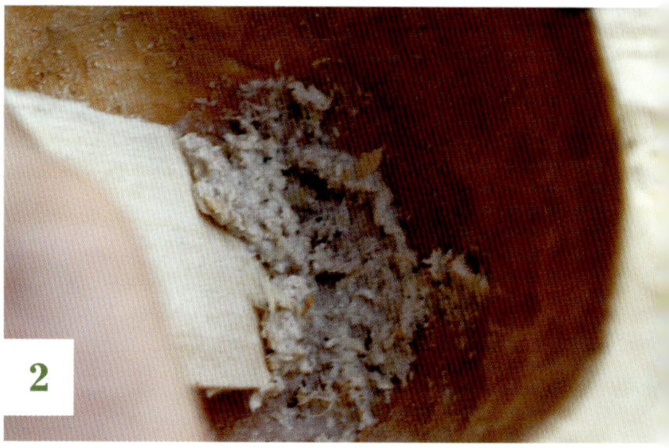

2

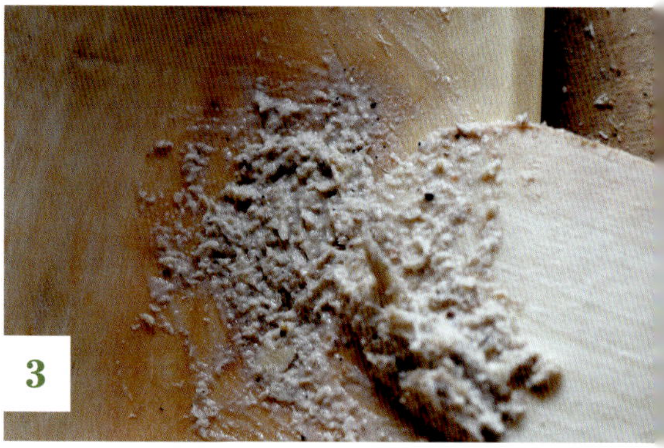

3

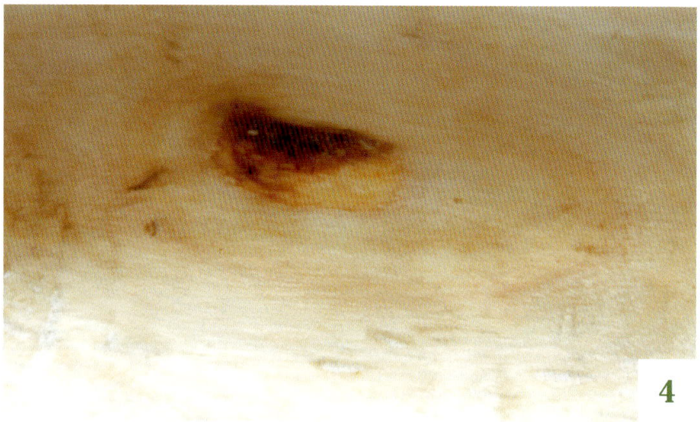

4

Auf den Bildern (**5**) und (**6**) werden dieselben Arbeitsschritte an einem Werkstück aus Buchenholz veranschaulicht.

Löcher im Holz können mit Dübeln gestopft werden, die ebenfalls aus demselben Holz hergestellt und mit Holzleim eingeklebt werden (**7** & **8**).

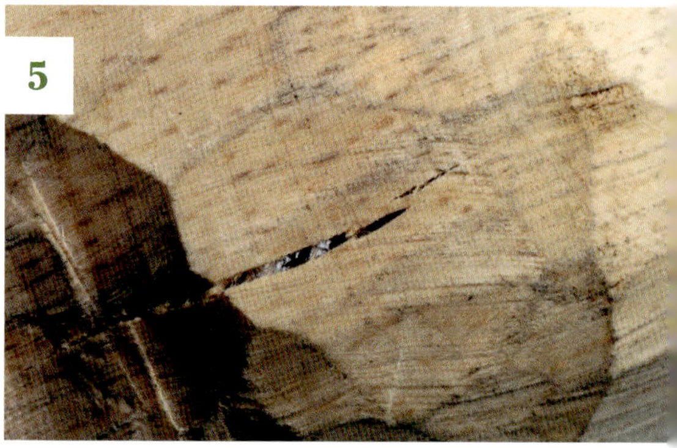

5

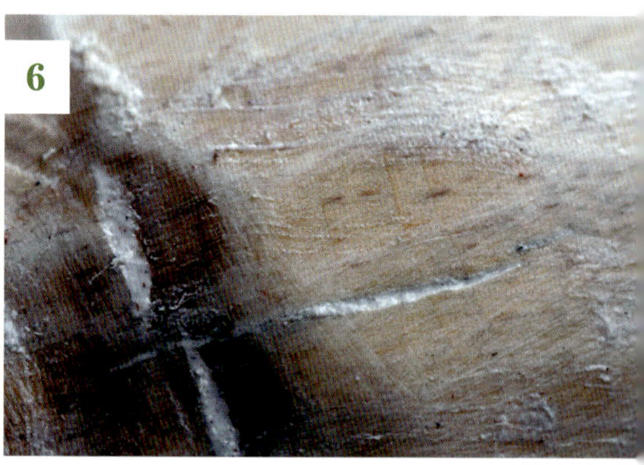

6

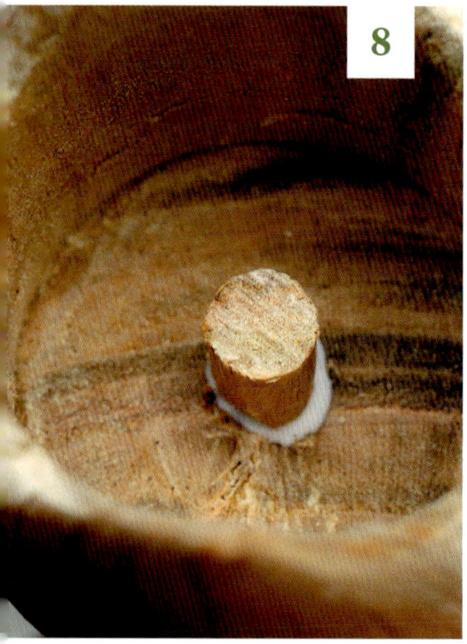

8

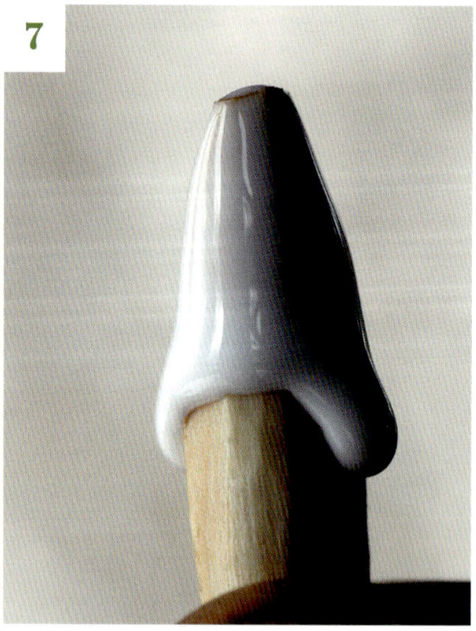

7

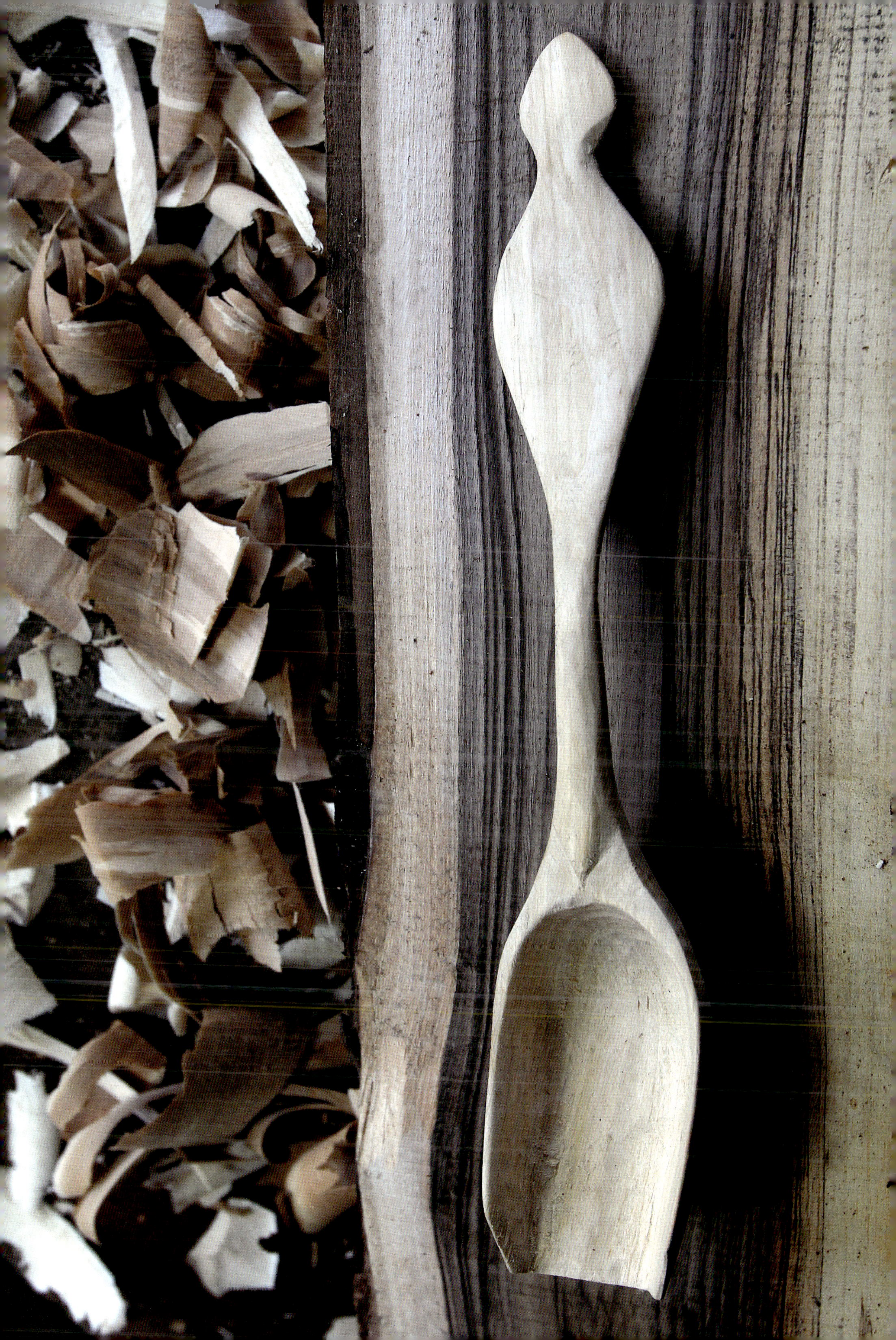

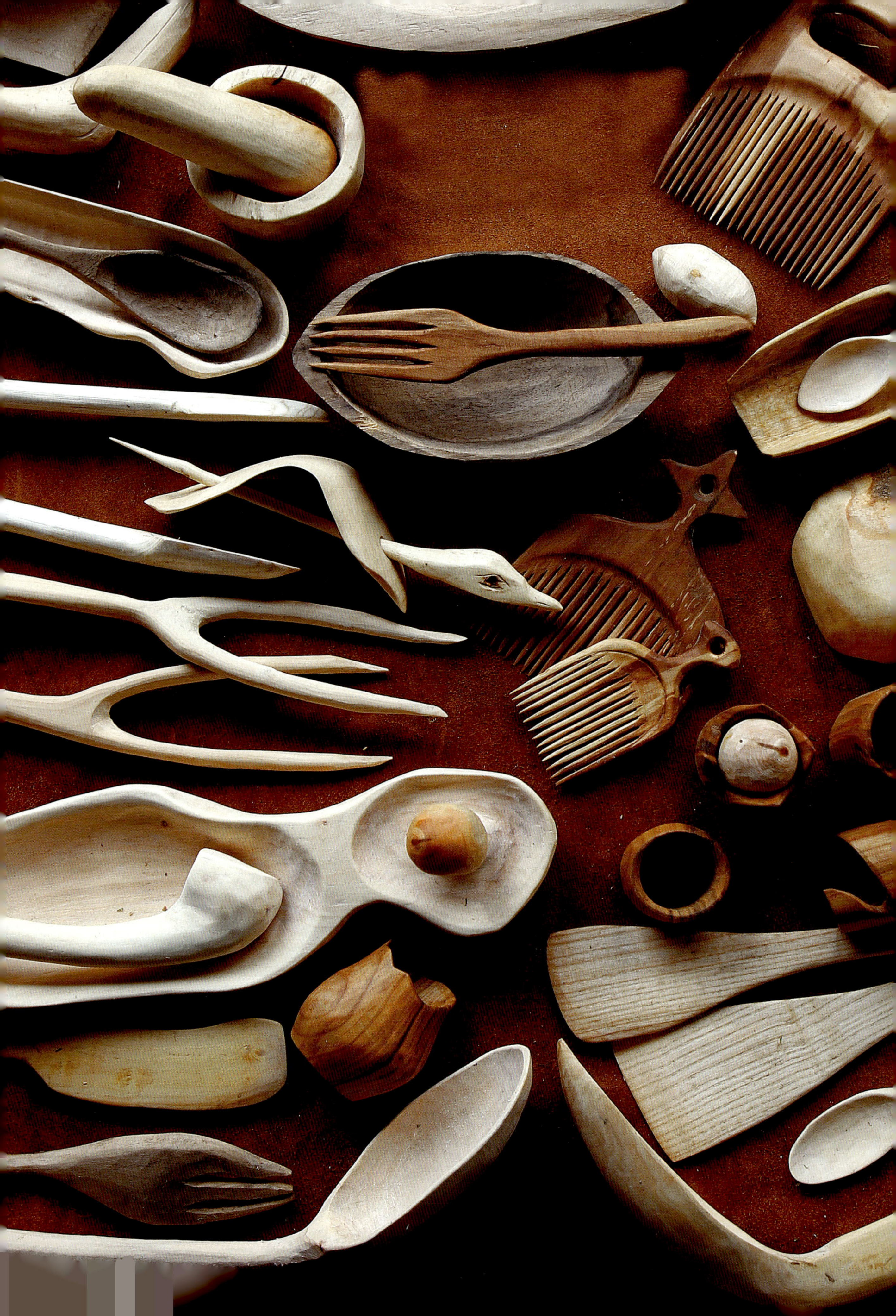

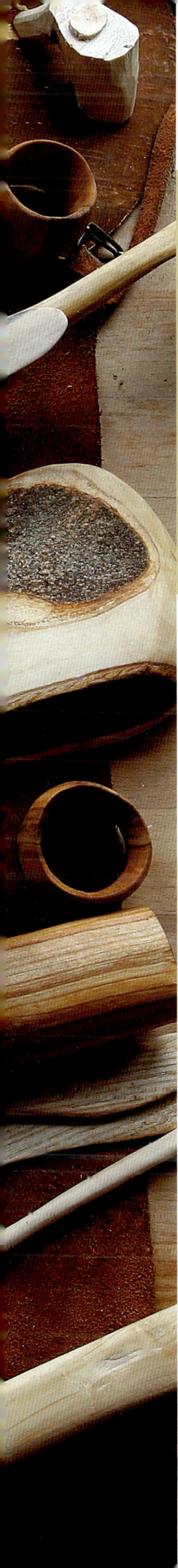

Projekte

Alle Arbeitsschritte

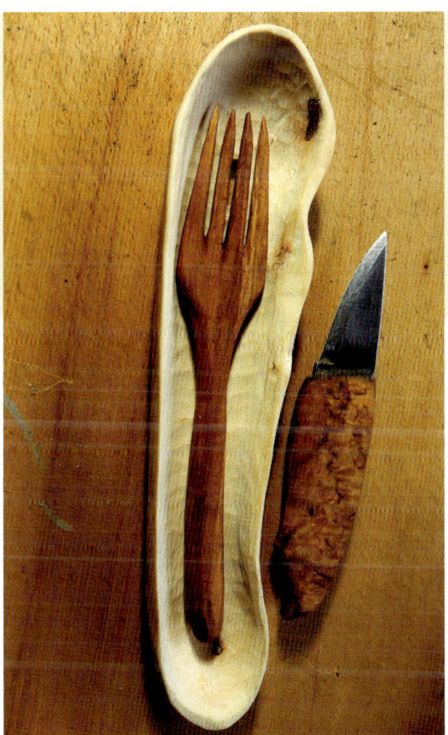

Besteck

Gefäße

Verschiedene Holzgegenstände

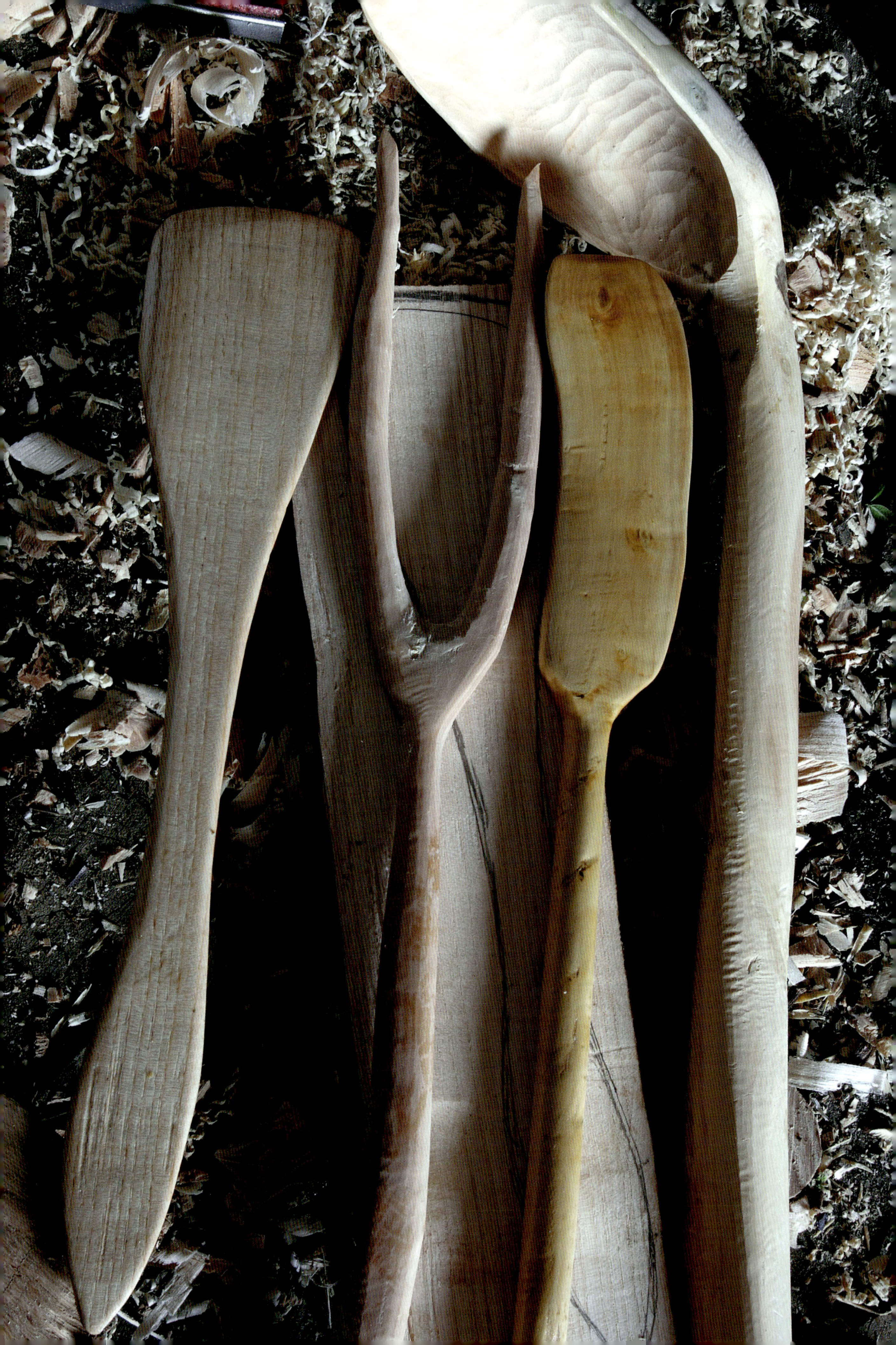

Besteck

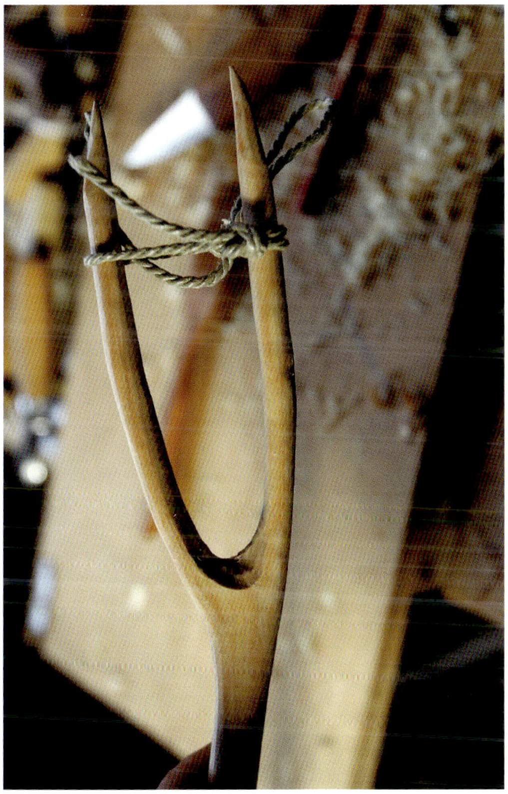

Schöpflöffel

Flache Spachtel

Flache Spachtel mit rundem Griff

Grillgabeln

Salatbesteck

Küchenschaufel

Schaufel

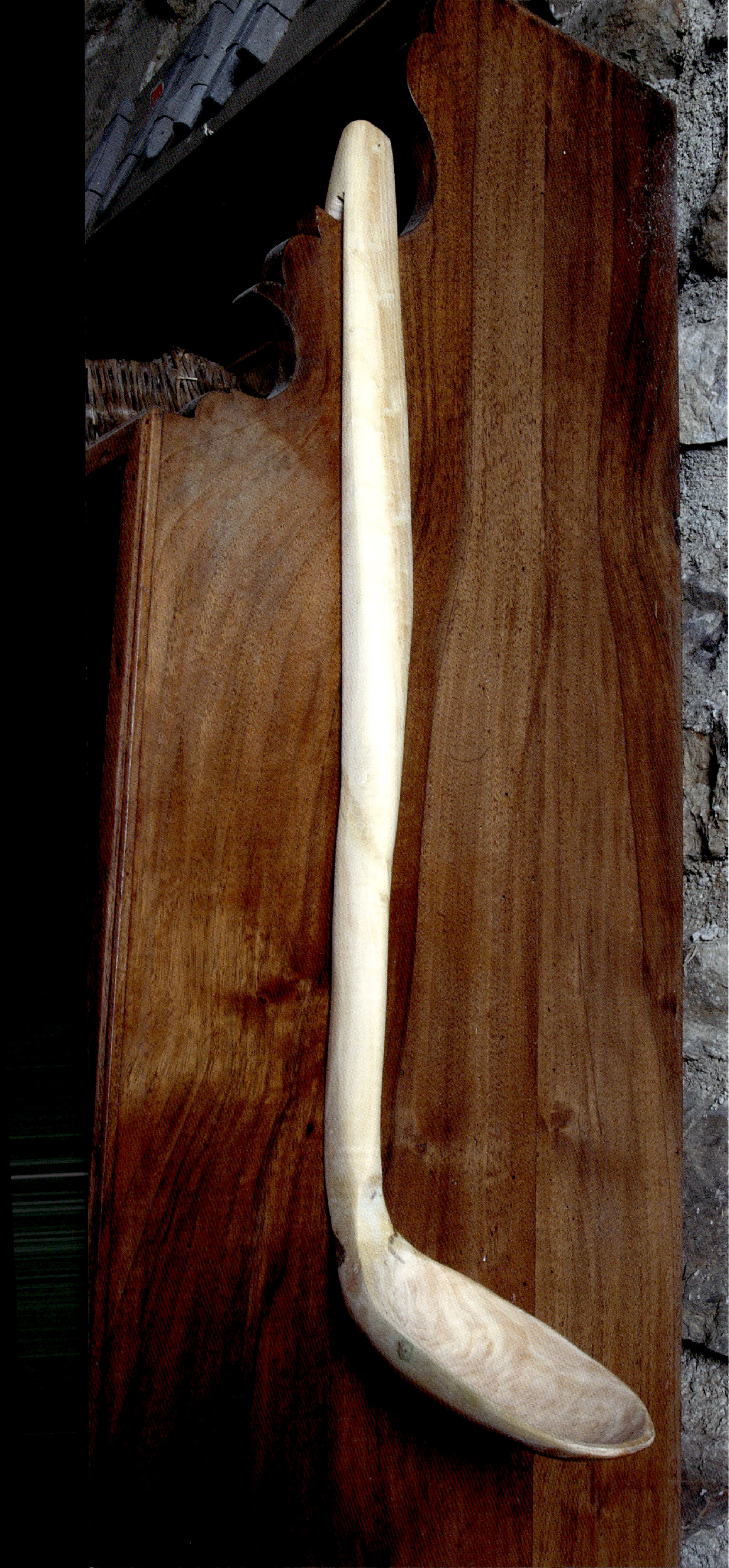

Schöpflöffel

Gegenstand
Langstieliger Schöpflöffel

Gebrauch
Herausschöpfen und Kosten von Suppen und Brühen aus einem tiefen Kochtopf

Material
Grüner Buchsbaumast von etwa 7 cm Durchmesser und mit einem Knick von etwa 120°

Werkzeug
Säge, Beil, Zugmesser oder einfaches Messer, Hohleisen und Schälmesser

Fertigstellung
Schaber, Raspel und Schleifpapier

Maße des fertigen Gegenstandes
Länge: 54 cm
Durchmesser des Stiels: 3 cm
Maße des Schöpfers (L x B x H): 14 x 6,5 x 2 cm

1 - Wahl eines geeigneten Astes

2 - Grobes Behauen mit dem Beil

3 - Aussägen eines Hakens am Ende des Stiels und Verfeinern des Stiels mit dem Beil

4 - Bearbeiten der Außenseite des Schöpfers mit Beil und Hohleisen

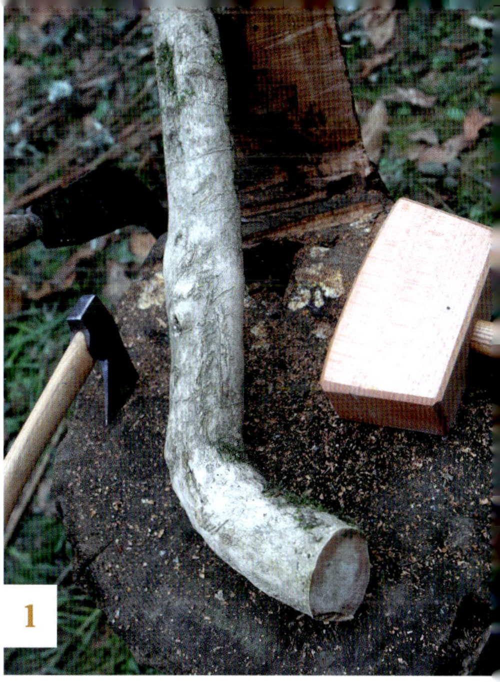

1

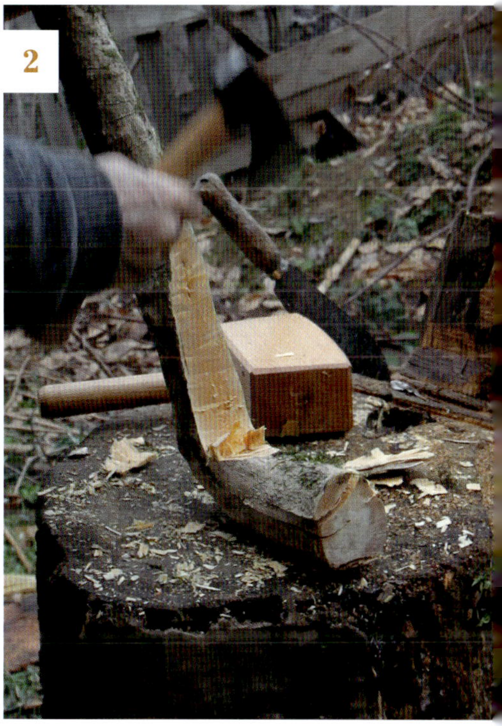

2

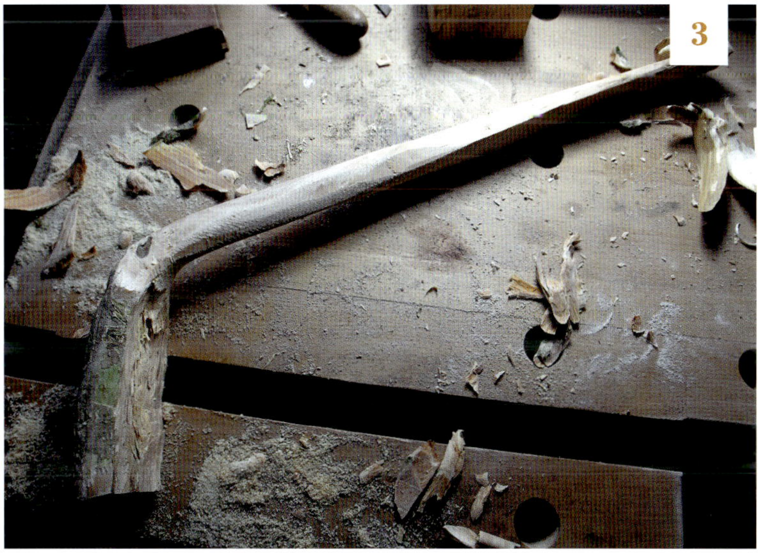

3

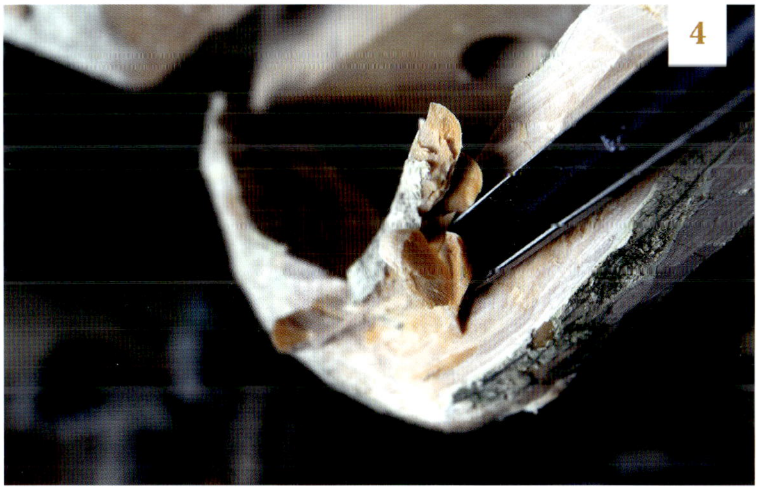

4

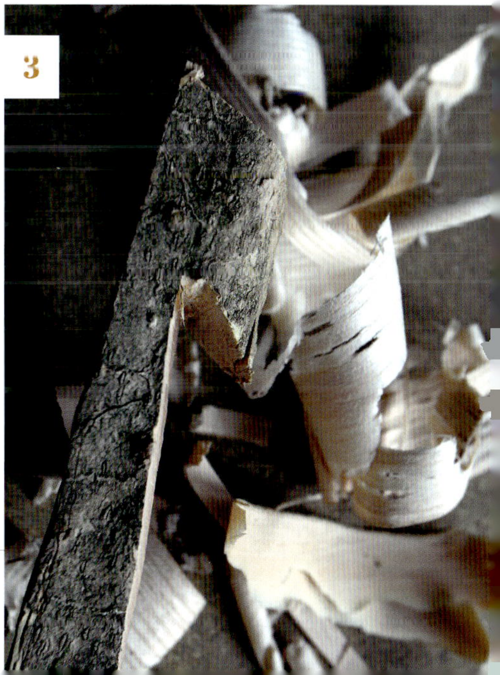

3

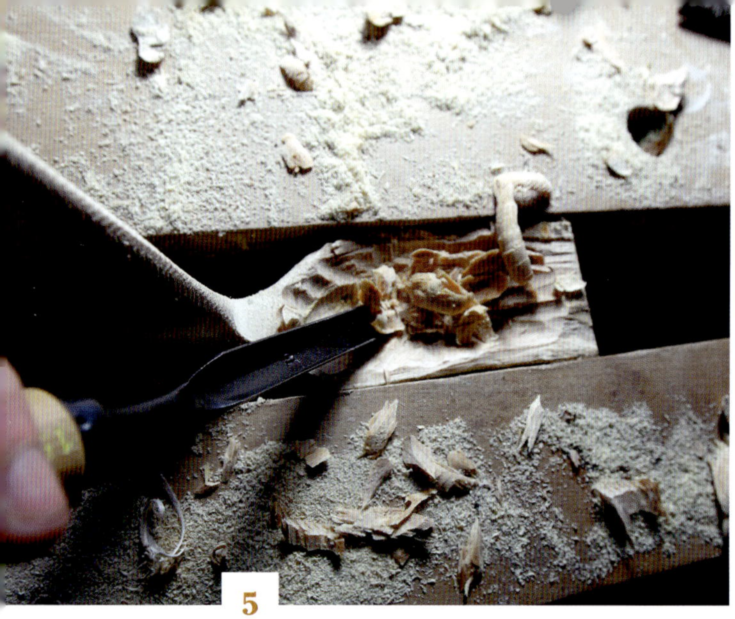

5

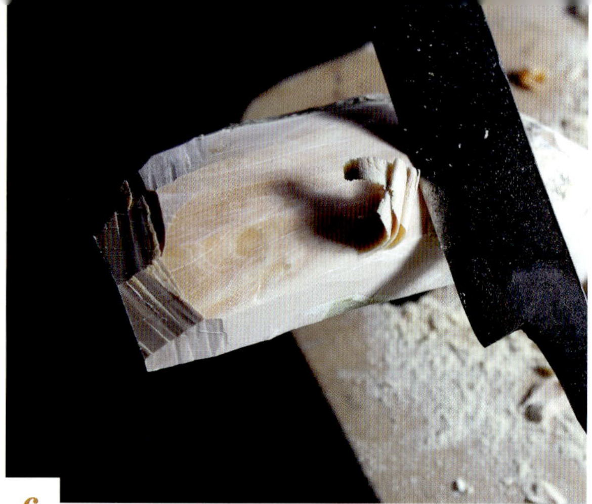

6

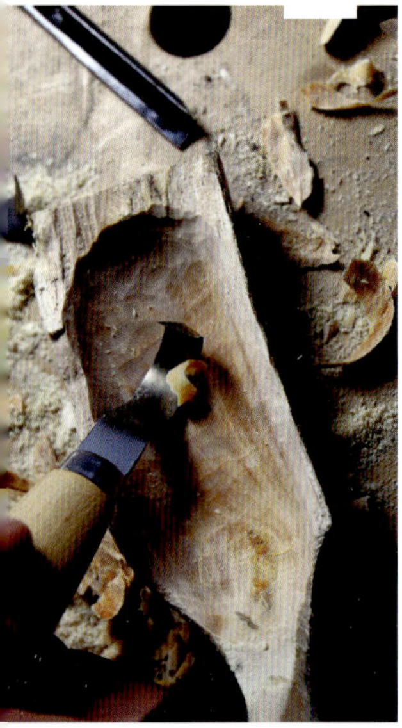

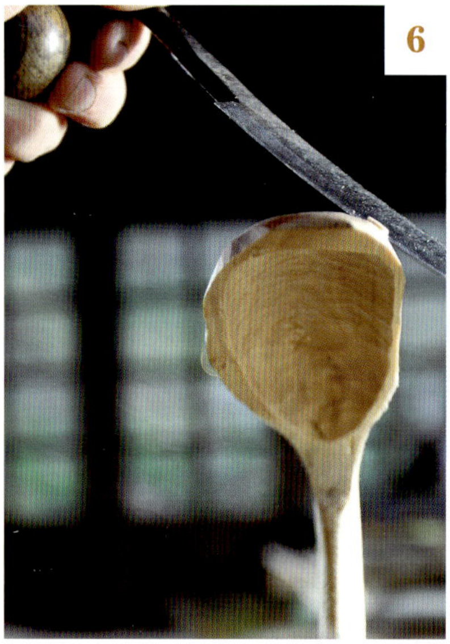

6

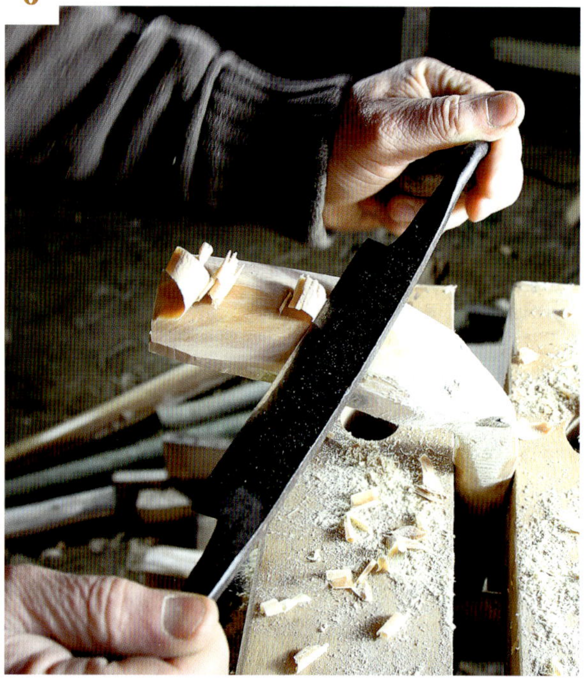

5 - Aushöhlen des Löffels zunächst mit Hohleisen und Schlägel, dann mit dem Schälmesser

6 - Mit dem Zugmesser wird die Außenseite des Löffels in ihre endgültige Form gebracht.

7 - Mit Hohleisen und Schälmesser wird nun auch die Innenseite des Löffels abgeschlossen.

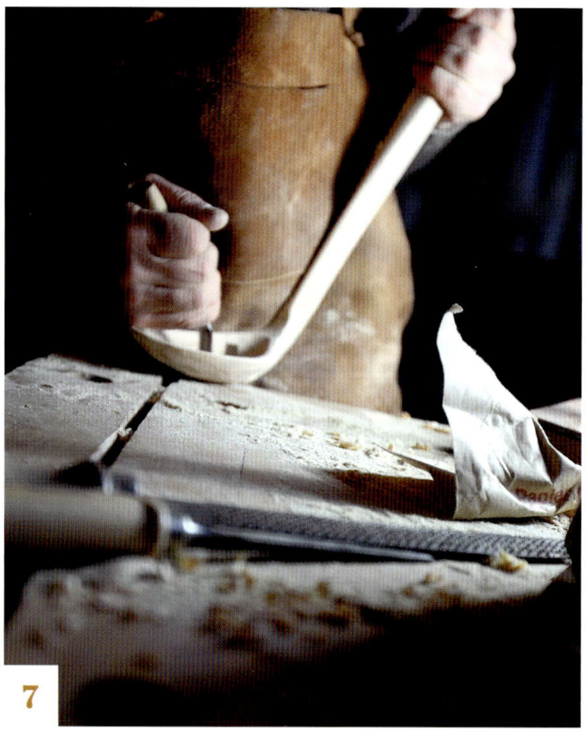

7

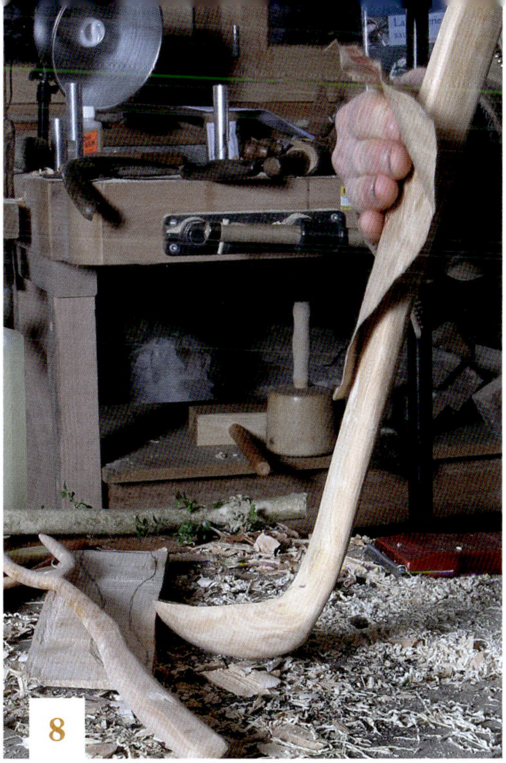

8

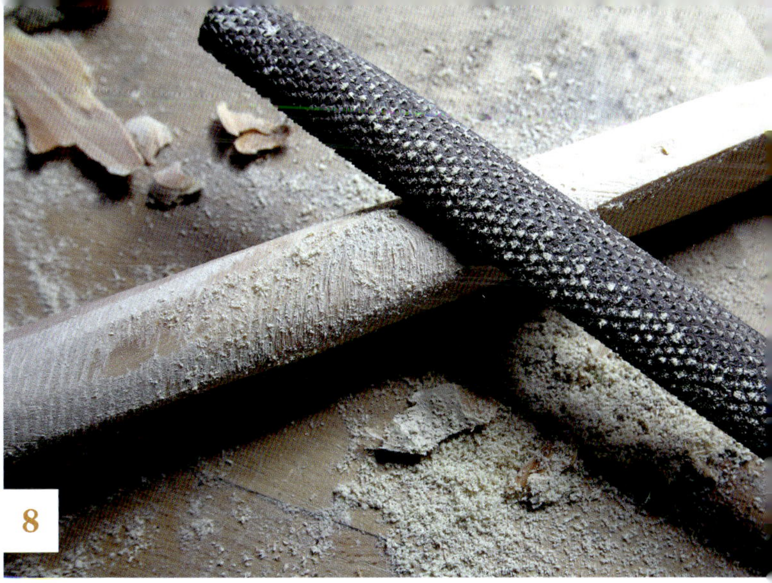

8

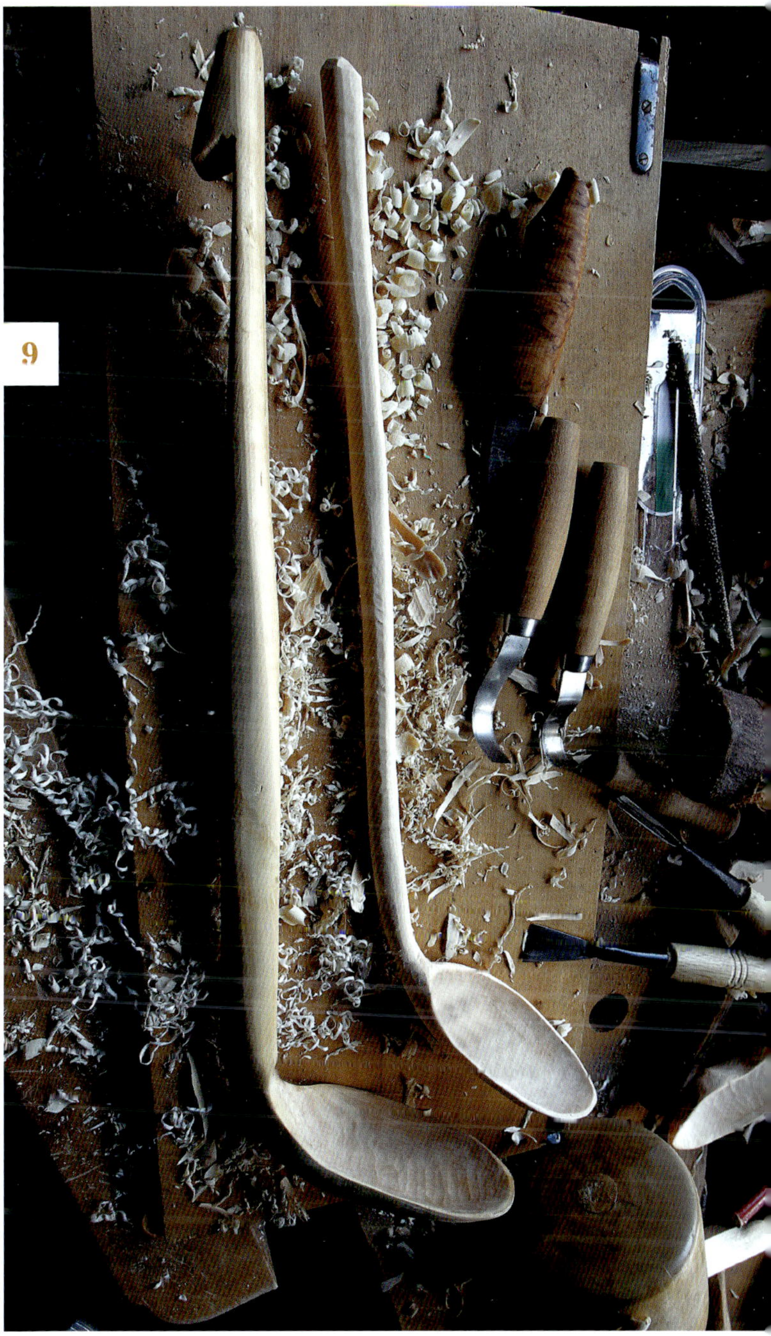

9

8 - Grobschliff des Schöpflöffels mit Raspel und Sandpapier

9 - Vor dem Feinschliff mit feinem Papier oder Zinnkraut einige Wochen trocknen lassen.

Anderes Modell ...

Auf dem Bild ist rechts ein zweiter, etwas kleinerer Schöpflöffel zu sehen, der auf dieselbe Weise hergestellt wurde, aber keinen Haken hat.

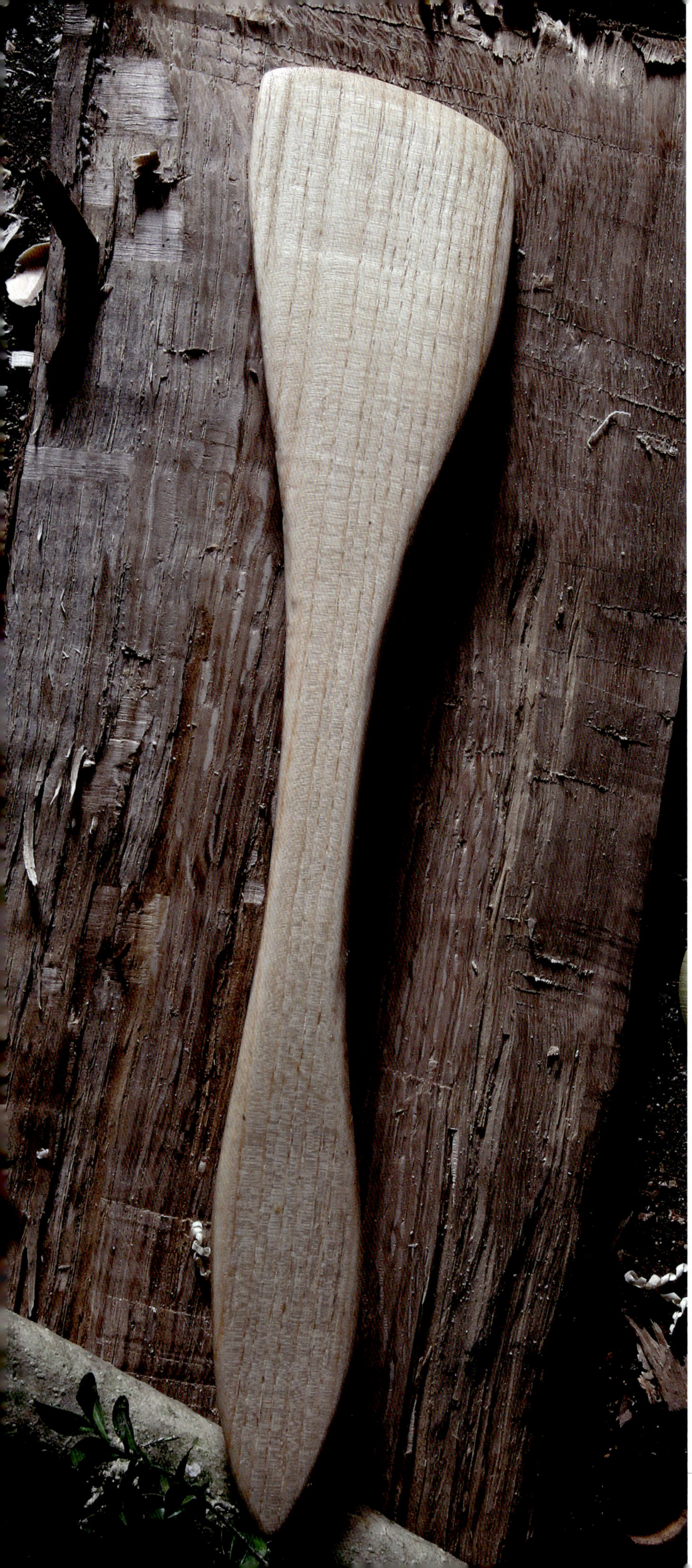

Flache Spachtel

Gegenstand
Flache Spachtel mit flachem Griff

Gebrauch
Umrühren von Speisen, Ablösen von Pfannkuchen, Fladen o. Ä. von der Pfanne

Material
Trockenes oder frisches Eschenholz

Werkzeug
Säge, Beil, Zugmesser, Taschenmesser oder „Poalmeß"

Fertigstellung
Schaber, Raspel, Schleifpapier

Maße des fertigen Gegenstandes
Länge: 29 cm
Größte Breite: 5,5 cm

1 - Den Eschenblock vierteln und in 1,5–2 cm dicke Bretter spalten. Ein Block ergibt vier Viertel, aus denen jeweils 4 bis 7 Bretter gewonnen werden können.

2 - Die Bretter mit dem Beil glätten und abflachen, bis sie nur noch einen halben Zentimeter dick sind.

3 - Spachtelform auf die Bretter skizzieren. Aus breiteren Brettern können auch zwei Spachteln gewonnen werden.

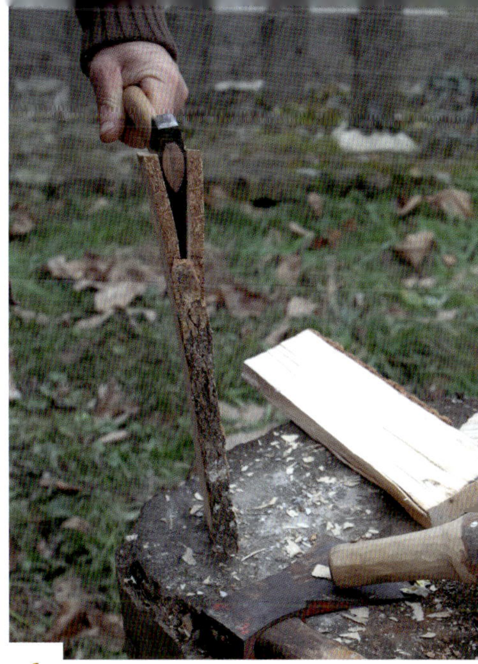
1

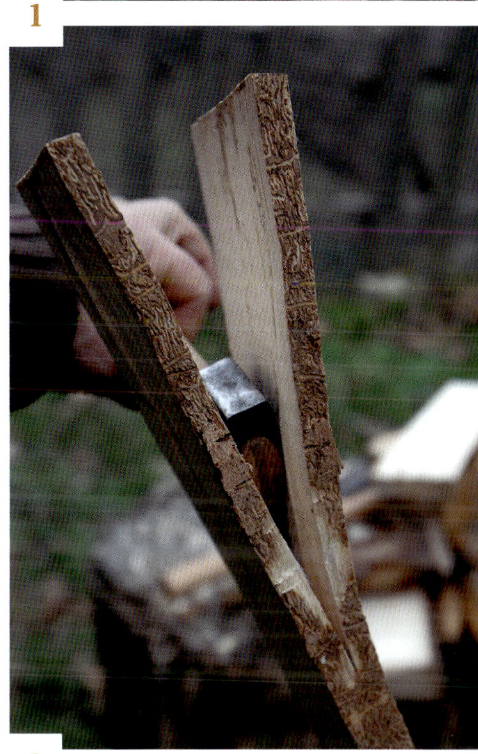
1

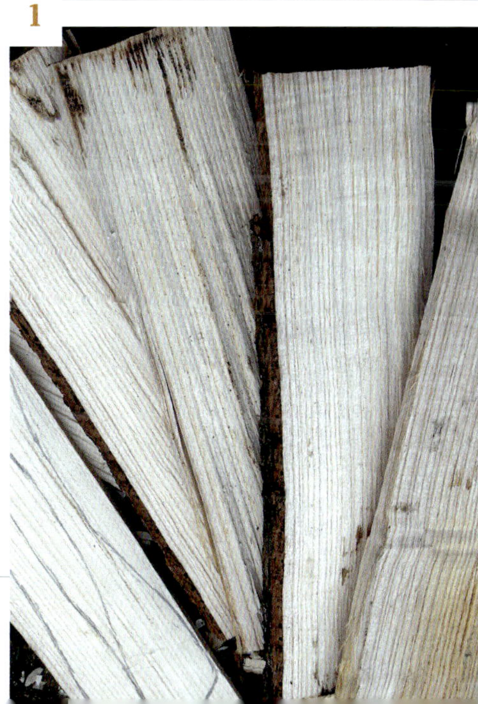

3
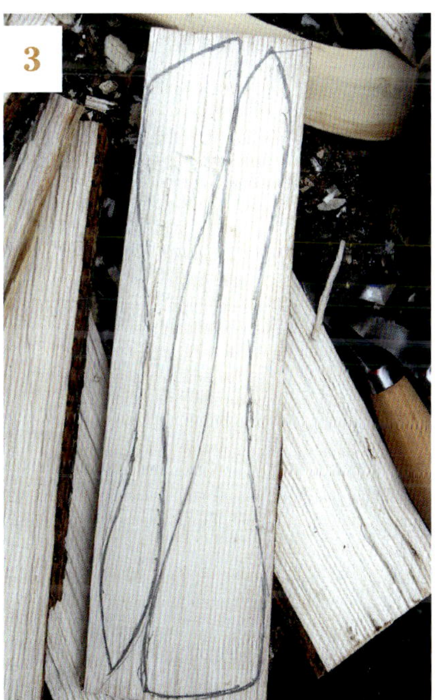

2
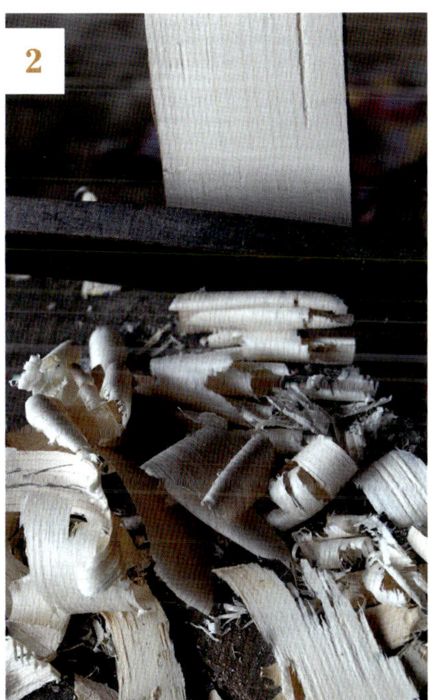

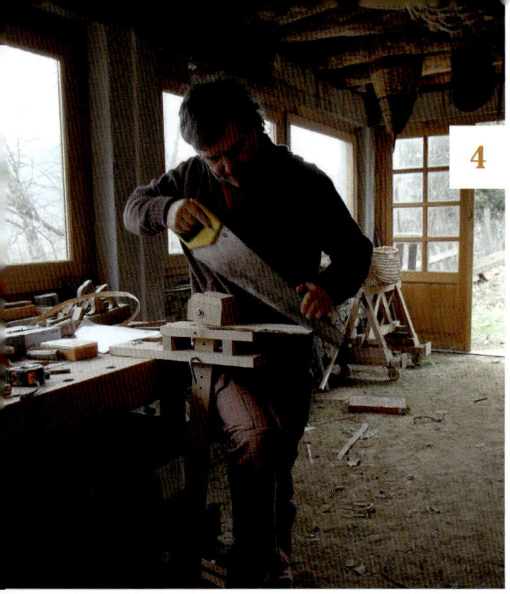

4 - Für zwei Spachteln wird das Brett zwischen den Skizzen auseinandergesägt.

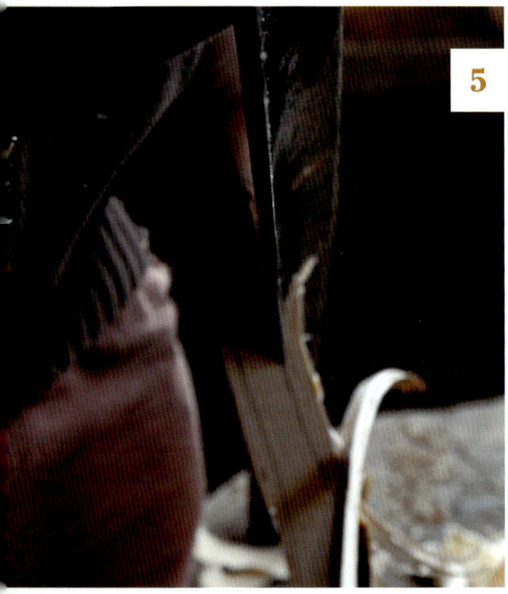

5 - Die Form wird mit dem Zieh- oder Taschenmesser ausgeschnitten.

6 - Erster Grobschliff mit dem Schaber oder mit der Messerkante.

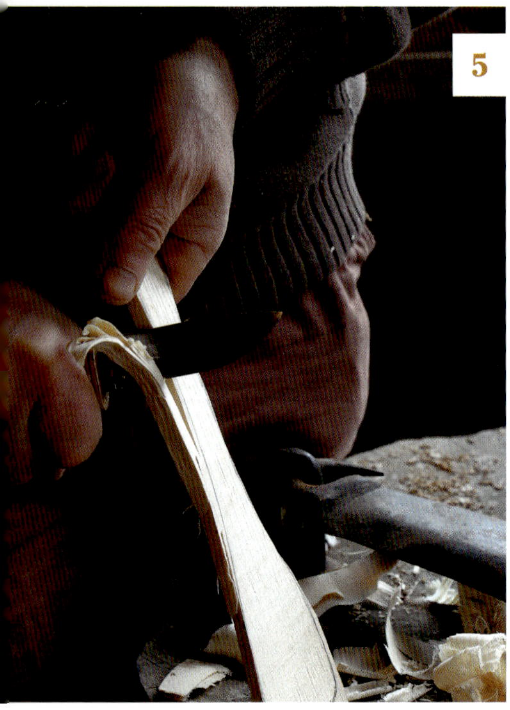

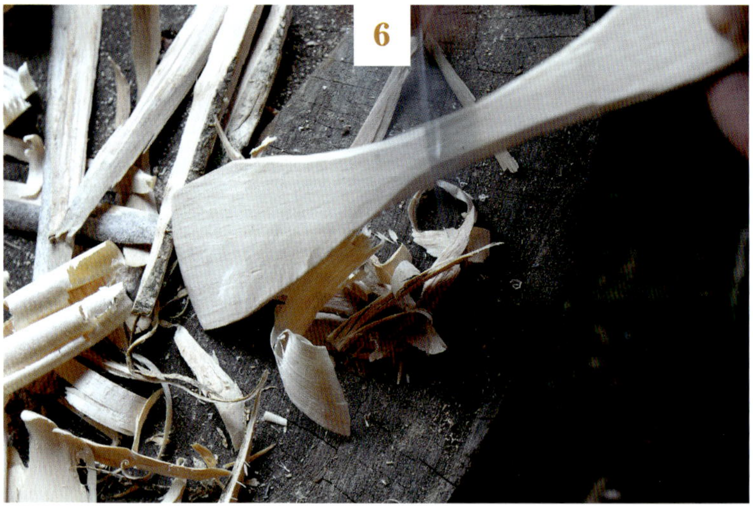

7 - Schliff mit dem Sandpapier

8 - Fertige Spachteln

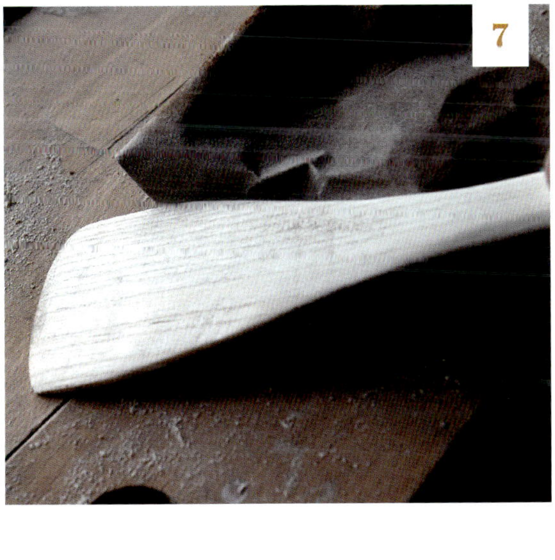

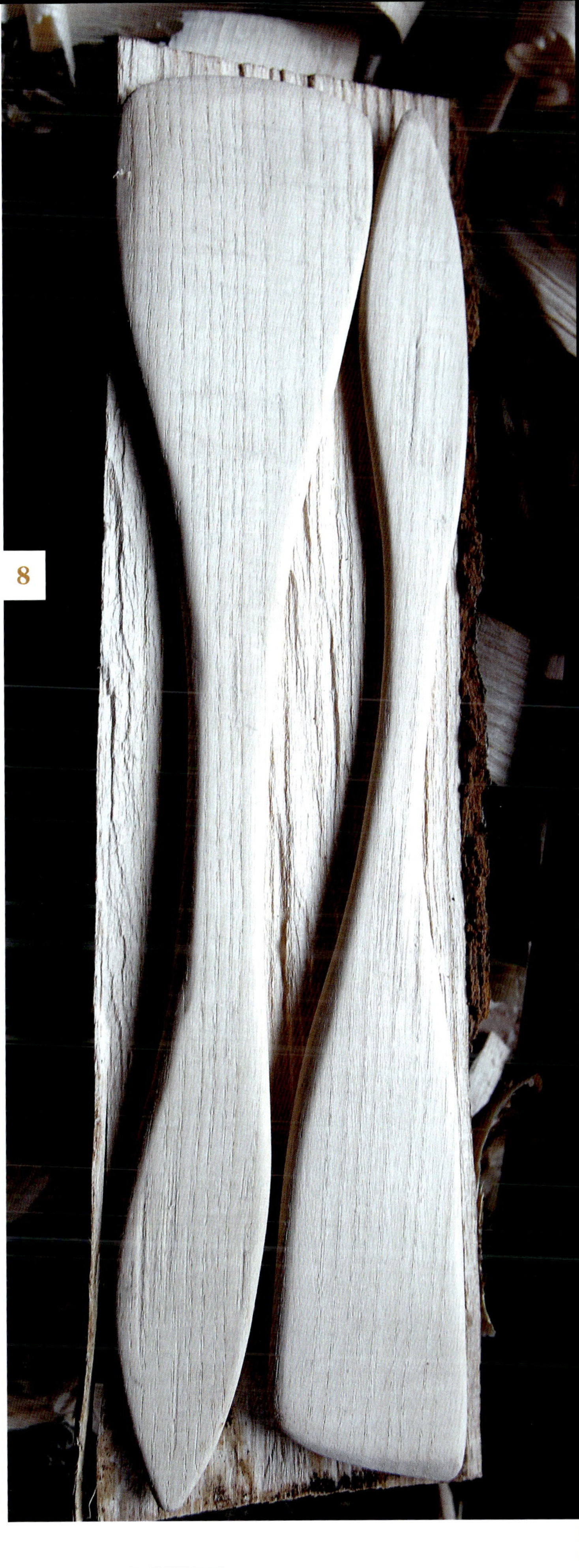

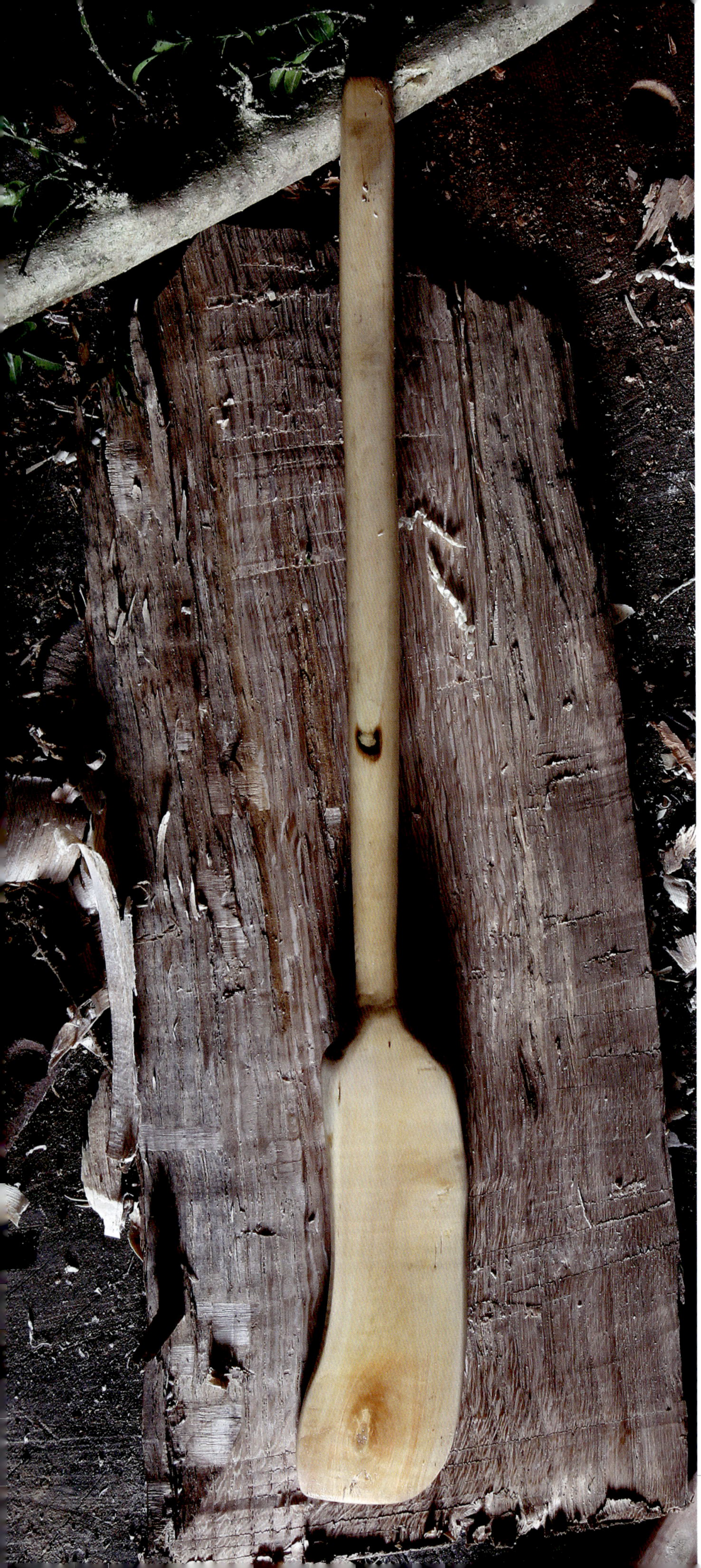

Flache Spachtel mit Rundgriff

Gegenstand
Spachtel mit rundem Griff, flacher Schaufel und freier Form

Gebrauch
Umrühren von Speisen, Ablösen von Pfannkuchen, Fladen o. Ä. von der Pfanne

Material
Grünes Buchsbaumholz

Werkzeug
Säge, Beil, Zugmesser, „Poalmeß" oder starkes Messer

Fertigstellung
Schaber, Raspel, Schleifpapier

Maße des fertigen Gegenstandes
Länge: 36 cm
Größte Breite: 4,5 cm

1 - Ein Buchsbaumast wird mit dem Beil behauen. Ist er dick genug, wird er in der Mitte gespalten.

2 - Mit dem Taschen- oder Zugmesser wird er in die gewünschte Form gebracht. Sollten Sie das Glück haben, ein „Poalmeß" wie auf diesem Bild zu besitzen, so eignet sich dieses ausgezeichnet für diese Arbeit.

3 - An der Form des Werkholzes ist die endgültige Form bereits erkennbar.

4 - Mit dem Taschenmesser wird das Werkstück nun in die gewünschte Form gebracht. Erst nach dem Trocknen polieren und – wenn gewünscht – mit Pflanzenöl imprägnieren.

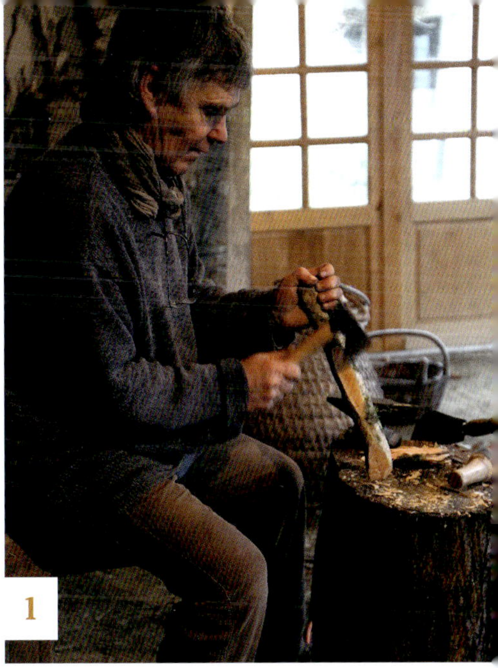

1

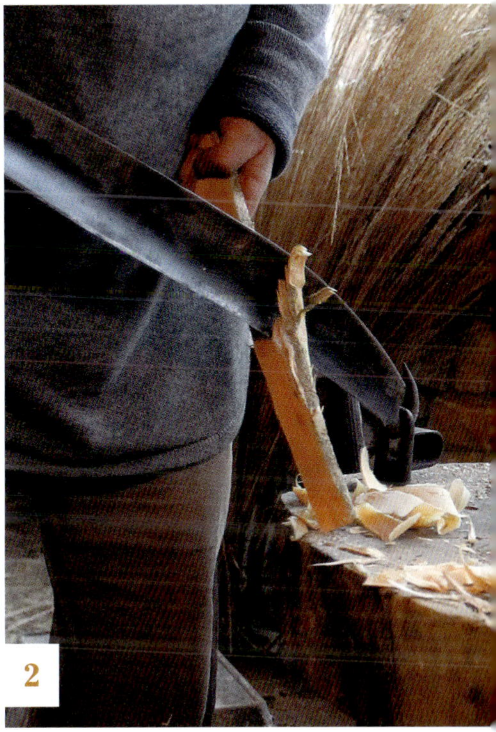

2

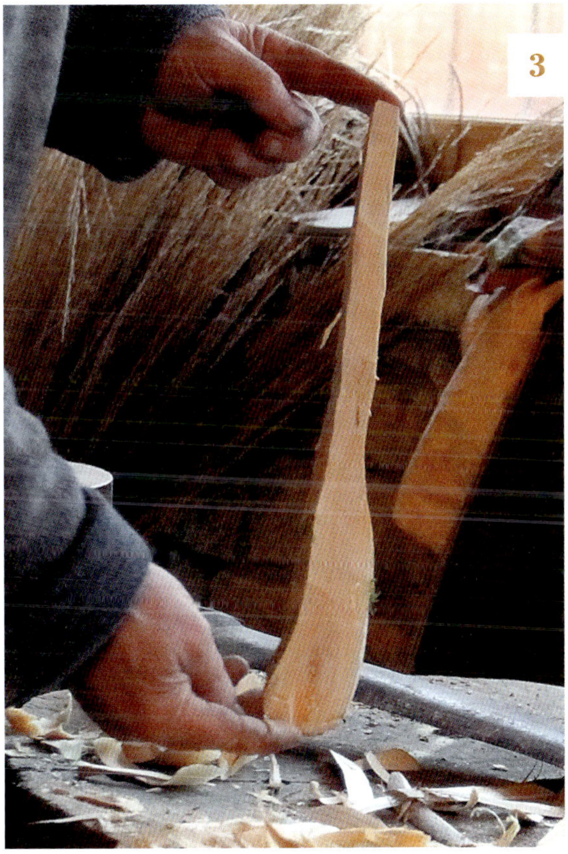

3

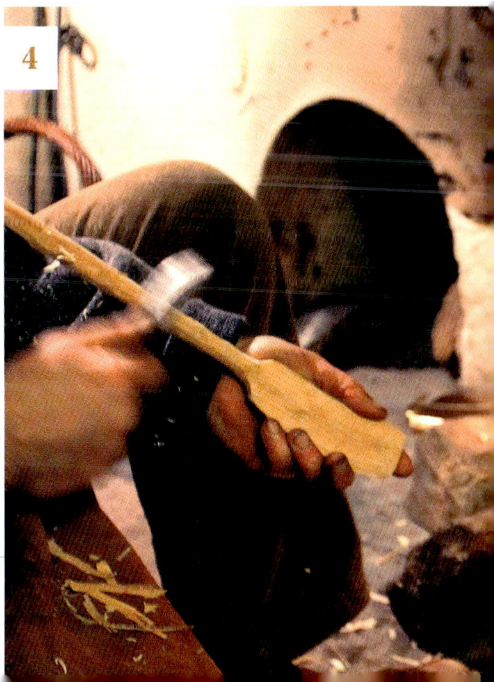

4

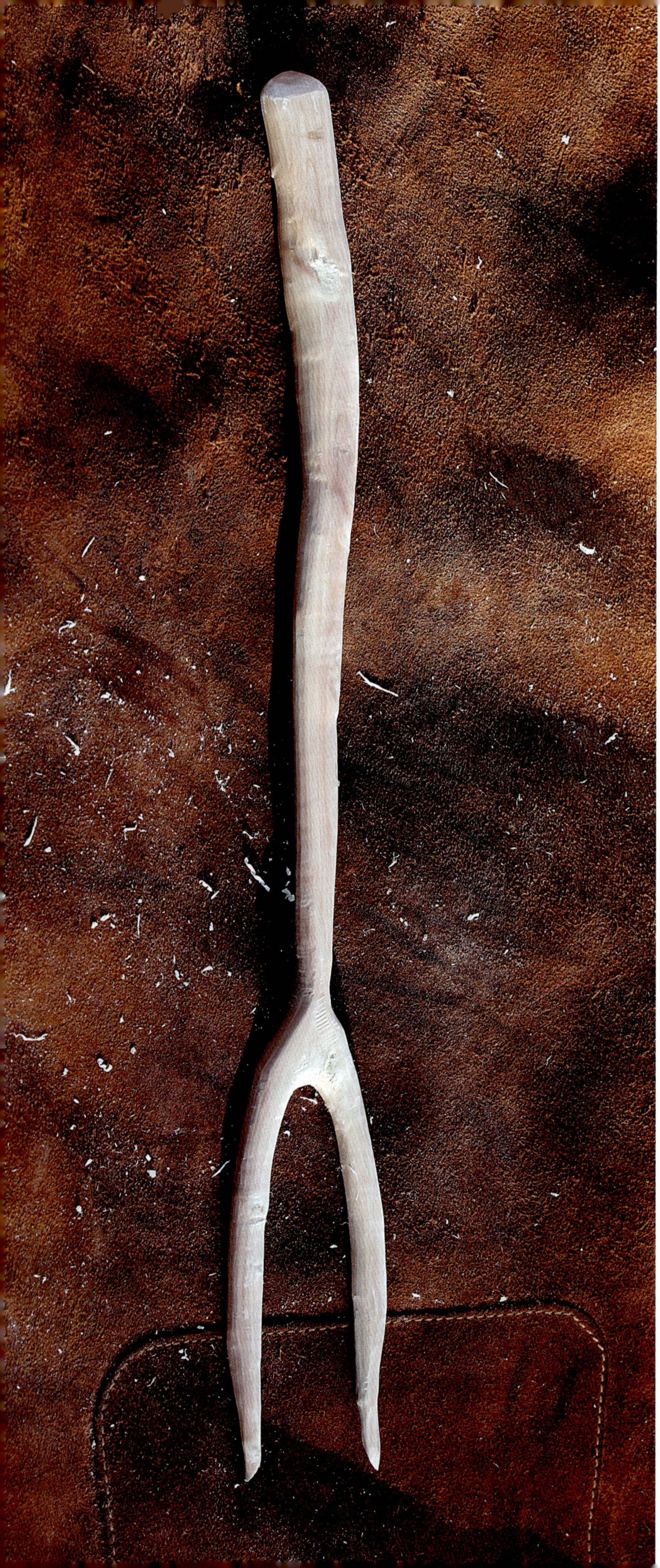

Grillgabel

Gegenstand
Gabel mit zwei großen Zinken

Gebrauch
Aufspießen von Fleisch oder Wurst auf dem Grill

Material
Grünes Buchsbaumholz

Werkzeug
Säge, Beil, Zugmesser, „Poalmeß" oder starkes Messer

Fertigstellung
Schaber, Raspel, Schleifpapier, Pflanzenöl

Maße des fertigen Gegenstandes
Länge: 45 cm
Länge der Zinken: 12,5 cm

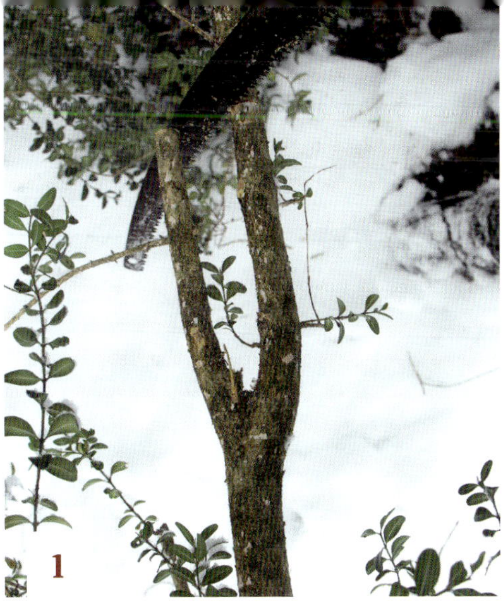

1

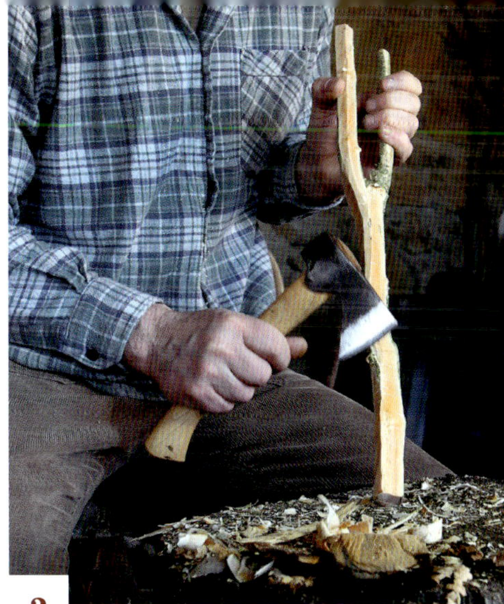

2

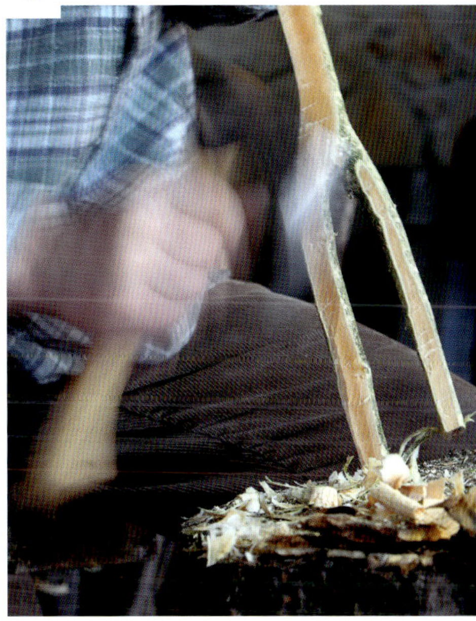

1 - Auswahl einer Astgabel, die lange genug abgeschnitten wird (etwa 1/3 länger als die geplante Gabel).

2 - Grobe Bearbeitung mit dem Beil …

3 - … dann mit dem Zugmesser und dem Taschenmesser

4 - Zuschneiden der Gabel auf die gewünschte Länge

5 - Abschaben der Unebenheiten. Vor dem Schlussschliff mehrere Wochen trocknen lassen. Zuletzt mit Pflanzenöl imprägnieren.

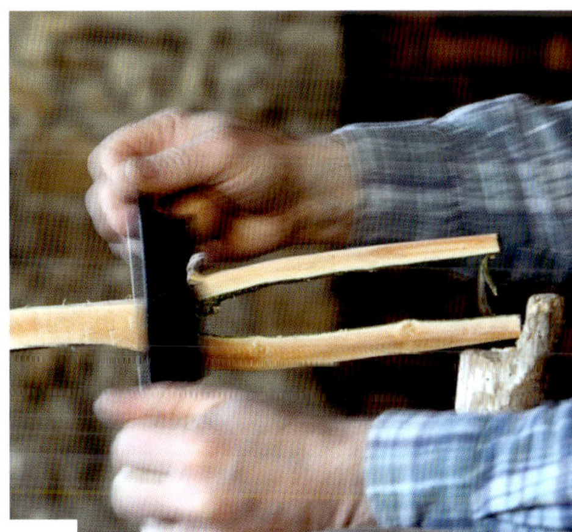

3

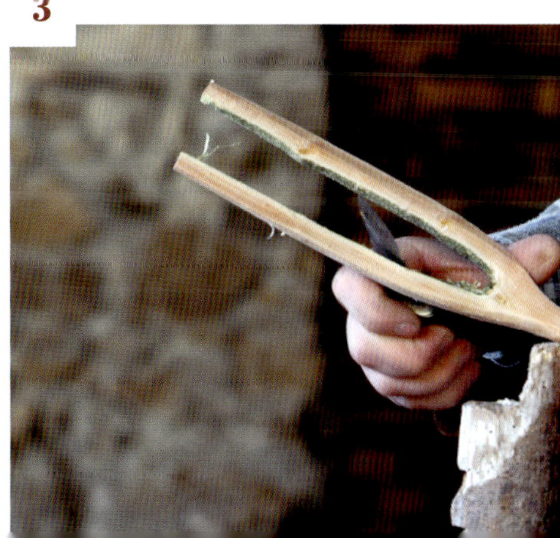

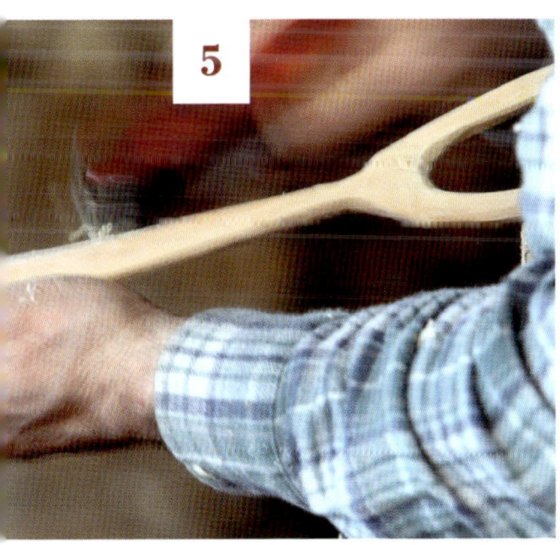

5

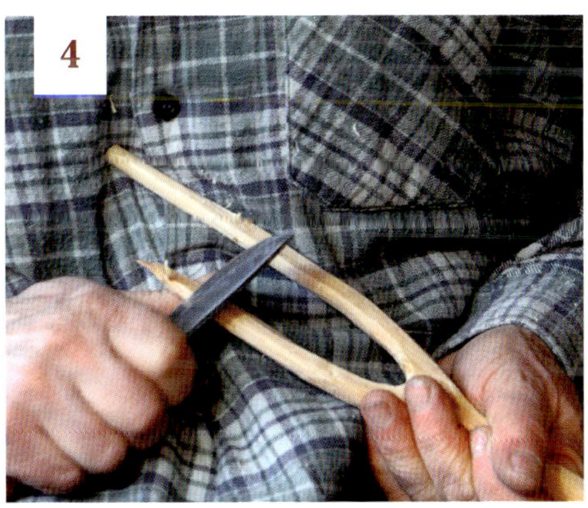

4

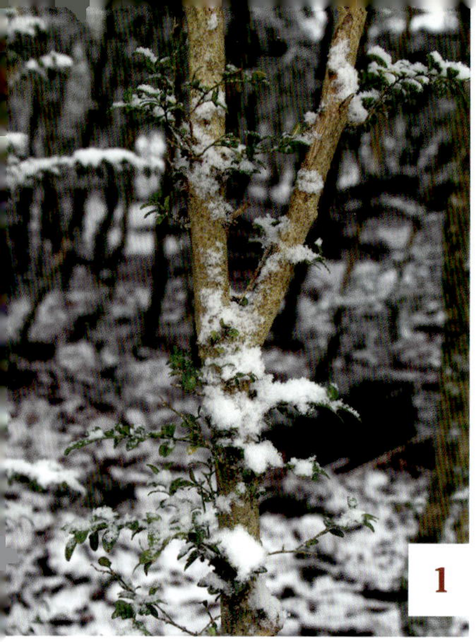

1

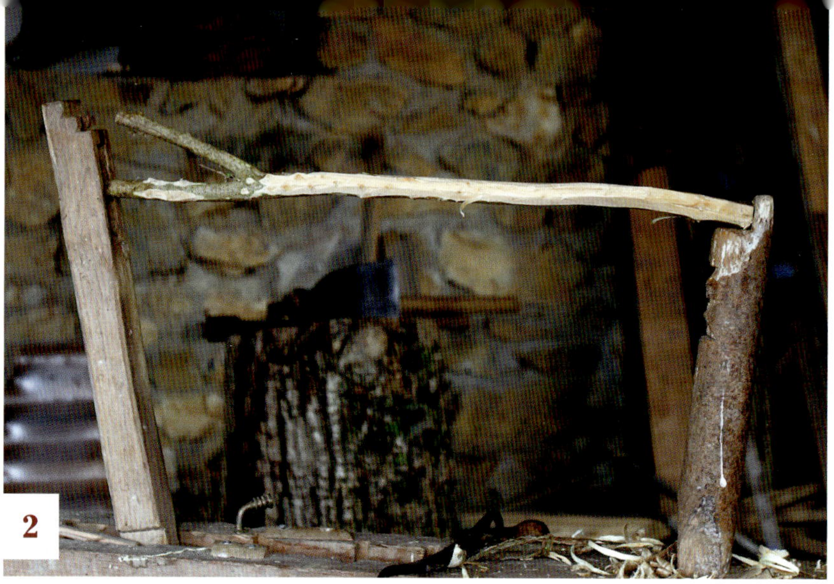

2

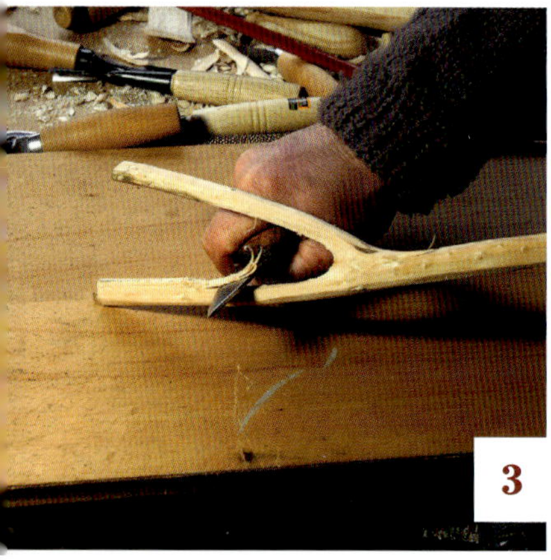

3

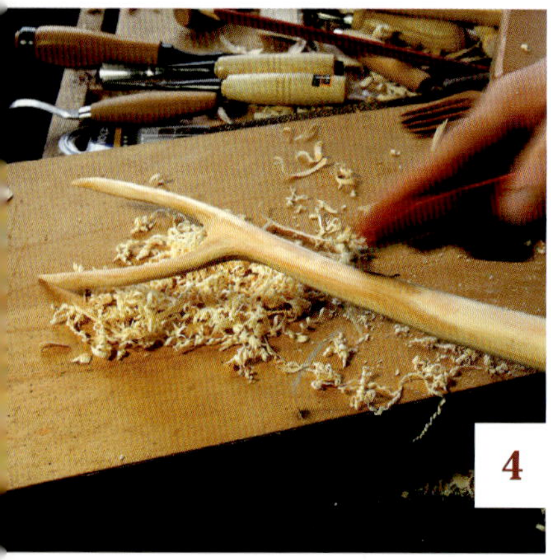

4

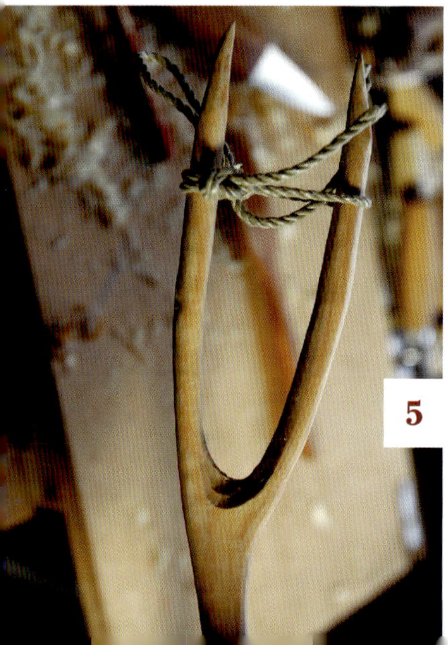

5

Andere Modelle

Gabel mit zwei Zinken aus Buchsbaumholz

Länge: 60 cm, Länge der Zinken: 15 cm

1 bis 4 - Arbeitsschritte wie bei den vorherigen Beispielen

5 - Bei diesem Modell stehen die Zinken zu weit auseinander und sollten zusammengezogen werden. Dazu werden sie mit einem starken Stück Schnur oder einem Bindfaden zusammengebunden, solange das Holz noch frisch ist, und 3–4 Wochen trocknen gelassen, bevor mit der Abschlussarbeit begonnen wird.

Rechts

Gabel mit vier Zinken aus Birnenholz

Hier wurden die Zinken durch Einschnitte mit der Säge voneinander getrennt, wie dies bei der Herstellung von Kämmen (Seite 122 ff.) erläutert wird.
Länge: 21 cm, Länge der Zinken: 5 cm, Breite der Gabel: 3,5 cm

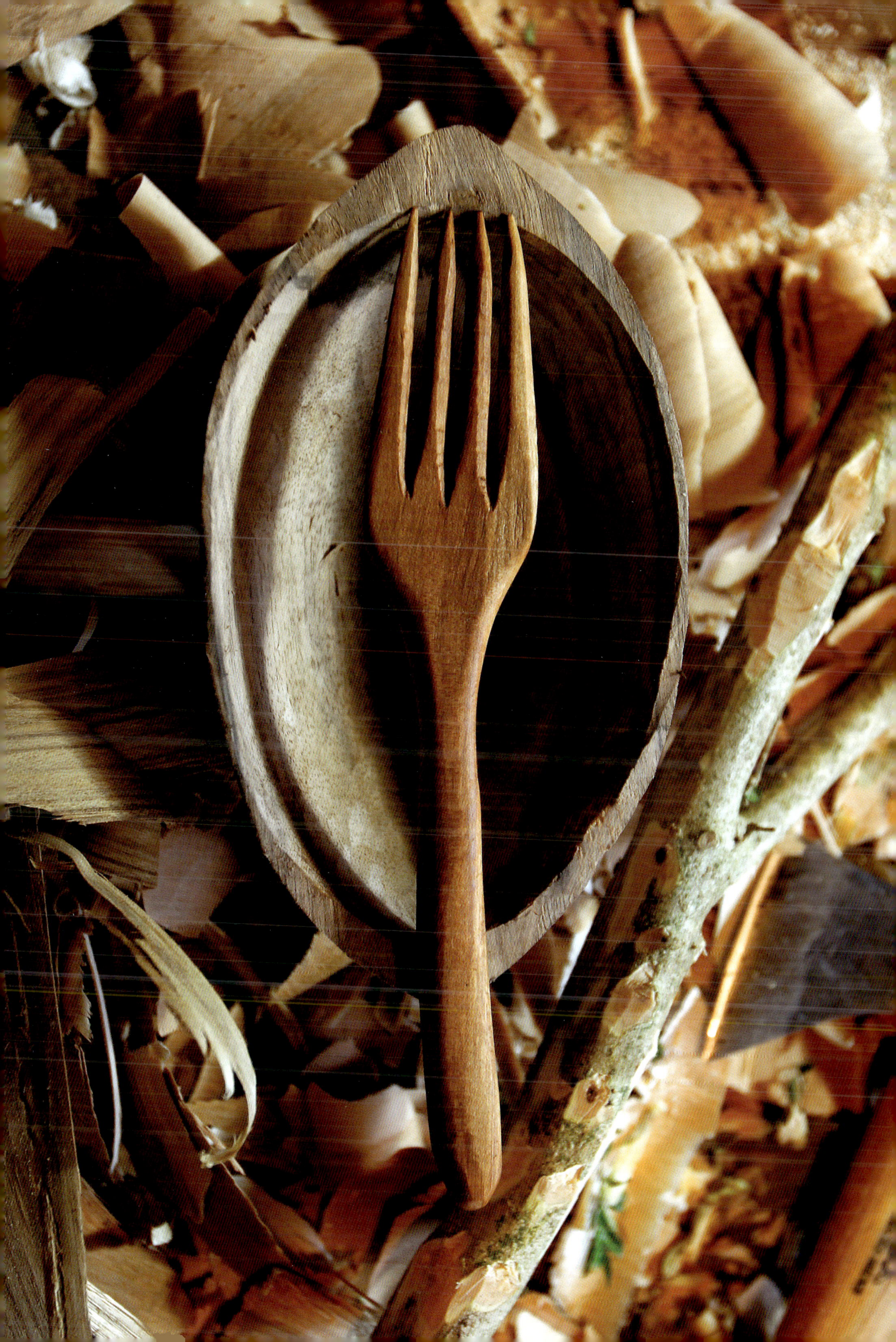

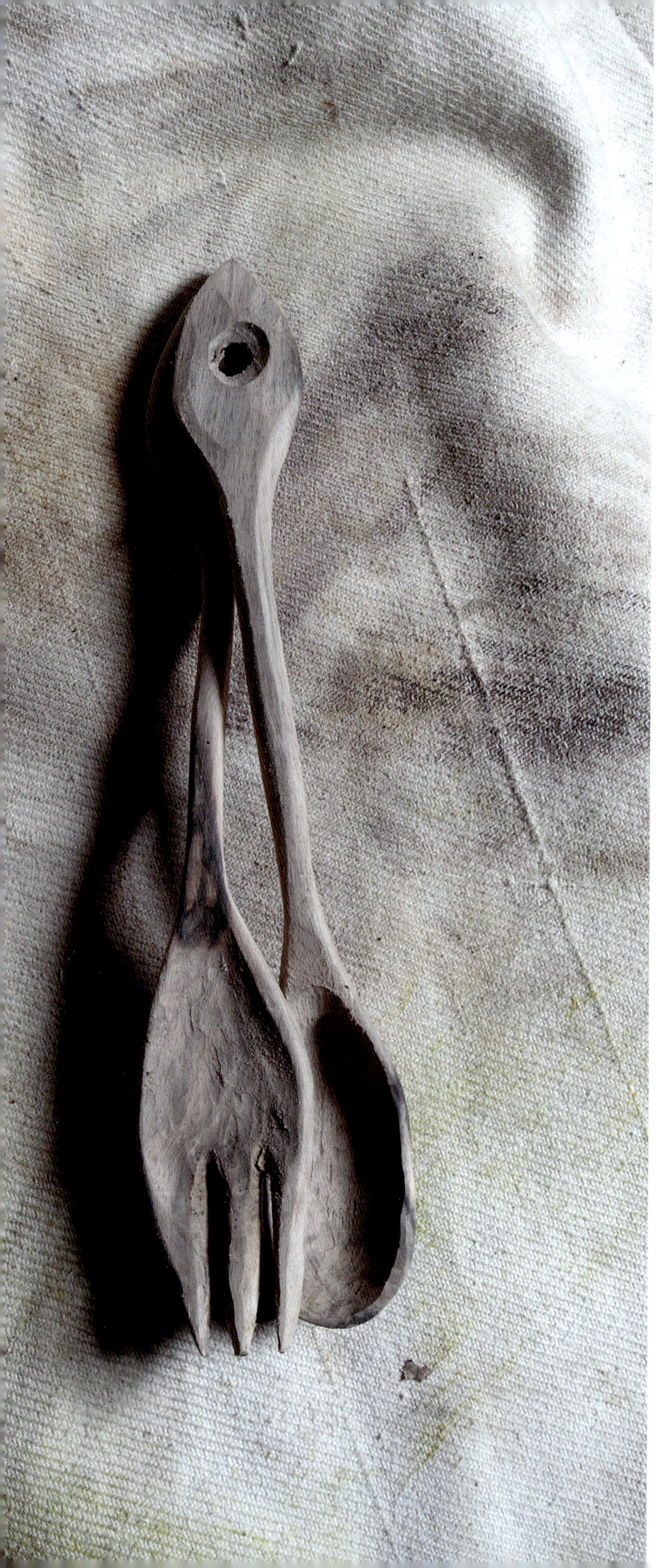

Salatbesteck

Gegenstand
Löffel und Gabel mit drei Zinken

Gebrauch
Salatbesteck

Material
Walnussholz

Werkzeug
Säge, Beil, Zugmesser, Taschenmesser, Hohleisen und Schälmesser

Fertigstellung
Schaber, Raspel, Schleifpapier, Pflanzenöl

Maße des fertigen Gegenstandes
Länge: 29 cm
Länge und Breite der Zinken und des Löffels: 8,5 x 4,5 cm

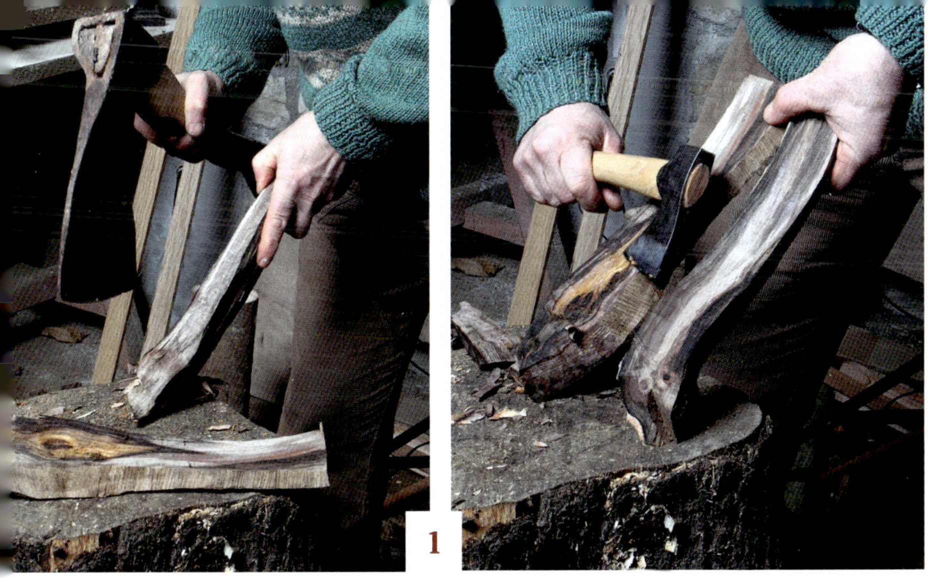

1

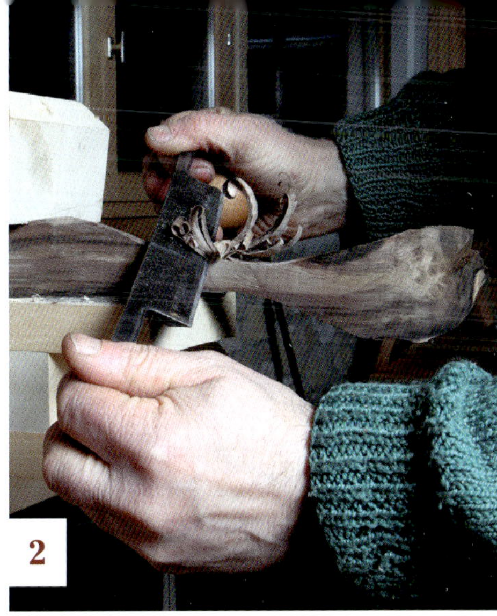

2

1 - Für Salatbesteck wird ein Stück Holz mit natürlicher Wölbung gewählt, welches dick genug ist, um in zwei Stücke mit ähnlichen Formen gespalten zu werden.

2 - Der Rohling wird in die Werkbank gespannt und grob geformt.

3 - Achtung auf die Richtung der Holzfaser. Bei Bedarf muss das Werkstück umgedreht werden. Siehe Seite 40.

4 - Sind Stiel und Vorderteil geformt, wird damit begonnen, letzteres mit dem Hohleisen auszuhöhlen.

5 - Dieser Arbeitsschritt wird mit dem Schälmesser abgeschlossen

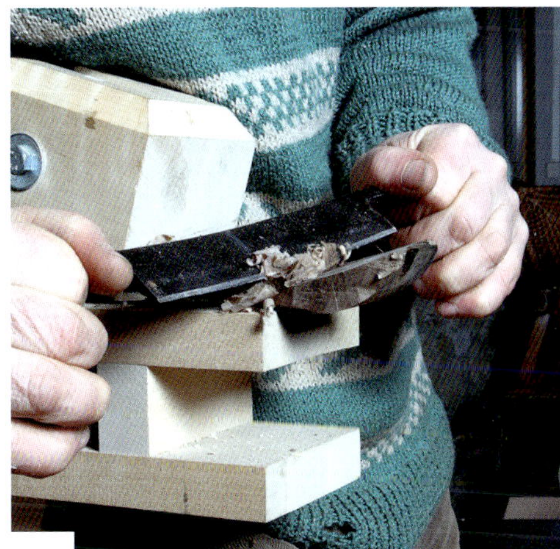

3

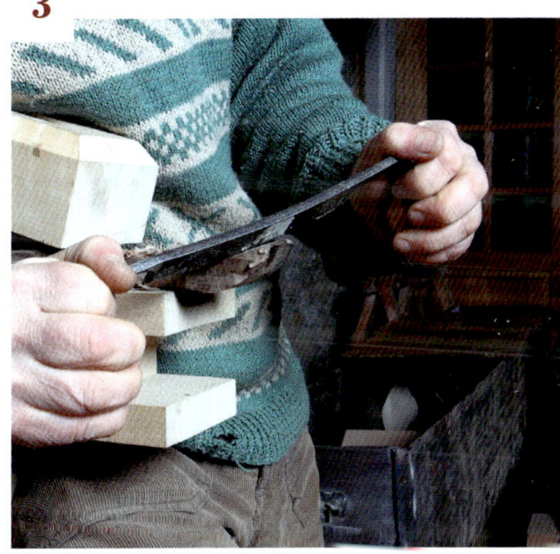

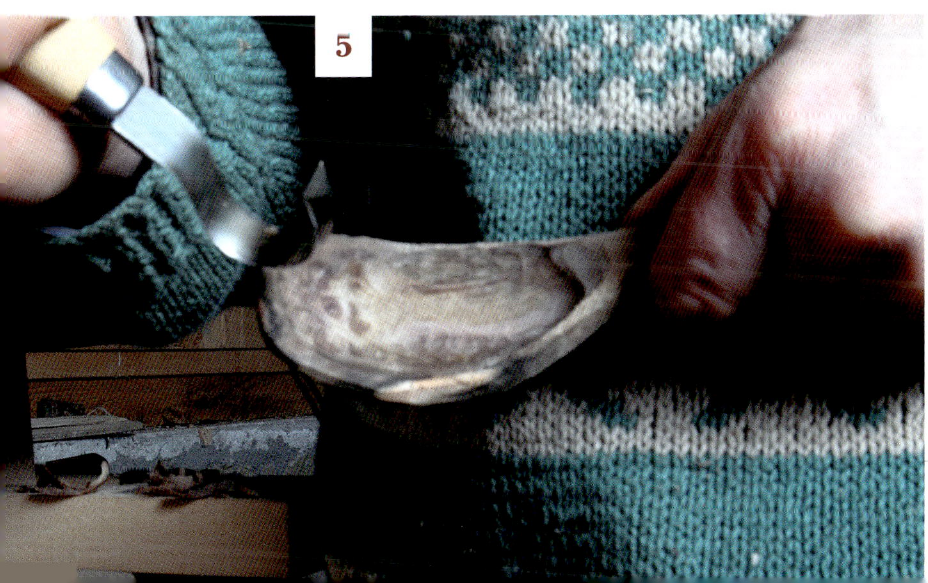

5

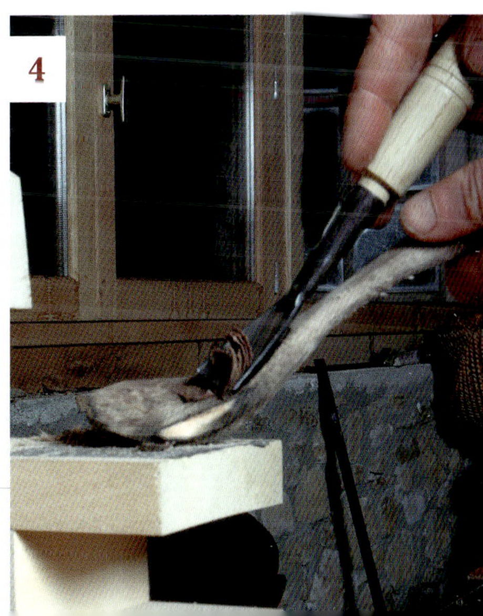

4

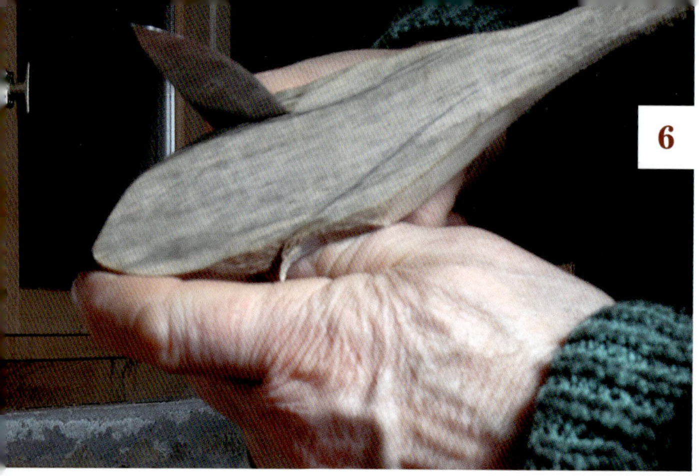

6 - Am Ende des Stiels wird ein Griff zur besseren Handhabung stehen gelassen.

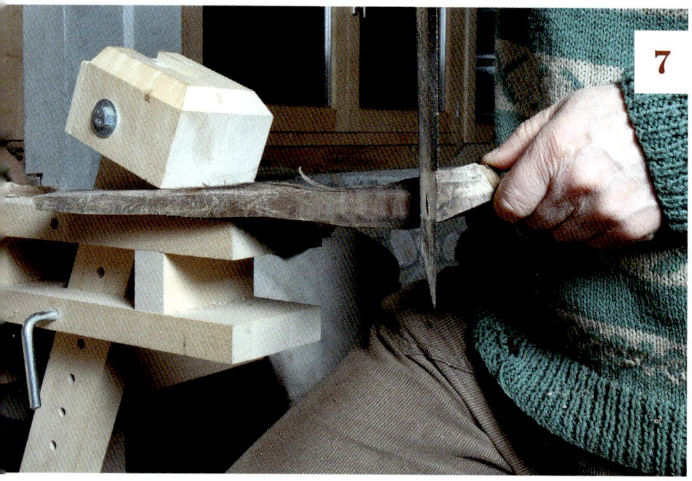

7 - Mit der Handsäge wird das Ende des zweiten Werkstücks flach abgeschnitten.

8 - Die Salatgabel wird nach dem Modell des Salatlöffels bearbeitet.

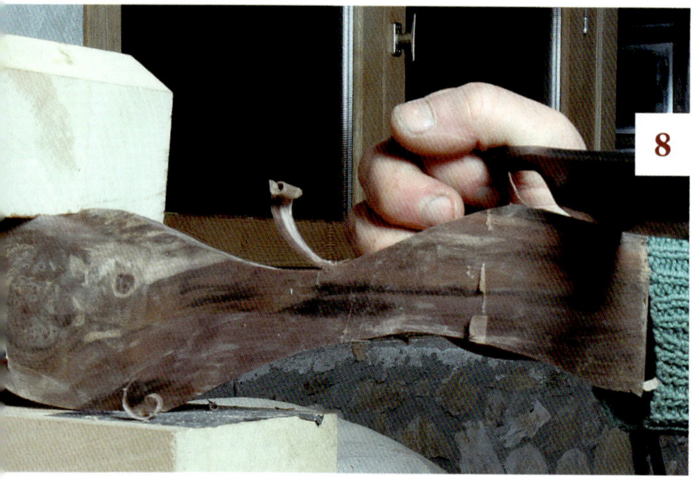

9 - Ins Flachstück werden nun zwei Kerben gesägt, um drei Zinken zu bilden.

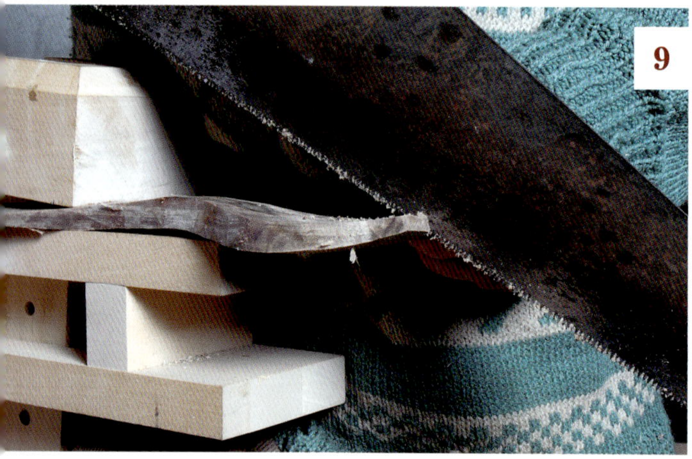

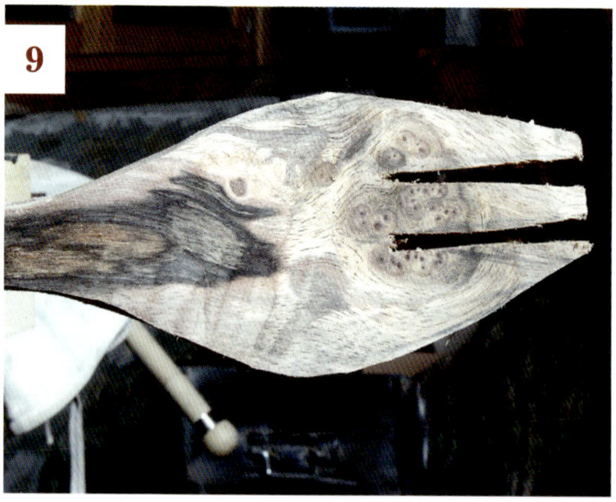

10 - Die Umrisse des Löffelgriffs werden auf die Gabel übertragen.

11 - Mit dem Schälmesser werden in beide Griffe Löcher zum Aufhängen gebohrt. Vor den Abschlussarbeiten beide Werkstücke trocknen lassen.

10

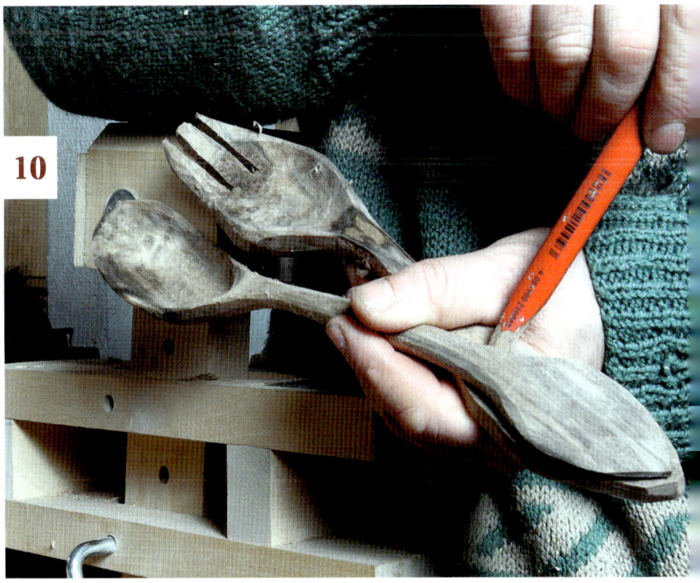

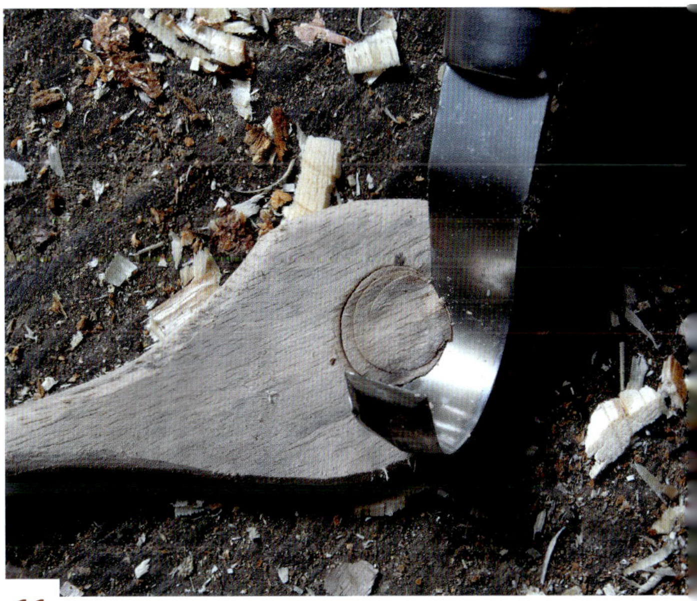

11

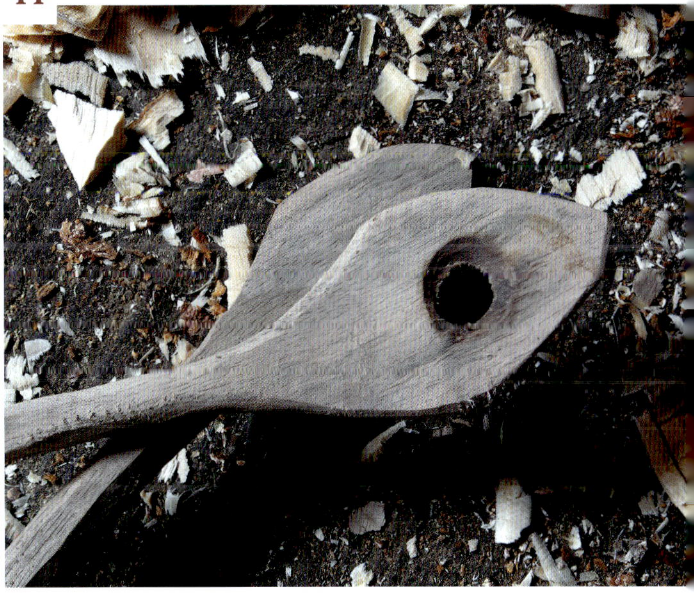

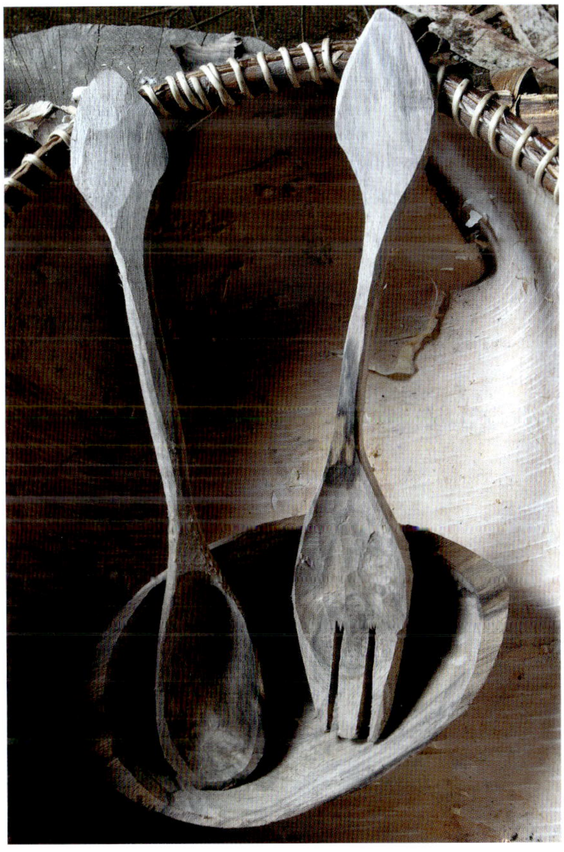

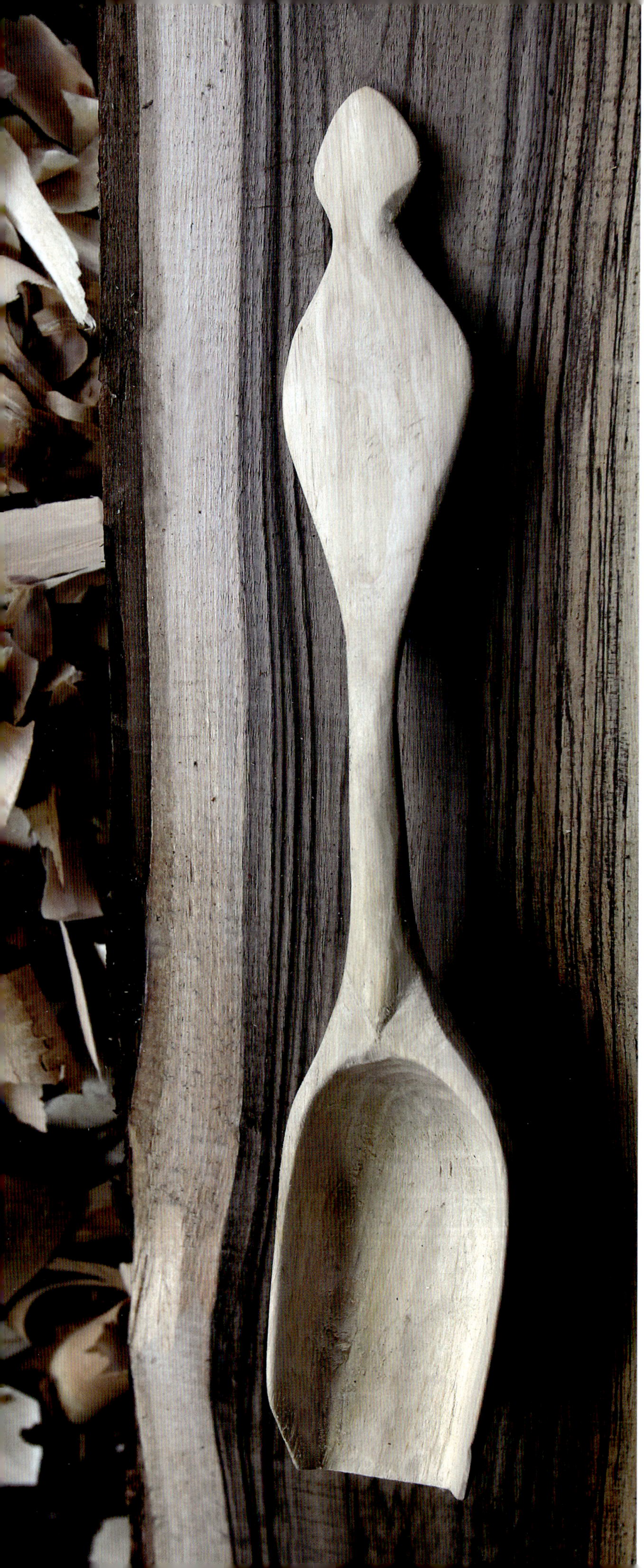

Küchenschaufel

Gegenstand
Vorne geöffneter Löffel

Gebrauch
Für lose Zutaten wie Zucker, Mehl, Trockenobst usw.

Material
Grünes Birkenholz

Werkzeug
Beil, Zugmesser, Hohleisen, Taschenmesser und Schälmesser

Fertigstellung
Schaber, Schleifpapier, Pflanzenöl

Maße des fertigen Gegenstandes
Länge: 35 cm
Maße der Schaufel (L x B x H): 10 x 6 x 3,5 cm

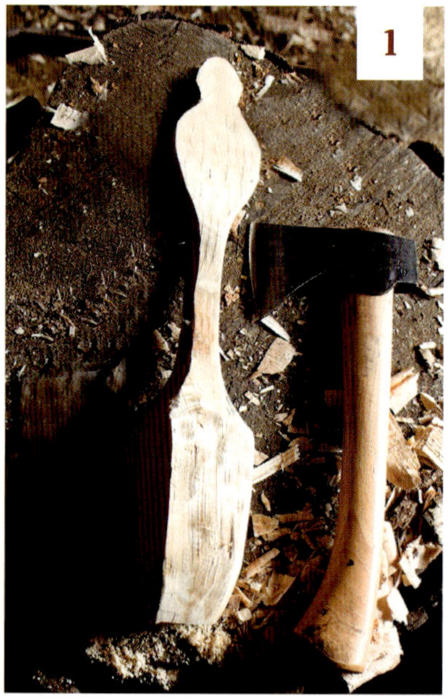

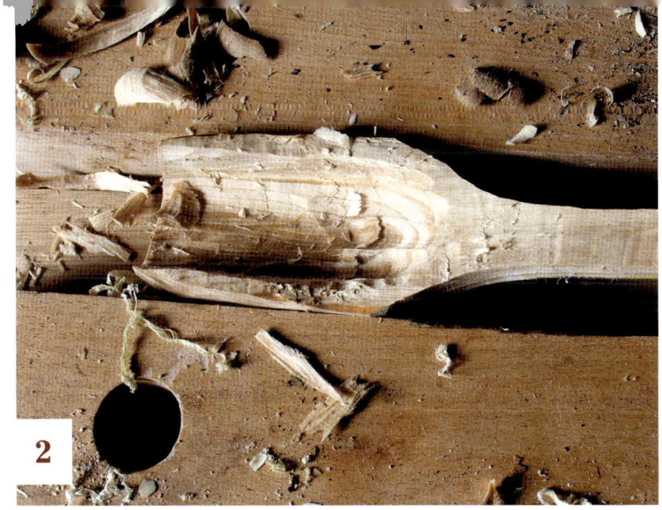

2

1 - Zuerst wird der Griff geschnitzt.

2 - Aushöhlen der Schaufel mit dem Hohleisen

3 - Feinhöhlung mit dem Schäl- und/oder Taschenmesser

4 - Der Griff kann in den verschiedensten Formen nach Belieben geschnitzt werden.

5 - Fertigstellung durch Abschaben und Abschleifen nach dem Trocknen. Mit Pflanzenöl imprägnieren.

5

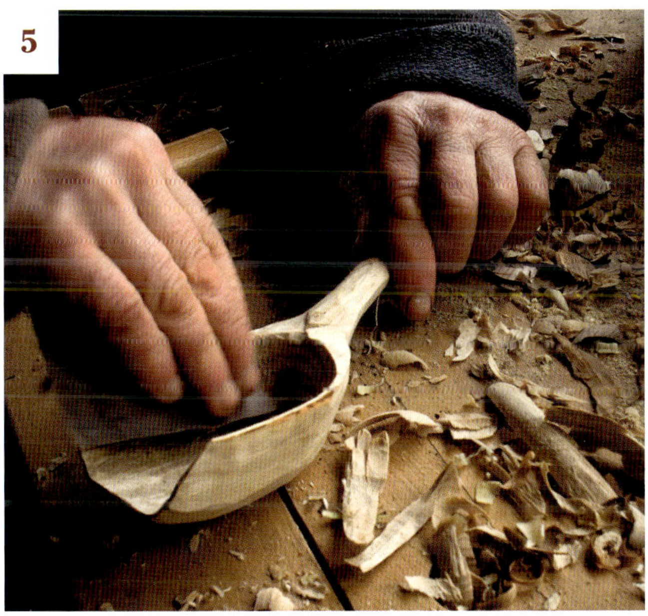

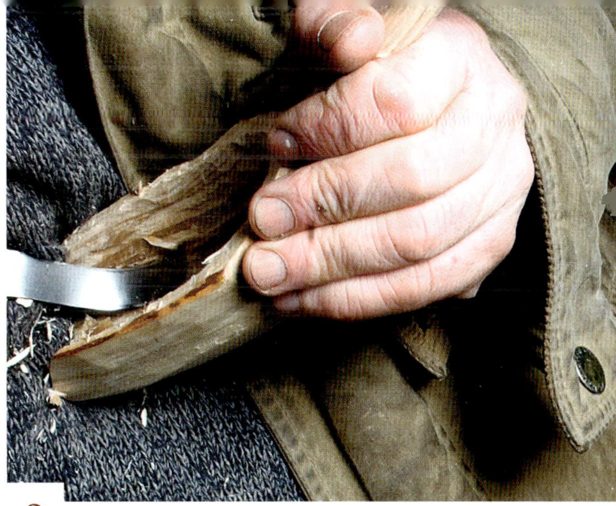

3

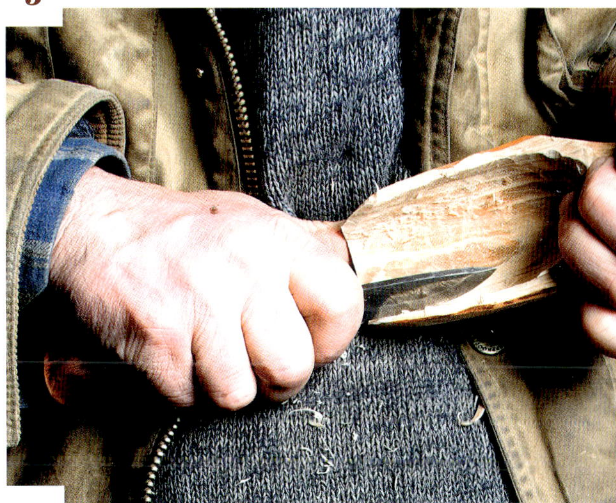

3

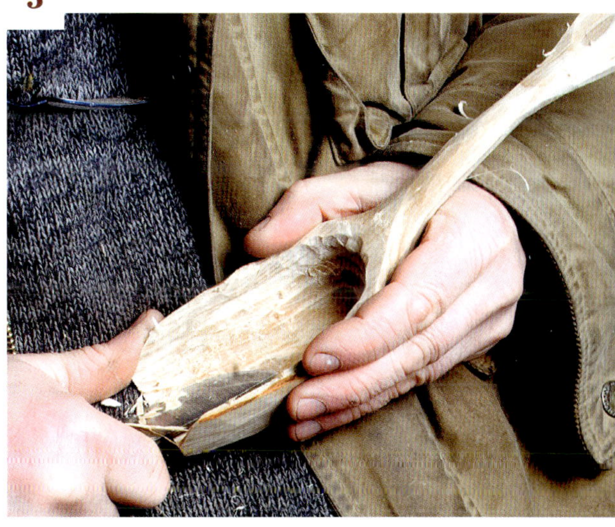

4

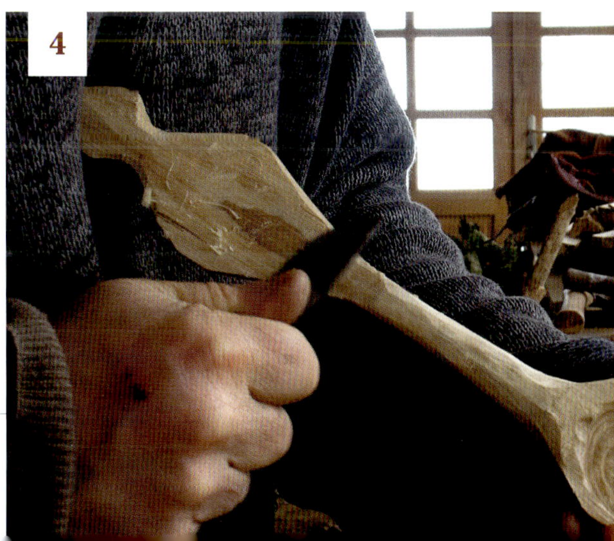

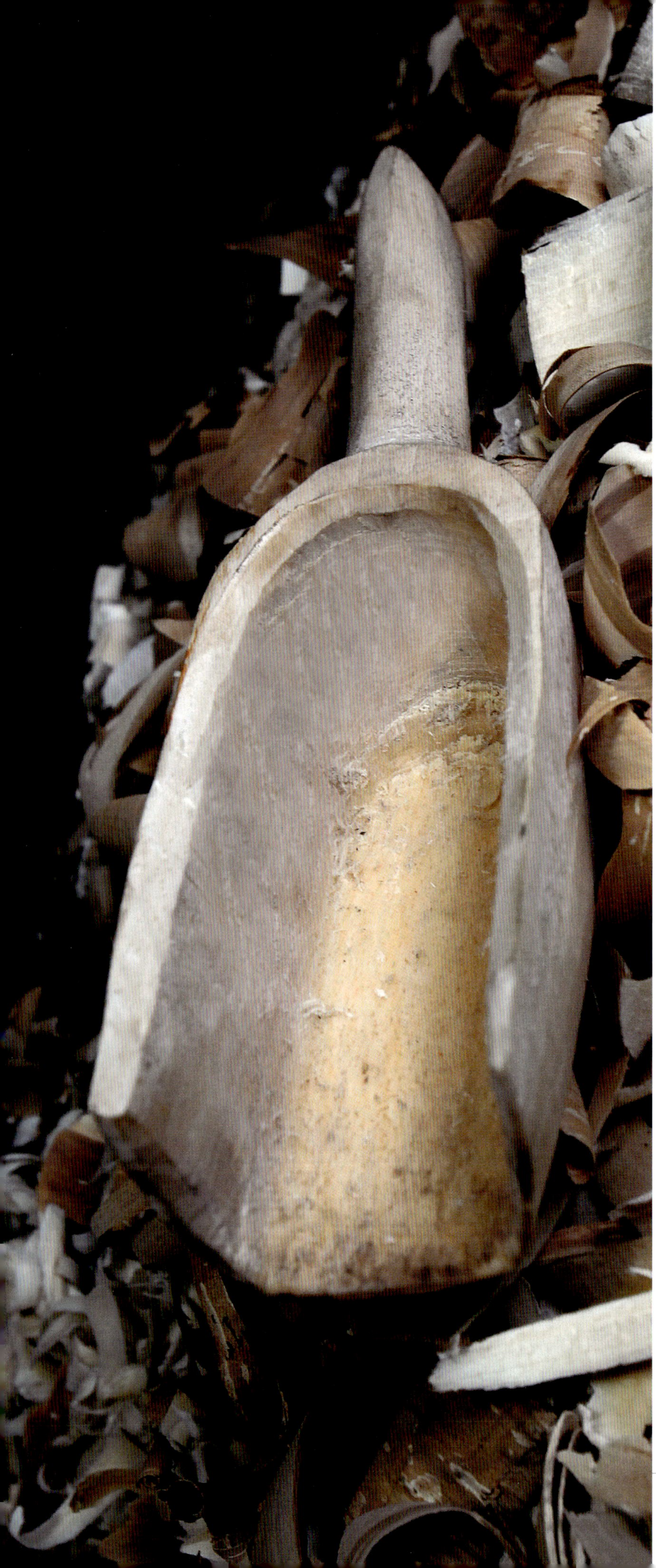

Schaufel

Gegenstand
Tiefe, vorne geöffnete Schaufel

Gebrauch
Für loses Material wie Sägemehl, Sägespäne, Getreide usw.

Material
Grünes Buchenholz

Werkzeug
Beil, Zugmesser, Holzbohrer, Stemm- und Hohleisen und Schälmesser

Fertigstellung
Schaber, Schleifpapier, Pflanzenöl

Maße des fertigen Gegenstandes
Länge: 36 cm
Maße der Schaufel (L x B x H): 18,5 x 7 x 7,5 cm

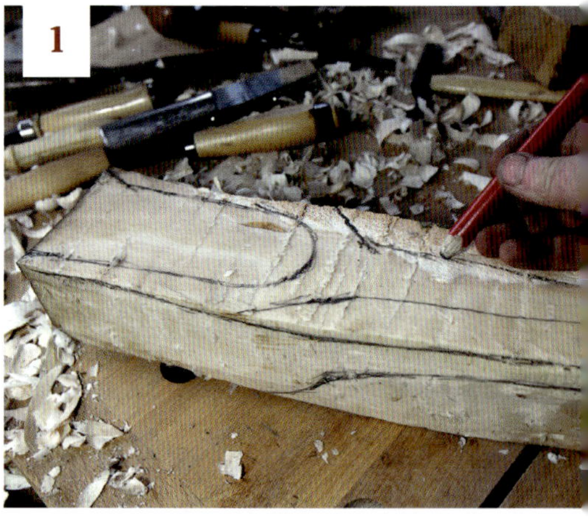

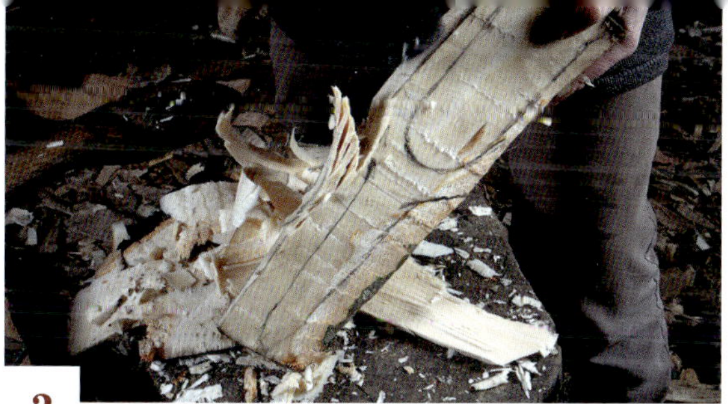

2

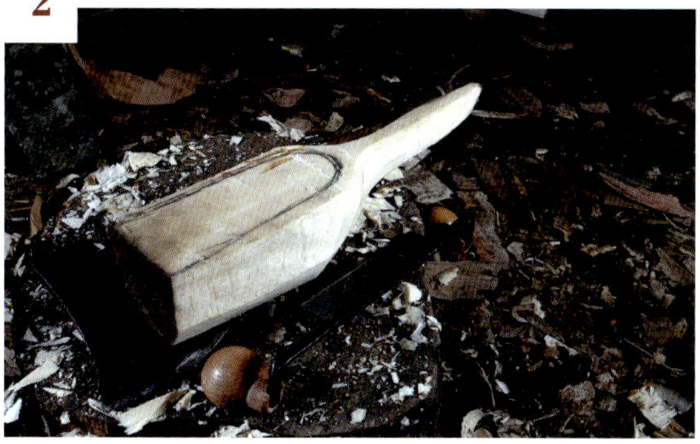

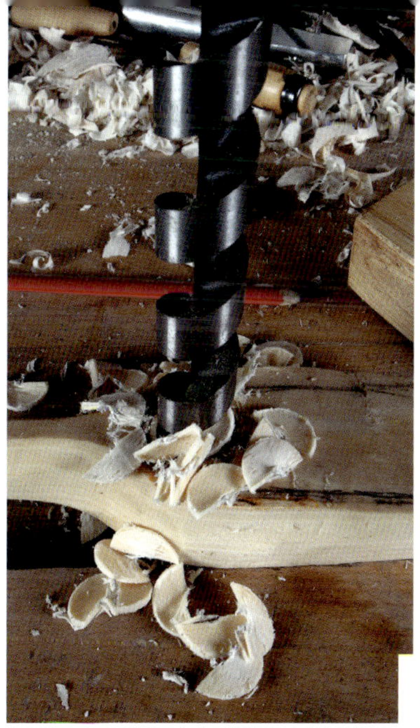

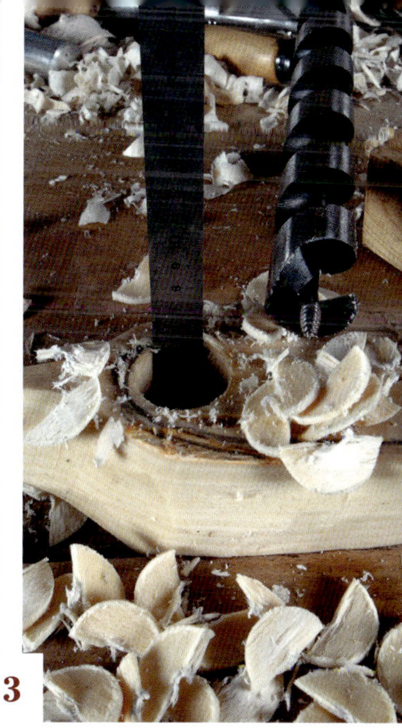

3

1 & 2 - Die Umrisse der Schaufel werden auf ein Buchenkantholz gezeichnet

3 - Mit einem breiten Holzbohrer (hier 36 mm) wird zuerst ein Loch in den Schaufelansatz gebohrt. Die Tiefe sollte mehrmals überpruft werden, um nicht zu tief oder gar durch das Holz durch zu bohren.

Einschnitte mit der Säge entlang der Markierungen

4 - Aushöhlen mit dem Hohl- oder dem Stemmeisen

5 - Fertigstellung ebenfalls mit Hohl- und Stemmeisen. Feinschliff mit Schaber und Schleifpapier erst, wenn das Holz gut getrocknet ist.

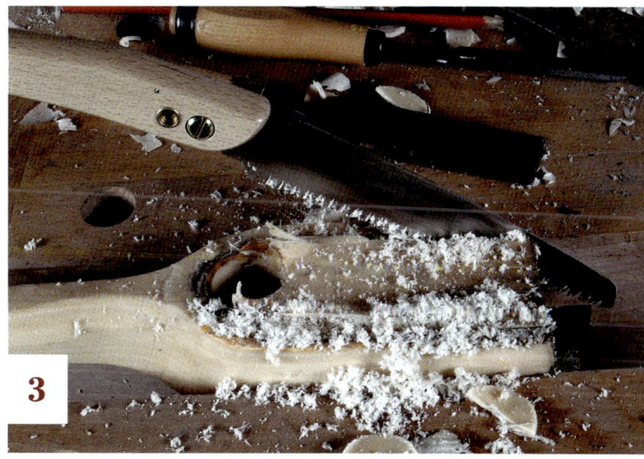

3

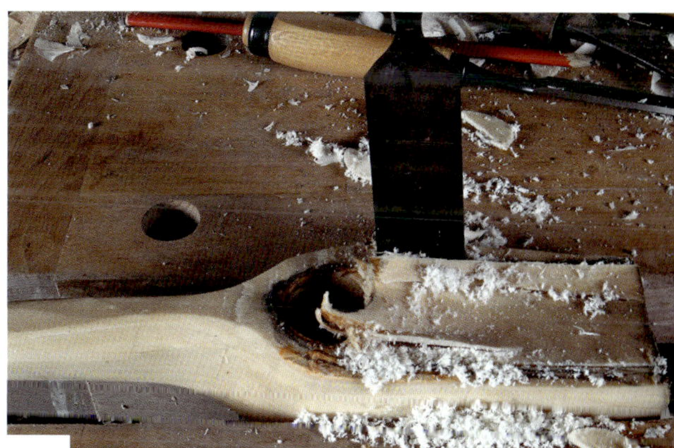

4

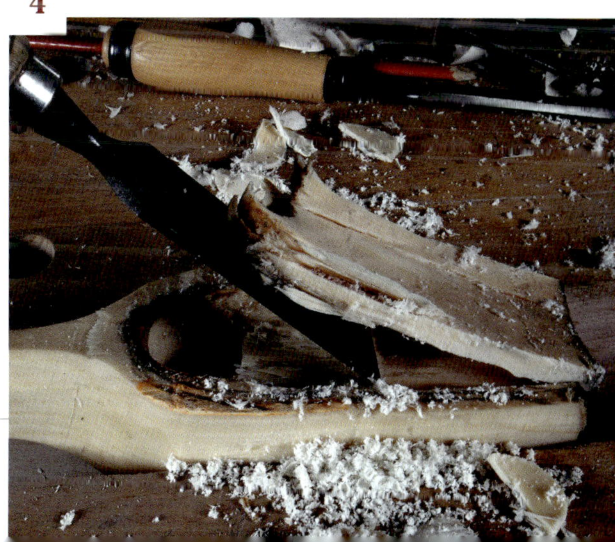

5

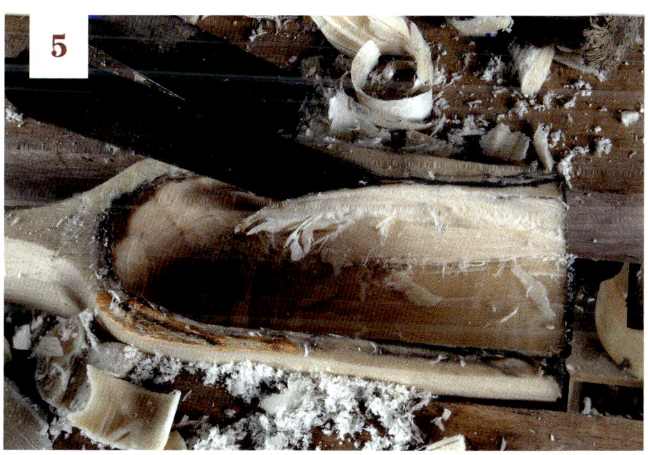

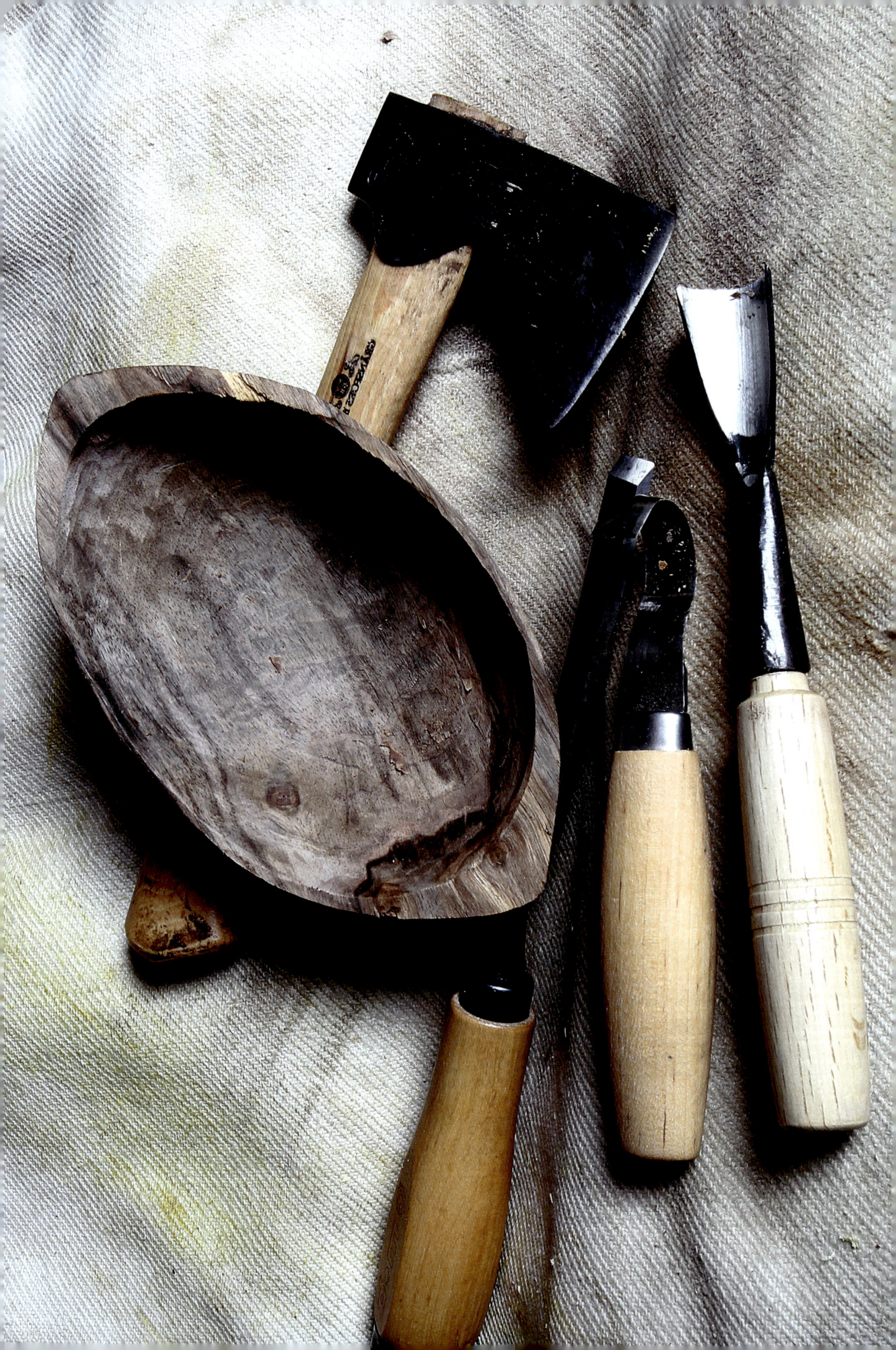

Gefäße

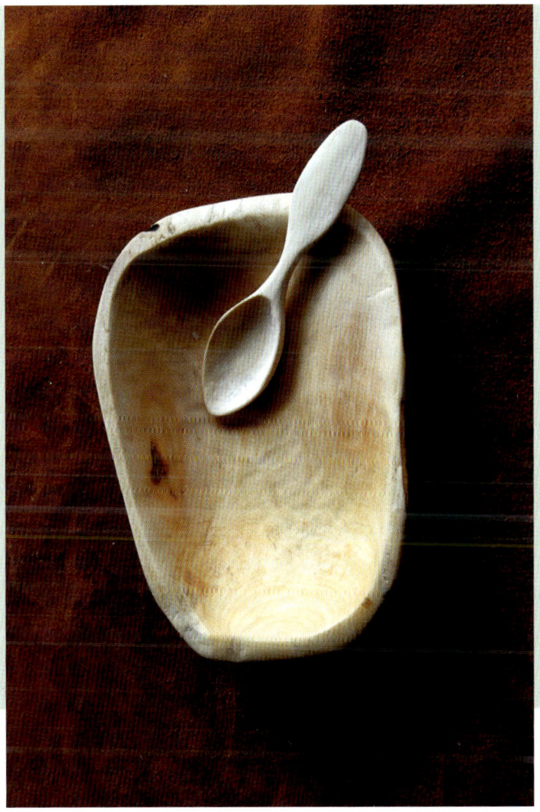

Schüssel

Obstschale

Bleistifthalter

Mörser und Stößel

Schüsselchen

Eierbecher

Serviettenringe

Nussknacker

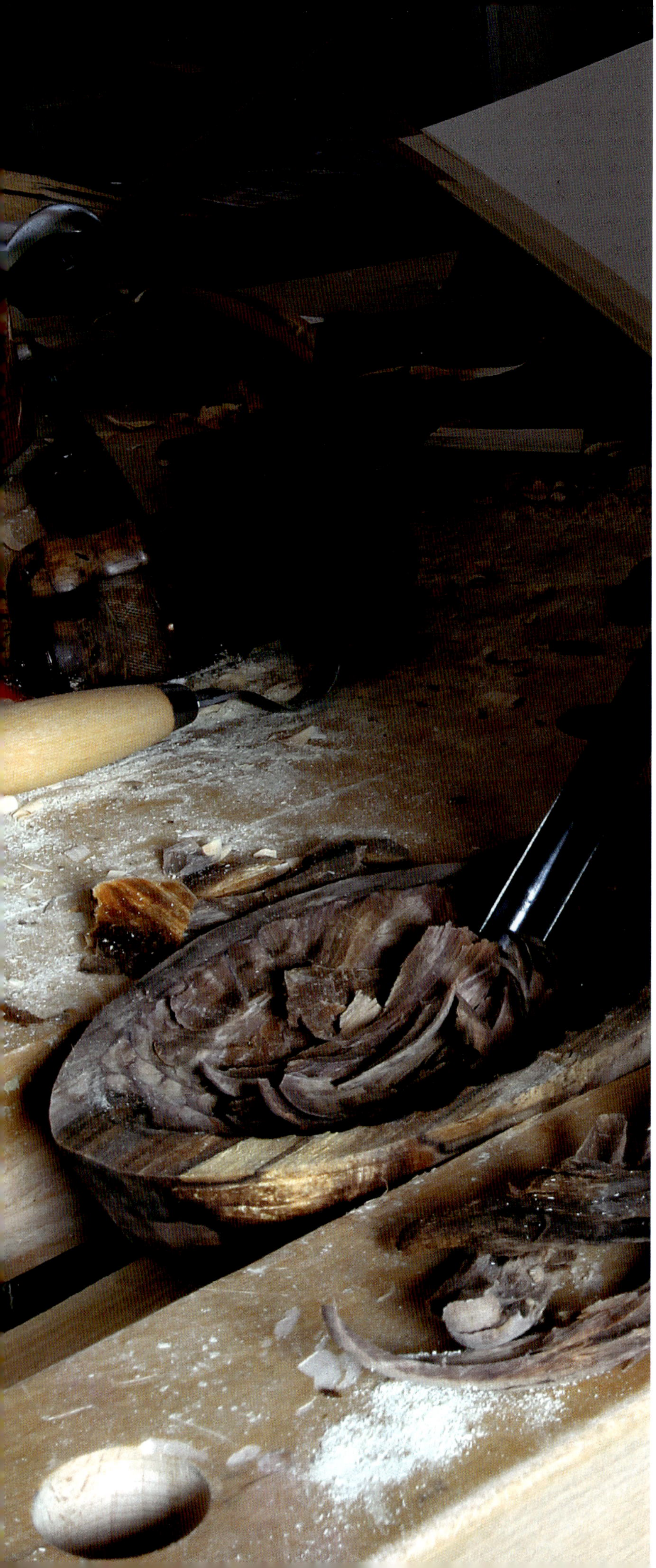

Schüssel

Gegenstand
Kleines hohles Behältnis

Gebrauch
Frühstücksschüssel

Material
Walnussholz

Werkzeug
Säge, Beil, Zieh-, Taschen- und Schälmesser, Hohleisen

Fertigstellung
Schaber, Raspel, Schleifpapier, Pflanzenöl

Maße des fertigen Gegenstandes
Länge außen: 18,5 cm
Länge innen: 15 cm
Breite: 10,5 cm
Tiefe: 4 cm

1 - Der Rohling wird wie auf Seite 41 ff. vorbereitet.

2 - Der Zuschnitt der Außenformen wird im Schraubstock oder auf der Ziehbank vorgenommen.

3 - Das Werkstück wird ebenso behutsam wie fest in den Schraubstock eingespannt und mit dem Hohleisen ausgehöhlt. Um die Schüssel nicht zu beschädigen, kann sie durch Keile oder Holzblöcke vor dem zu großen Druck der Backen des Schraubstocks geschützt werden, die wie Stoßdämpfer wirken (siehe Seite 50).

1

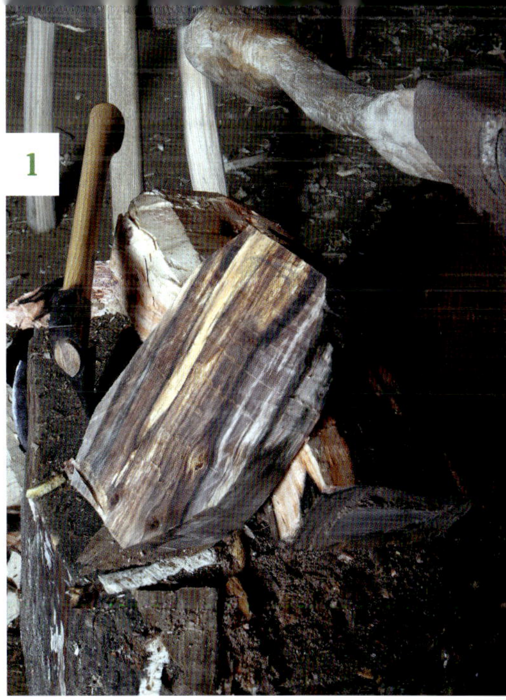

2

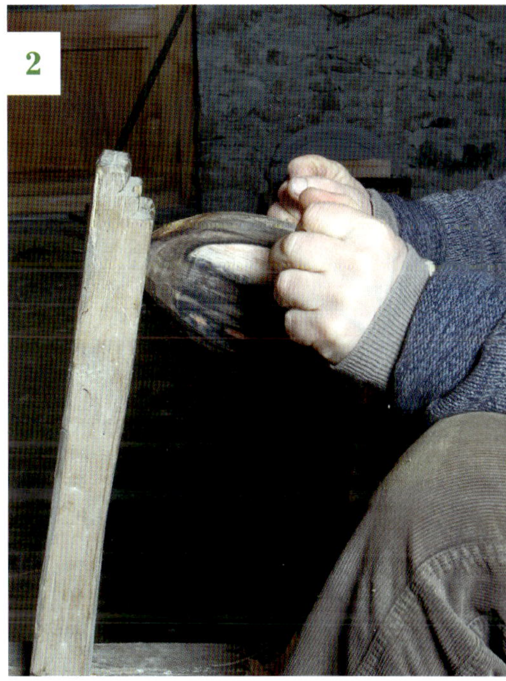

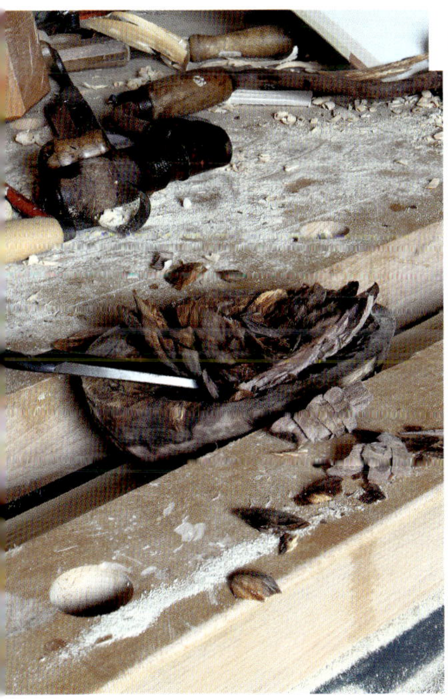

3

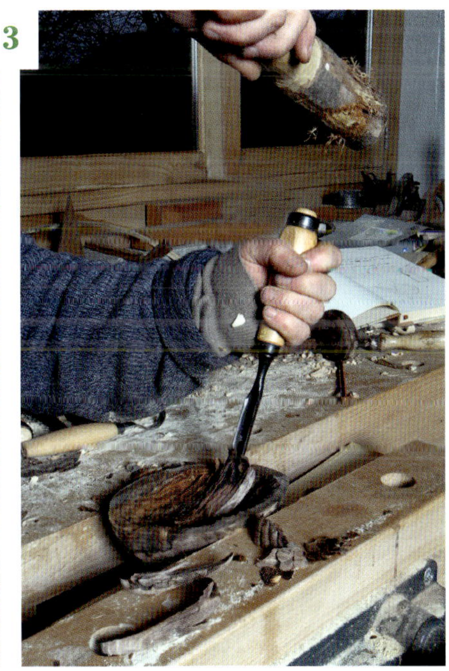

3

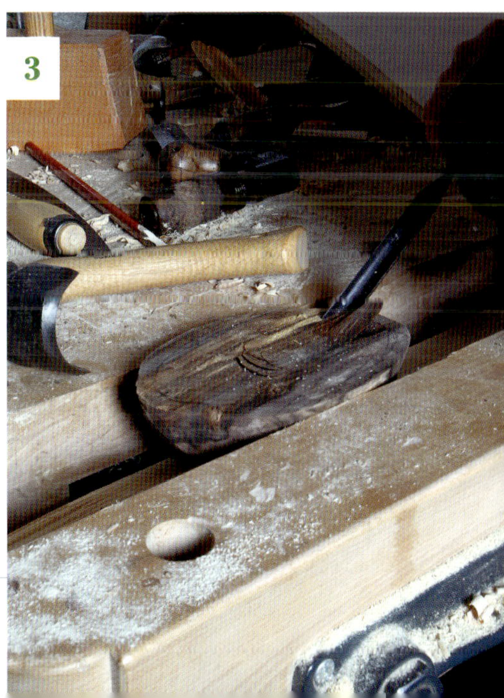

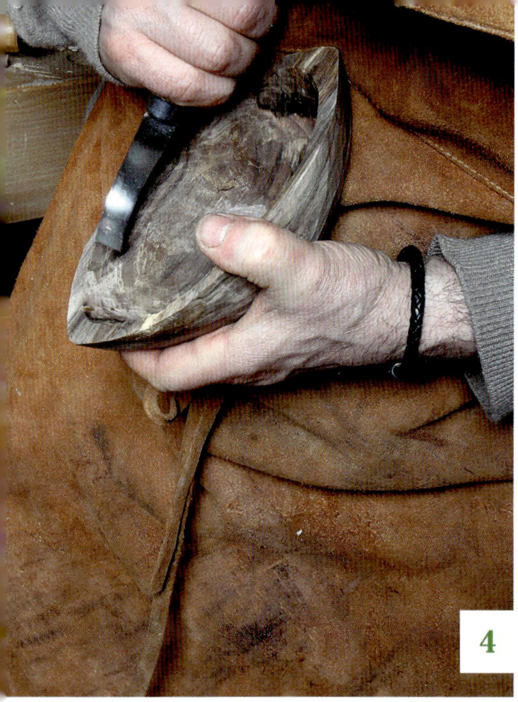

4

4 - Das Werkstück kann aber auch in der Hand und zwischen den Beinen gehalten oder auf die Werkbank gestellt werden, solange es Ihnen gelingt, es zu fixieren.

Die Aushöhlarbeit wird mit dem Schälmesser beendet, wobei der Rand bei gutem und dichtem Holz durchaus ziemlich fein sein kann. An den beiden Enden wird Holz für die Haltegriffe stehen gelassen.

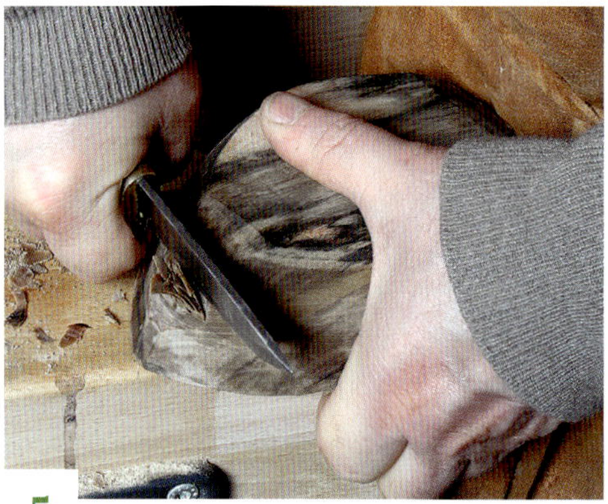

5

5 - Nun werden für einen besseren Halt kleine Griffe oder „Ohren" aus dem übrigen Holz geschnitzt.

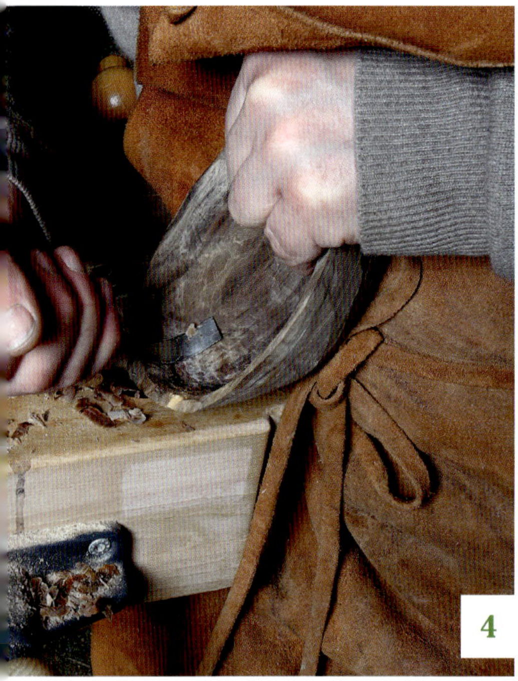

4

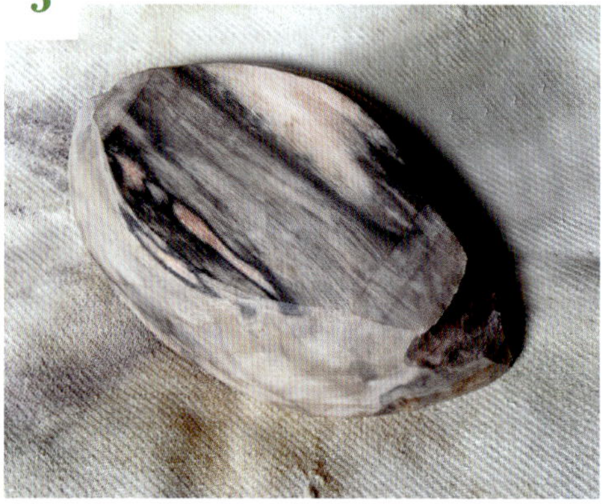

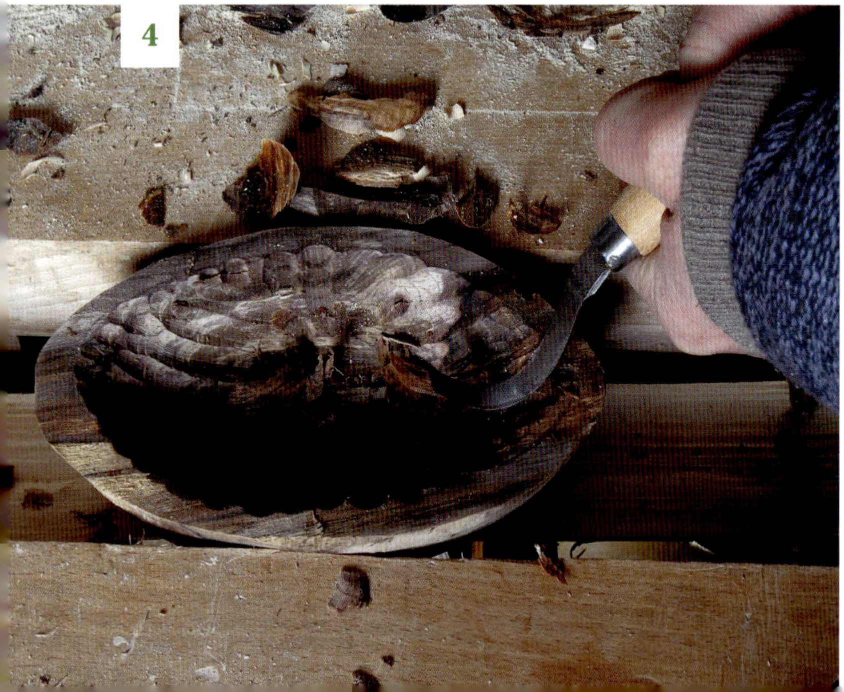

4

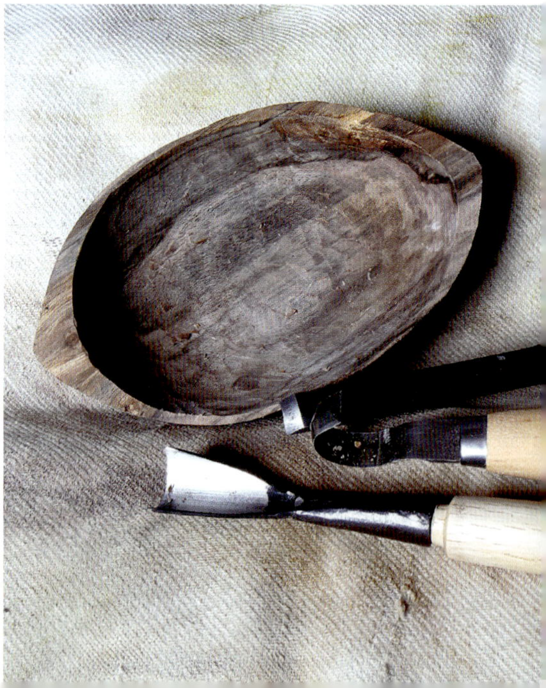

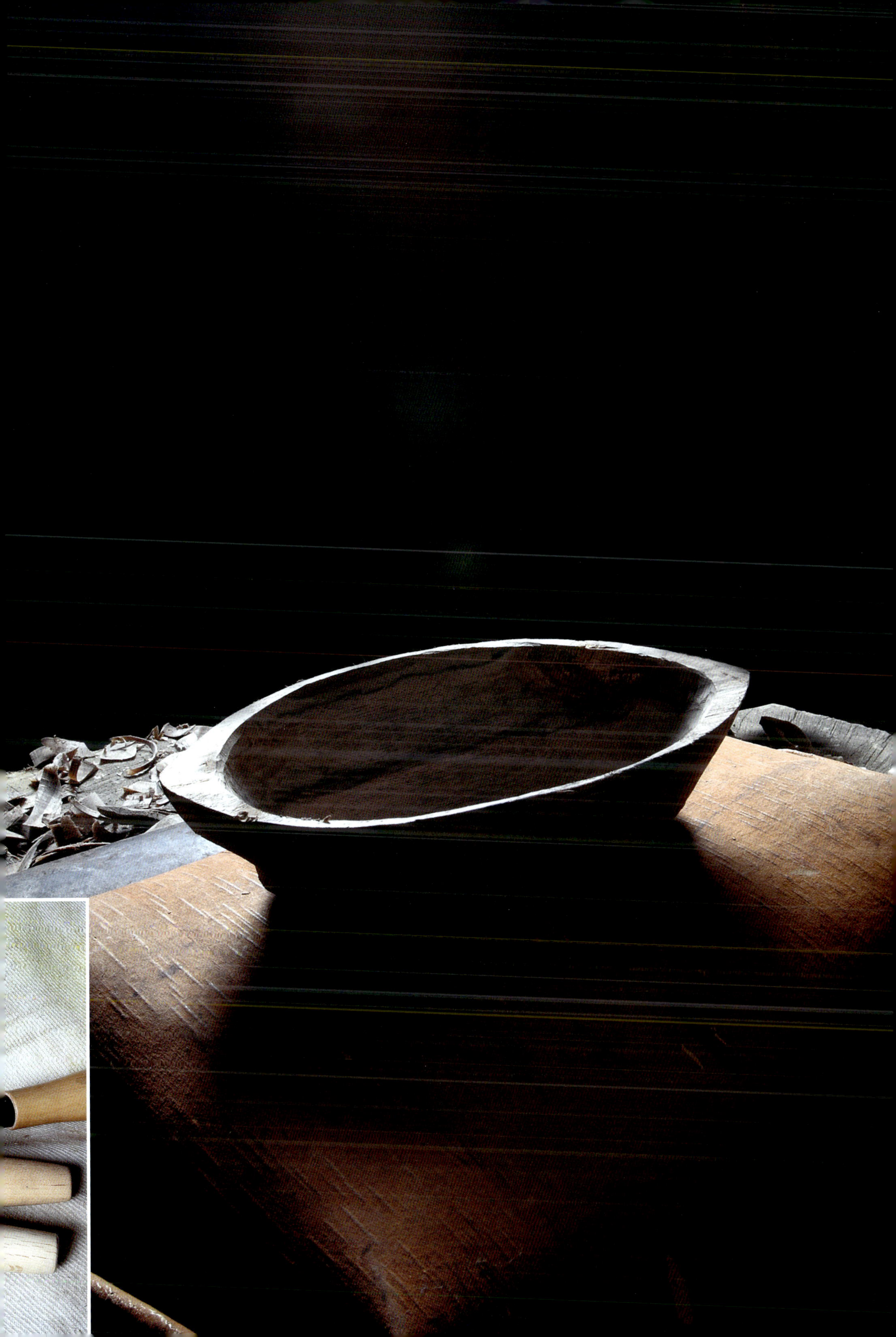

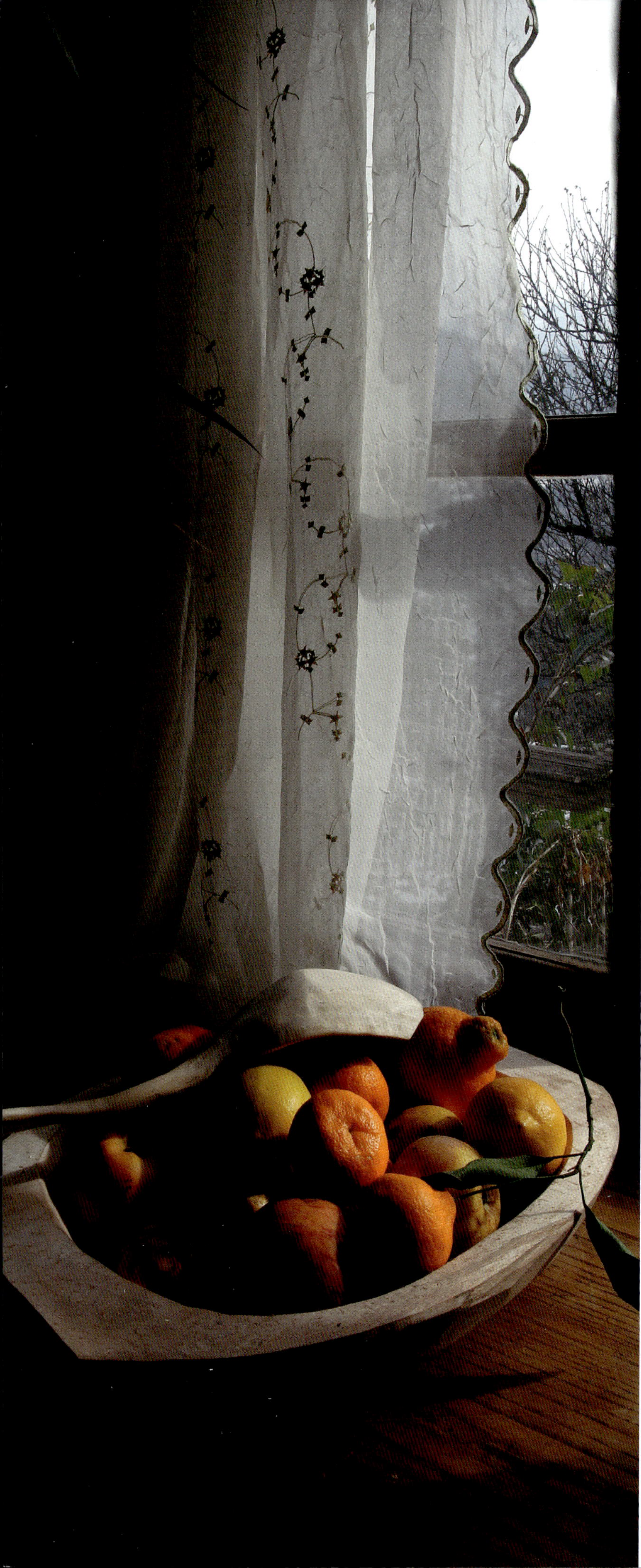

Obstschale

Gegenstand
Großer, hohler Teller

Gebrauch
Schale für Obst oder Salat

Material
Buchenholz

Werkzeug
Säge, Beil, Zieh- und Schälmesser, Stemm- und Hohleisen, „Poalmeß“

Fertigstellung
Schaber, Raspel, Schleifpapier, Pflanzenöl

Maße des fertigen Gegenstandes
Länge außen: 35,5 cm
Länge innen: 28,5 cm
Breite innen: 23 cm
Tiefe innen: 6 cm

1 - Ein schöner Buchenblock wird zunächst geviertelt und dann in Stücke von etwa 10 cm Dicke gespalten.

2 - Der Rohling wird mit Beil oder Axt behauen.

3 - Ober- und Unterseite sollten möglichst eben sein.

4 - Die Außenform wird mit Zugmesser und Stemmeisen oder aber mit Beil und „Poalmeß" bearbeitet.

1

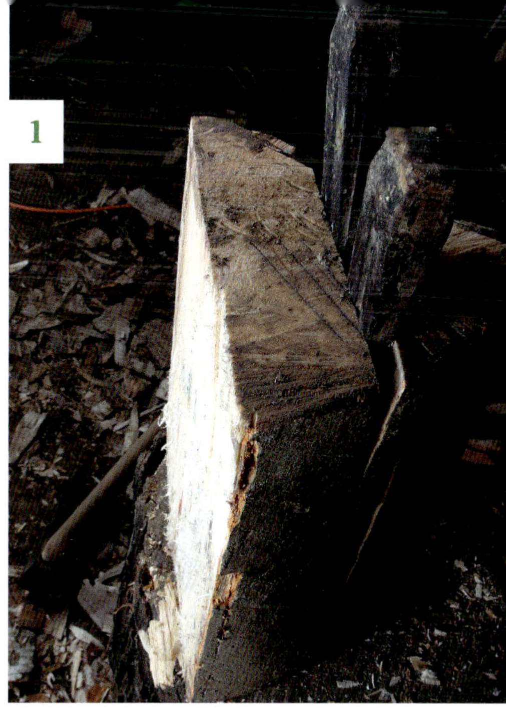

2

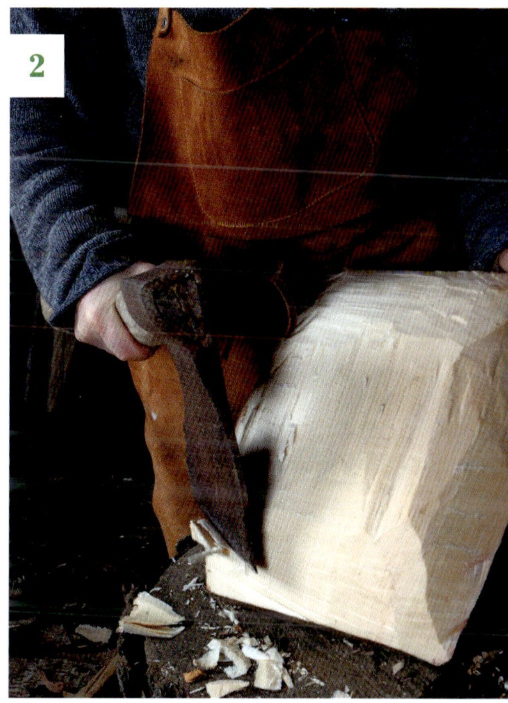

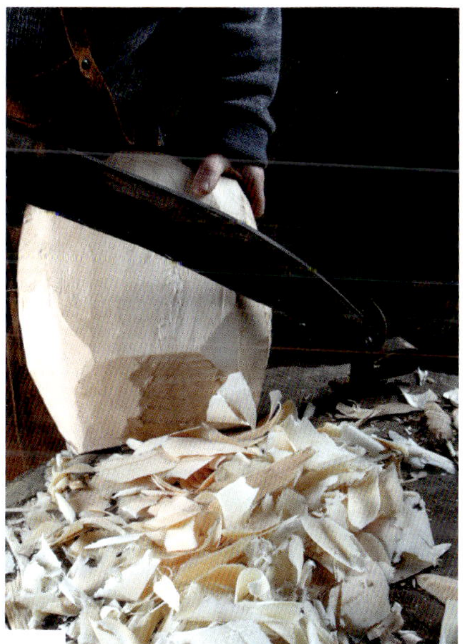

4

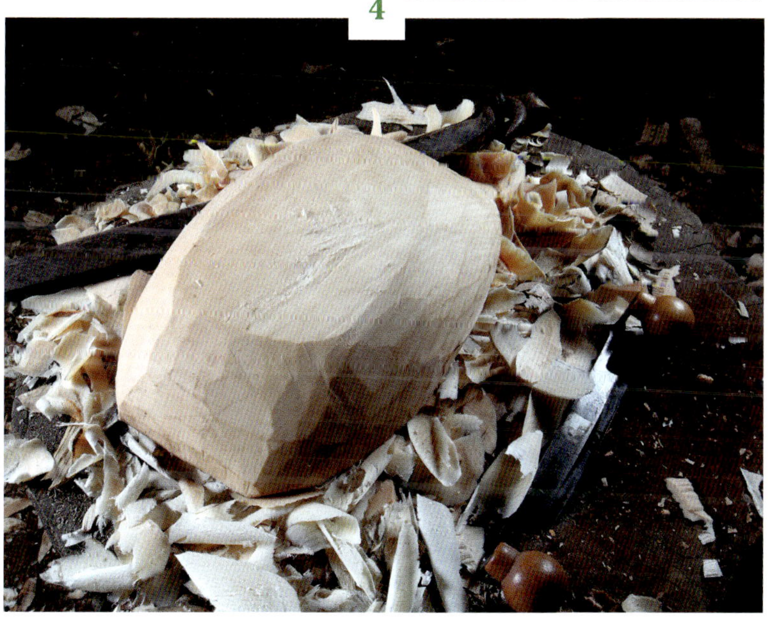

3

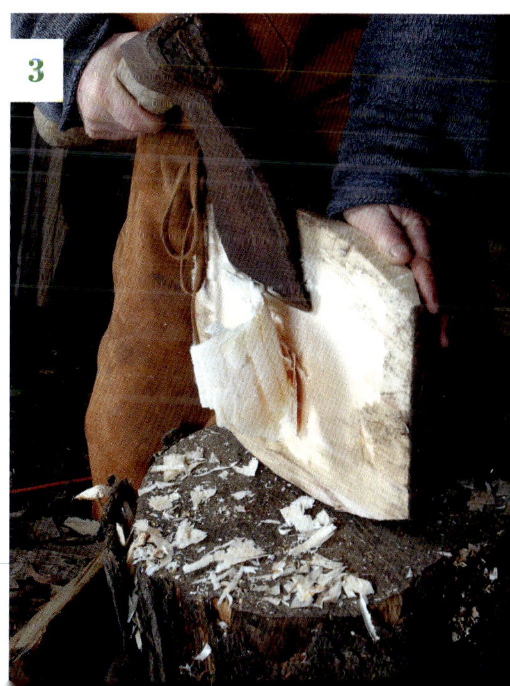

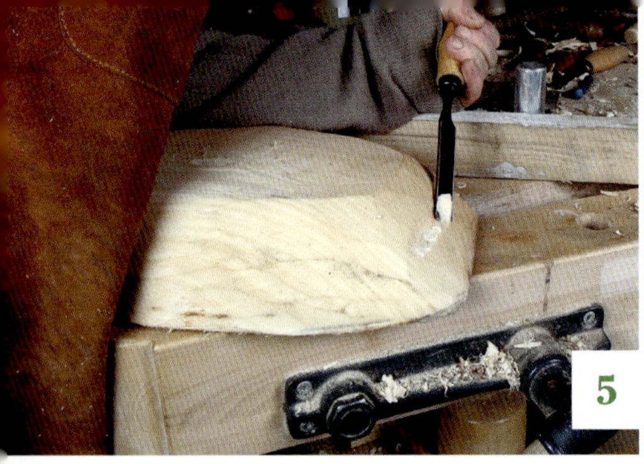

5

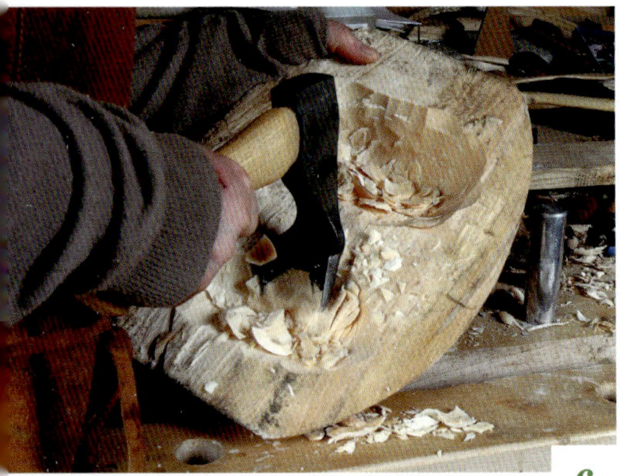

6

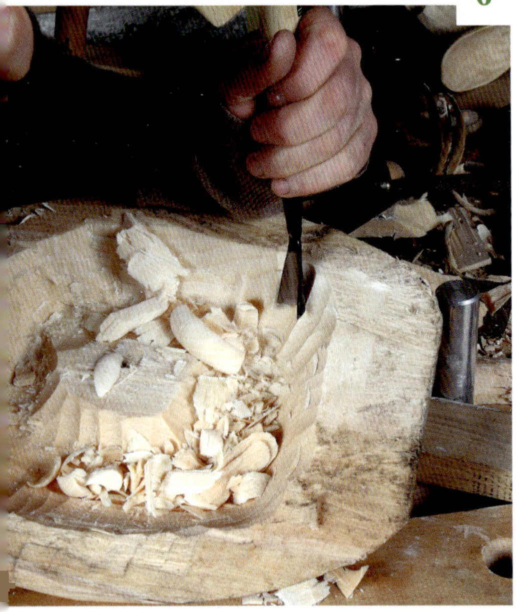

5 - Vor dem Aushöhlen werden – so gewünscht – Griffe an beiden Enden geschnitzt.

6 - Mit dem Beil oder besser dem Dechsel wird von außen nach innen ausgehöhlt.

7 - Nun kann die Mitte einfach in groben Stücken mit dem Stemmeisen herausgeschlagen werden.

8 - Der innere Schüsselboden wird mit einem kleinen Hohleisen geglättet.

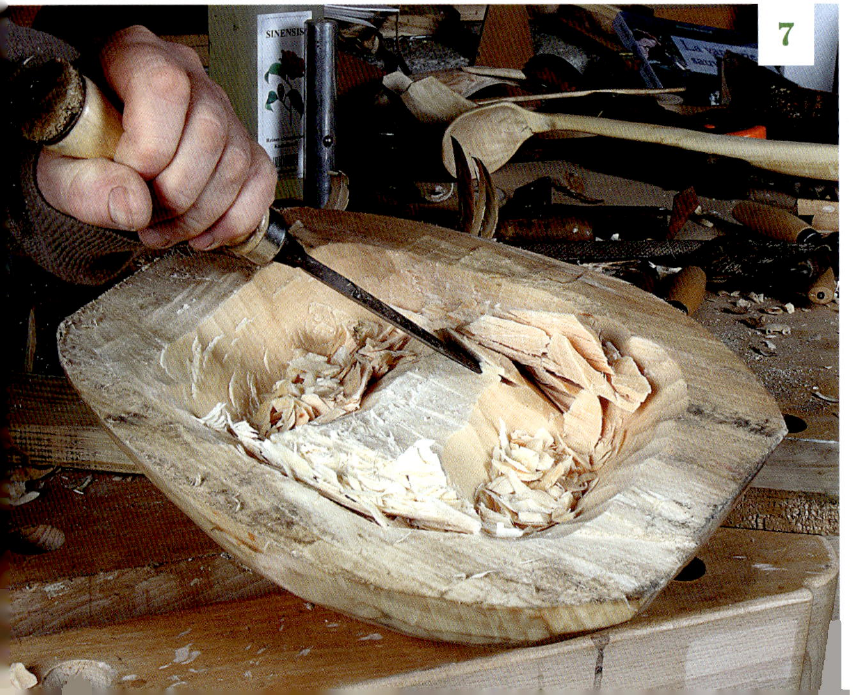

7

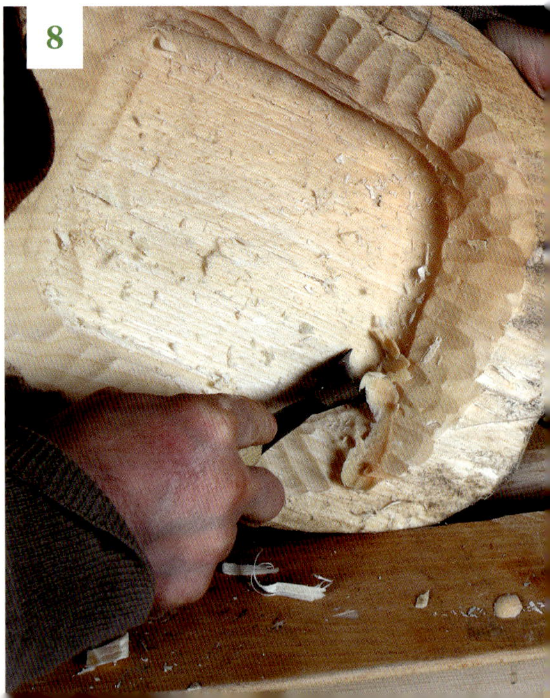

8

9 - Feinarbeit an der Oberkante

10 - Je nach Geschmack kann nun eine feine oder aber grobe Verarbeitung mit Schnitzspuren gewählt werden.

11 - Bei möglichst gleichbleibenden Temperatur- und Feuchtigkeitsverhältnissen trocknen. Nach ein paar Wochen kann der Feinschliff mit Schaber und Schleifpapier durchgeführt werden. Soll die Schüssel fur Salat gebraucht werden, so ist es ratsam, sie nach dem Trocknen mit Speiseöl einzulassen.

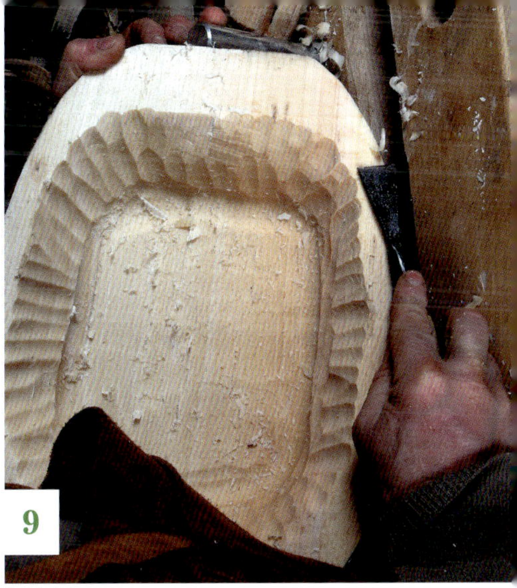
9

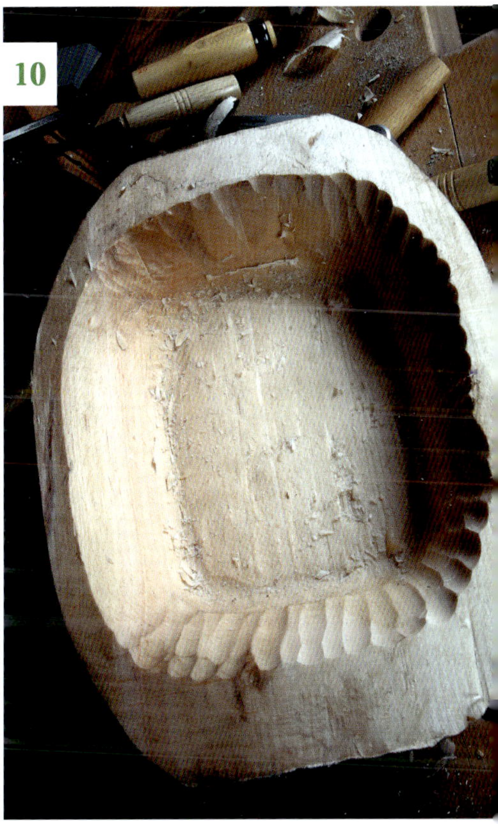
10

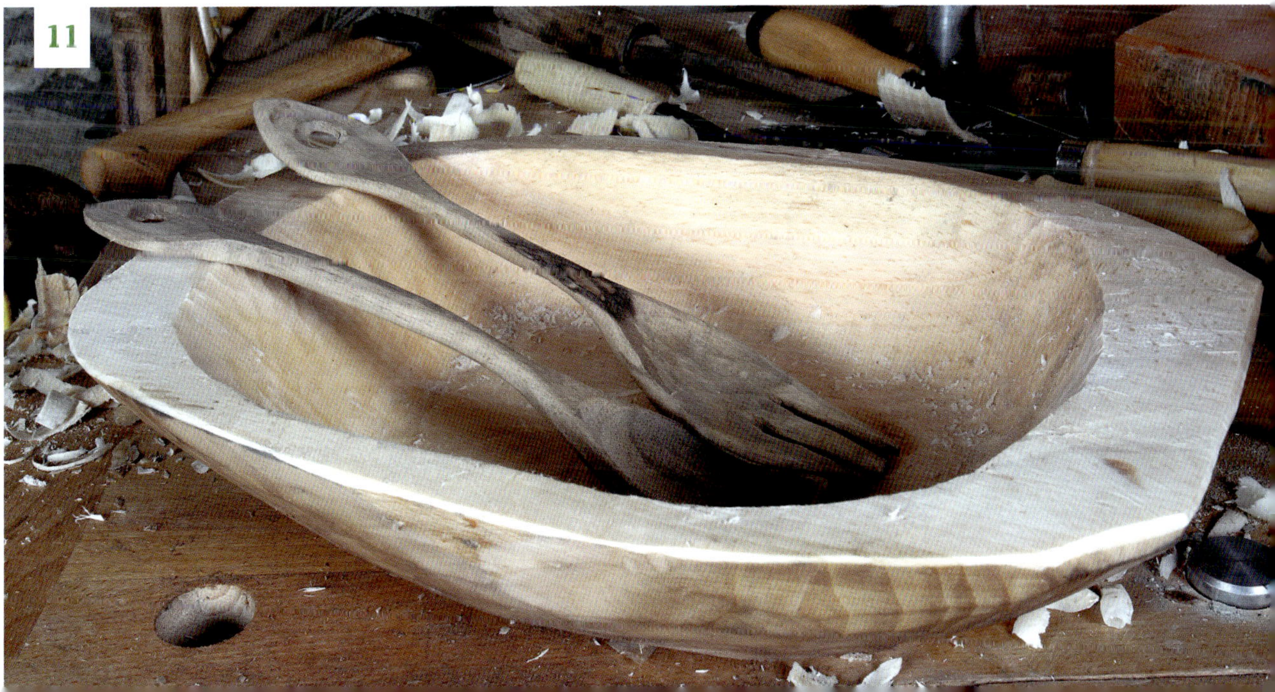
11

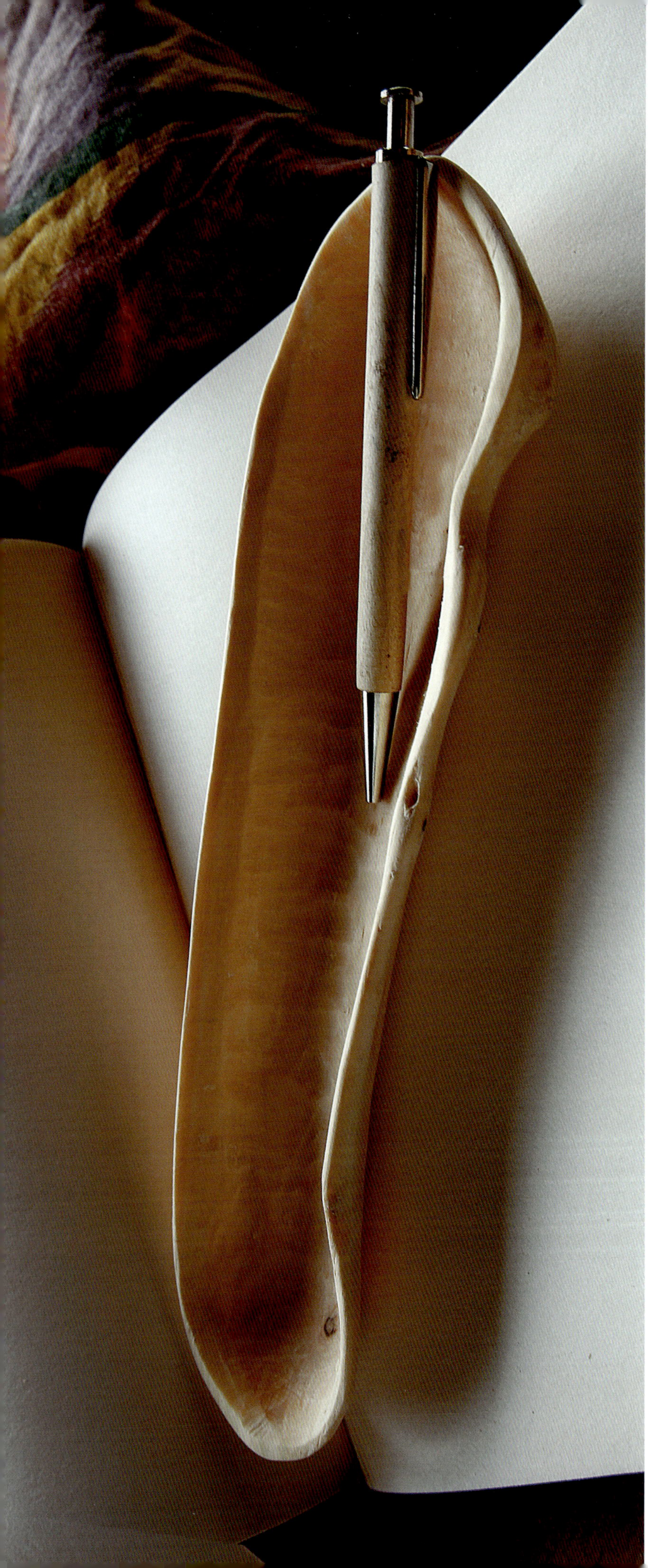

Bleistifthalter

Gegenstand
Kleine, längliche Schüssel

Gebrauch
Zum Ablegen von Stiften

Material
Grünes Olivenholz oder Apfelholz

Werkzeug
Säge, Spalteisen, Beil, Stemm- und Hohleisen

Fertigstellung
Schaber, Raspel, Schleifpapier, Pflanzenöl

Maße des fertigen Gegenstandes
Länge: 28 cm
Größte Breite: 6,5 cm
Tiefe innen: 2,5 cm

1 - Ein schönes Stück Olivenholz oder Apfelholz mit etwa 7–8 cm Durchmesser wird in der Mitte gespalten.

2 - Dieses Holz ist oft so hart und knorrig, dass man manchmal auch schon für relativ dünne Stücke Hammer und Keil zum Spalten braucht.

3 - Der Rohling wird mit dem Beil behauen.

4 - Für die Außenkonturen folgt man am besten den natürlichen Formen.

1

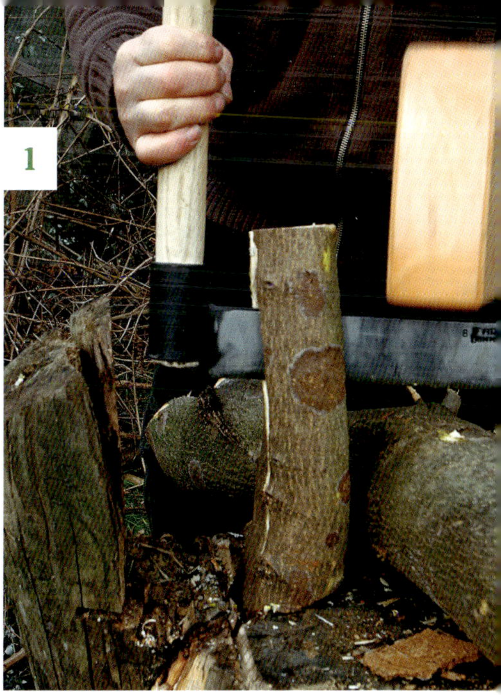

2

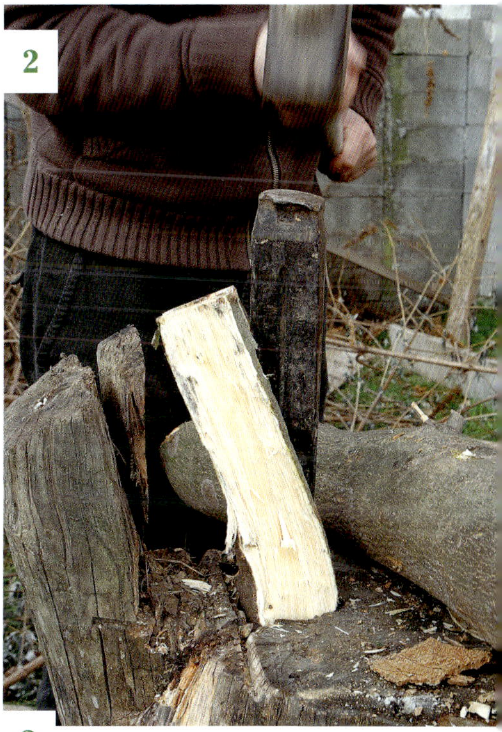

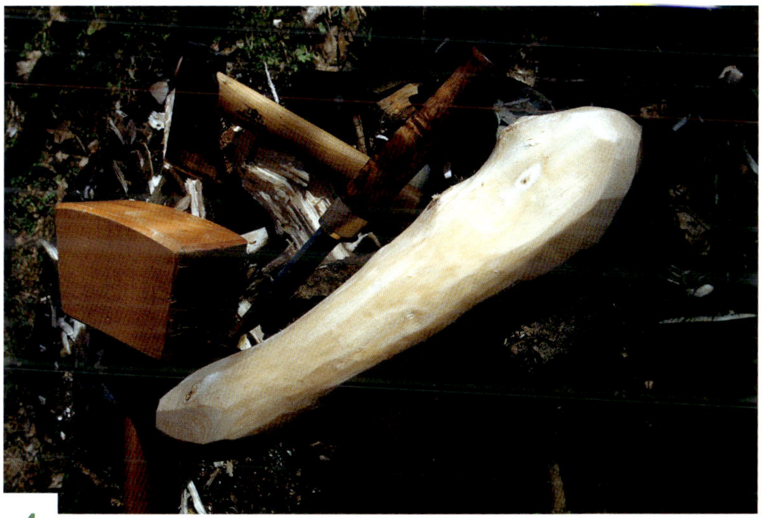

4

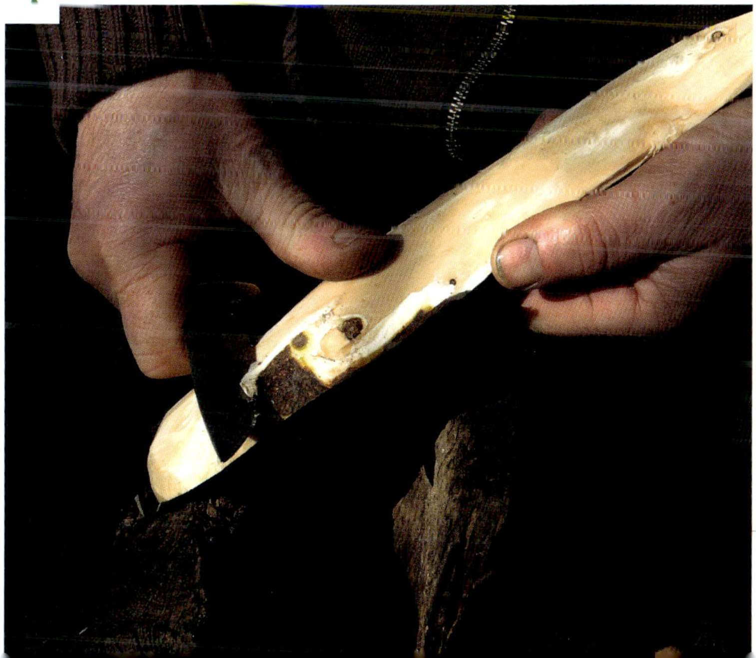

3

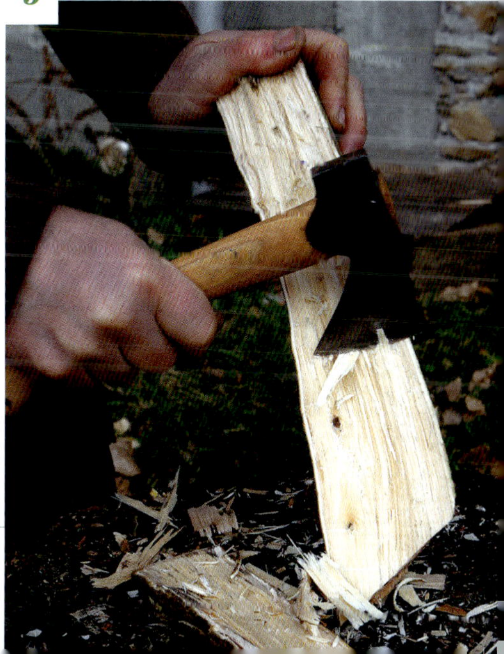

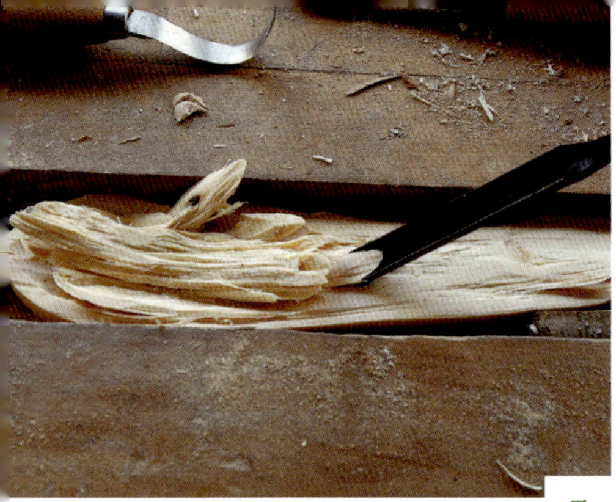

5

5, 6 & 7 - Das Werkstück wird mit Schälmesser, Stemm- und Hohleisen ausgehöhlt.

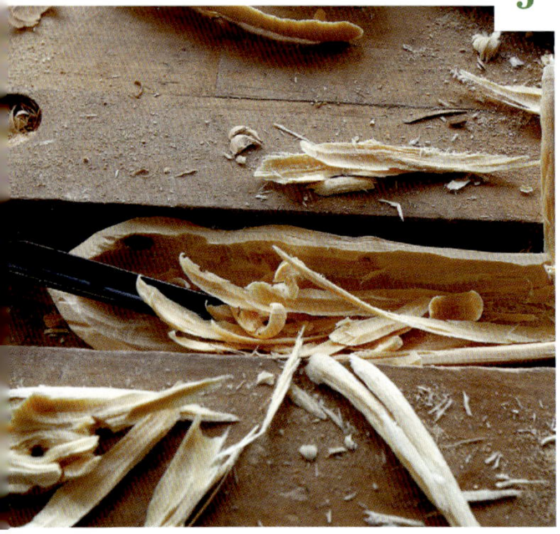

8 - Die letzten Reste werden mit Schaber und Messer entfernt und schließlich abgeschliffen.

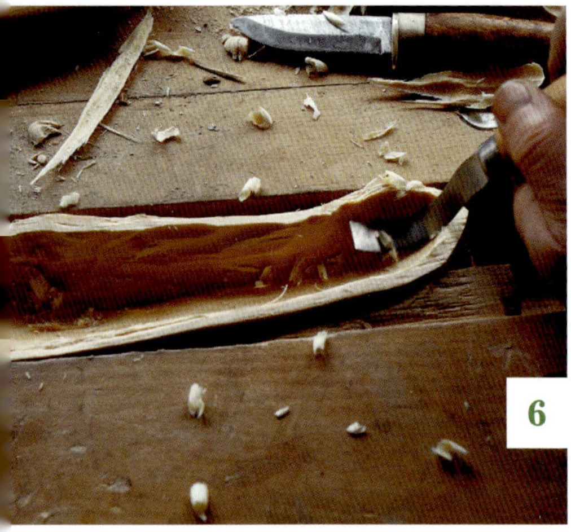

6

8

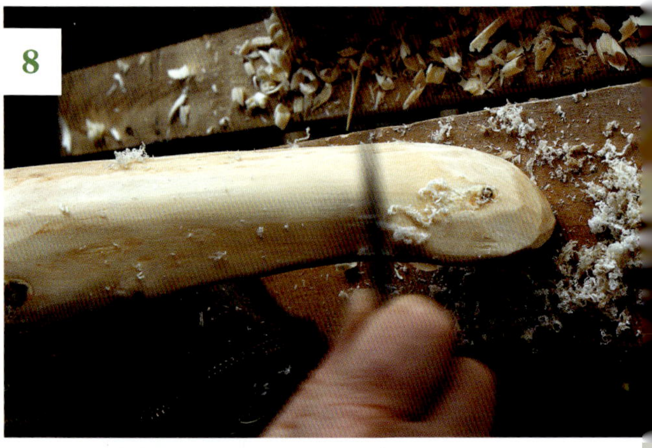

7

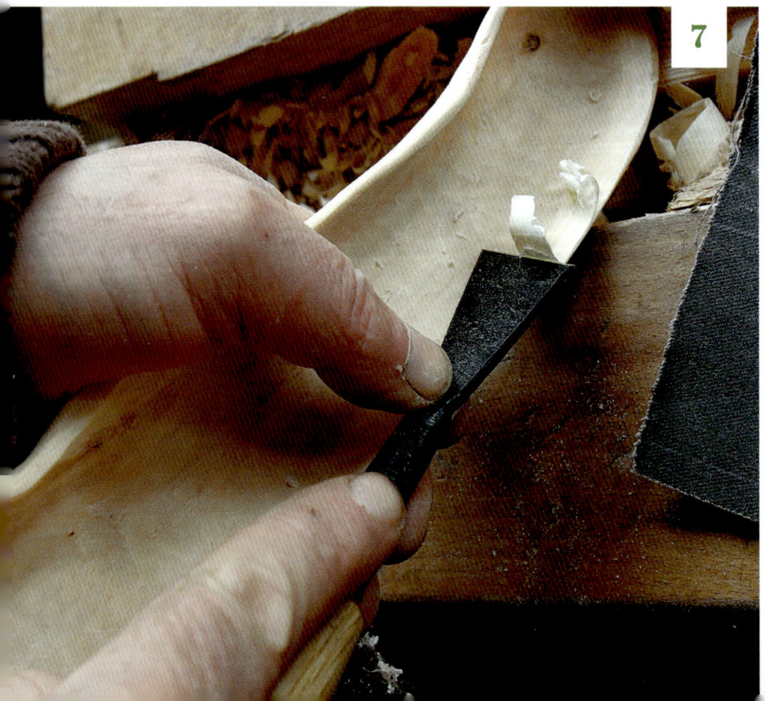

8

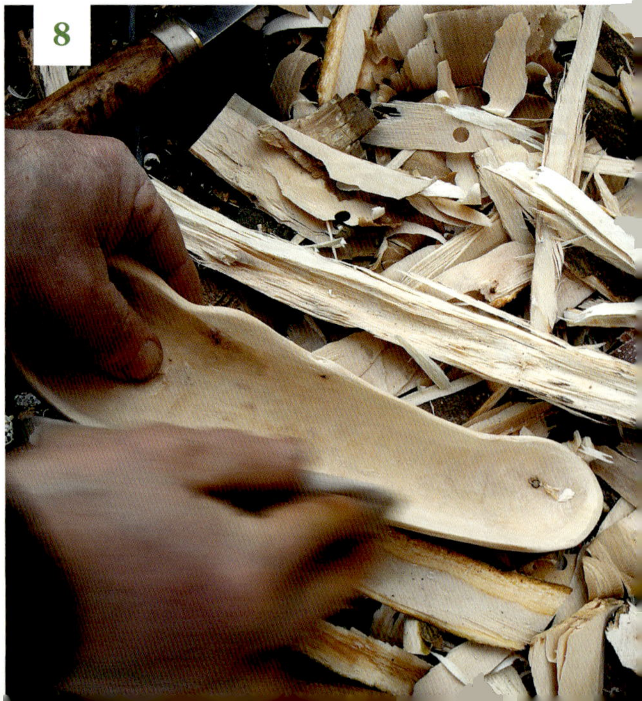

9 & 10 - Der Bleistifthalter ist fertig, doch kann man ihm auch noch einen kleinen Sockel schnitzen, um ihn schräg zu stellen und den Inhalt besser sehen zu können.

11 - Ein Loch vom Durchmesser des Ständerzapfens wird an einem Ende in den Boden des Halters gebohrt und mit einer Rundraspel fertig gestellt. Der Sockel wird mit Holzleim eingeklebt.

12 - Nun kann provisorisch geschliffen werden. Der Feinschliff findet jedoch auch hier erst nach dem Trocknen statt.

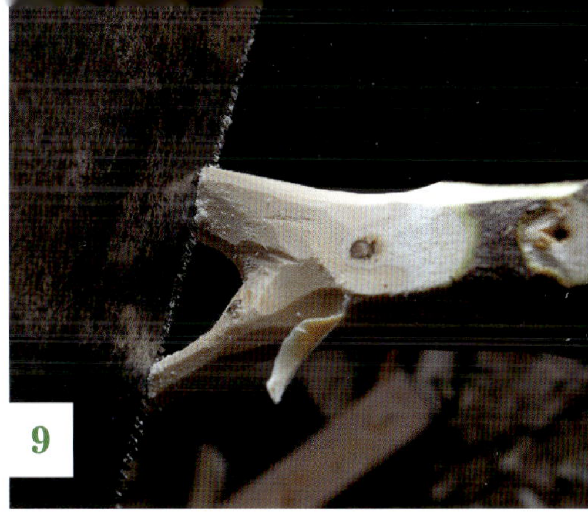

9

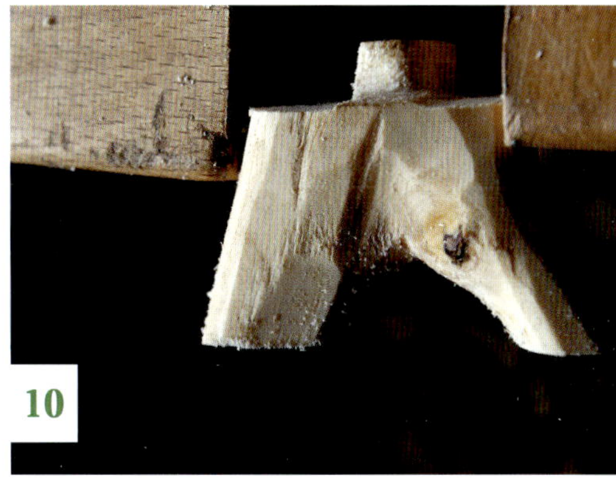

10

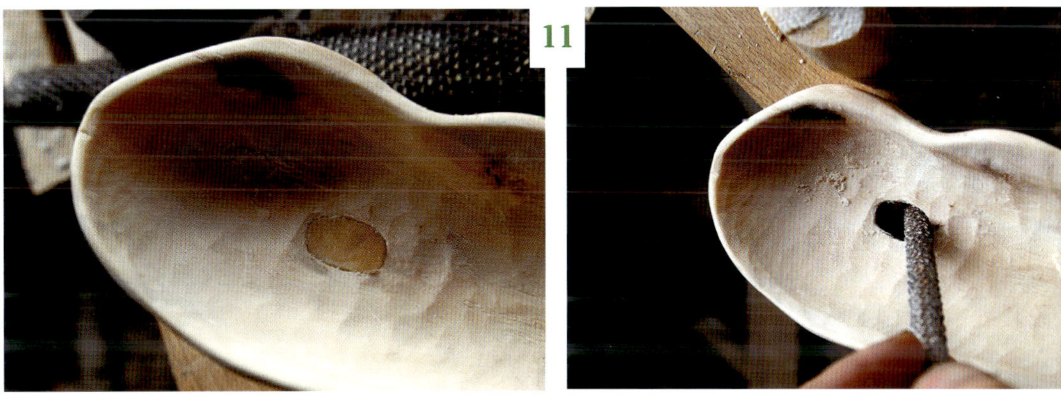

11

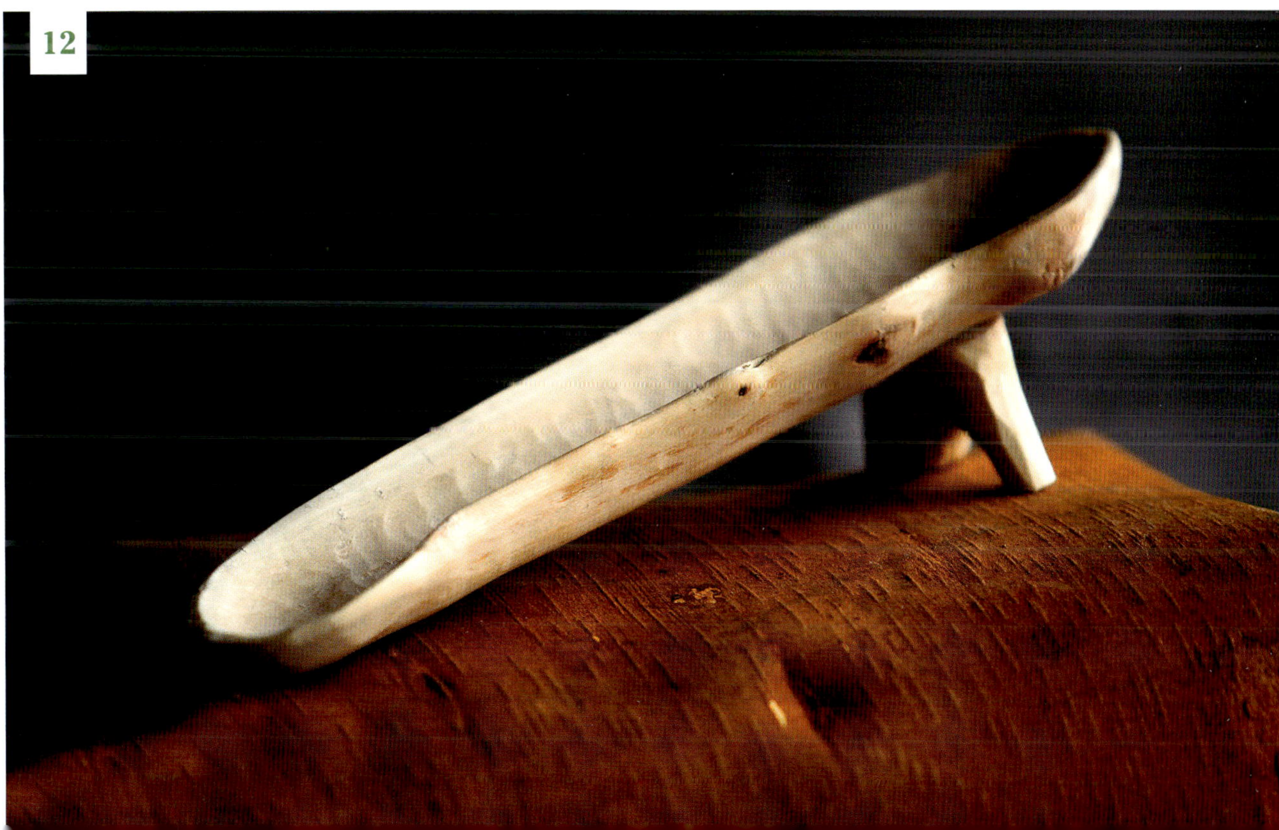

12

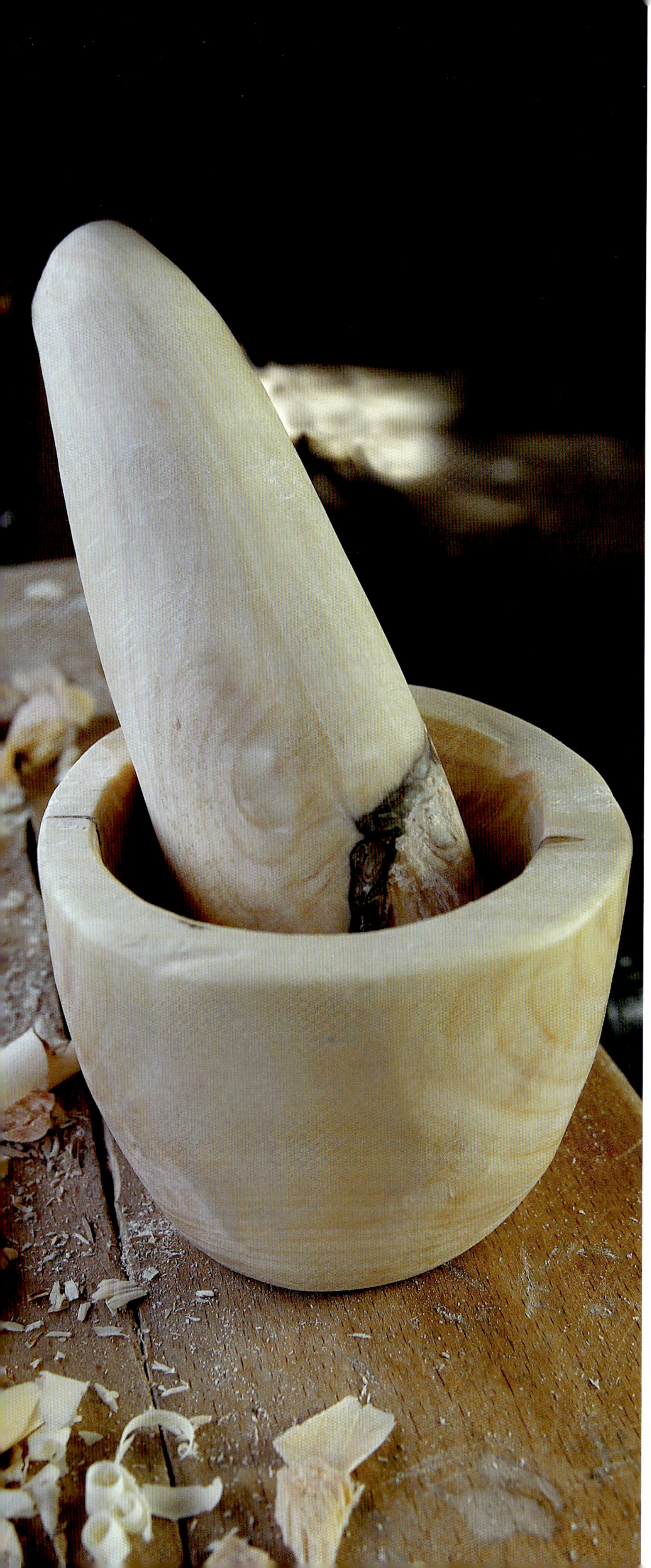

Mörser und Stößel

Gegenstand
Mörser

Gebrauch
Zermahlen von Lebensmitteln

Material
Grünes Olivenholz
oder Apfelholz

Werkzeug
Säge, Beil, Stemm- und
Hohleisen

Fertigstellung
Schaber, Raspel, Schleifpapier
Pflanzenöl

Maße des fertigen Gegenstandes
Länge: 6 cm
Durchmesser außen: 8,5 cm
Durchmesser innen: 7 cm
Tiefe innen: 4,5 cm

Stößel
Länge: 13 cm
Größter Durchmesser: 3,5 cm

Anmerkung

Da man – wenn überhaupt – meist nur über kleine Olivenholzstücke verfügt, werden solche Werkstücke dementsprechend klein und sind daher auch etwas komplizierter in der Herstellung als größere Gegenstände.

Mörser

1 - Die Ausnahme bestätigt die Regel. Hier haben wir uns an einem bestehenden Modell orientiert, das jedoch einen grundlegenden Unterschied aufweist. Es handelt sich um ein gedrechseltes Stück, das wir hier in reiner Handarbeit schnitzen wollen.

Der Holzblock wird nur wenig größer als das Modell zugeschnitten.

2 - Bearbeiten des Rohlings mit dem Beil. Bei solch kleinen Werkstücken besteht größere Verletzungsgefahr, da sie schlecht zu halten sind. Zunächst werden die beiden abgesägten Seiten abgerundet.

3 - Das Werkstück wird umgekehrt in den Schraubstock gespannt, um den Sockel abschrägen zu können. Danach sollte die endgültige Form fast erreicht sein.

3

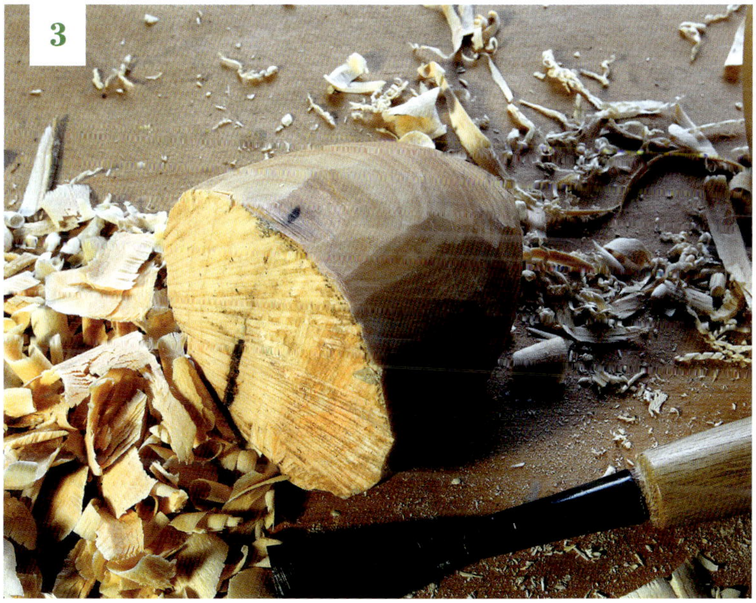

1

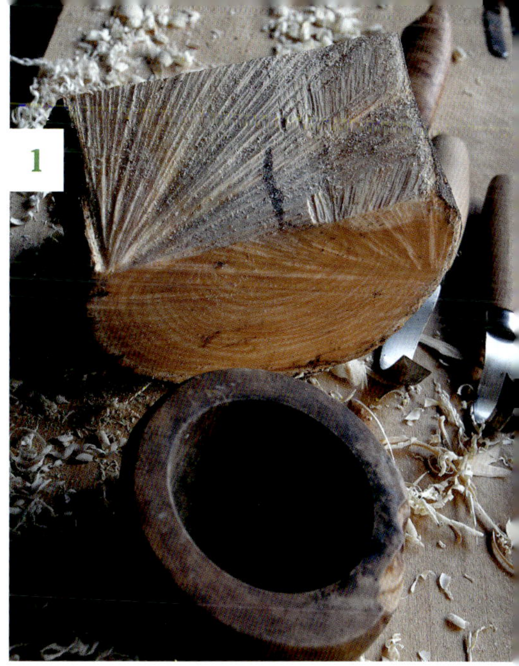

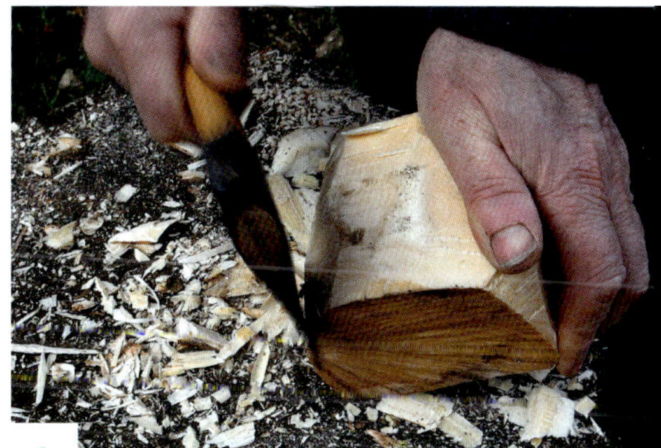

2

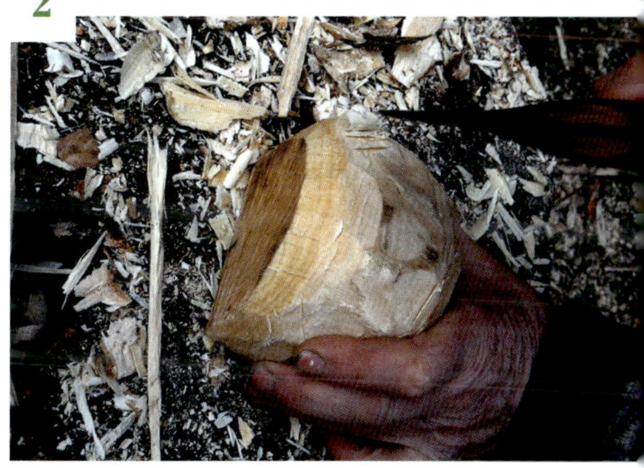

3

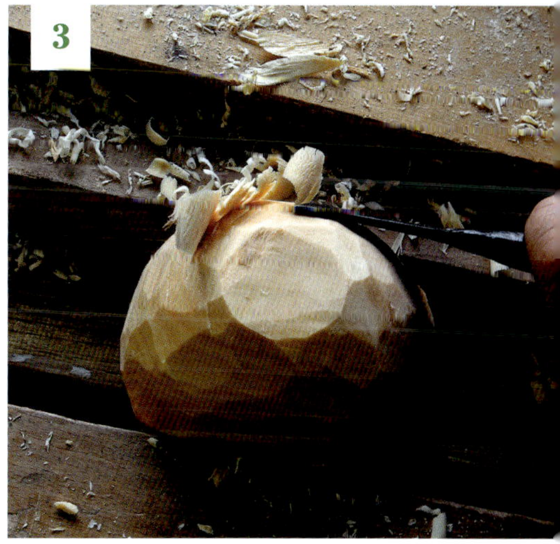

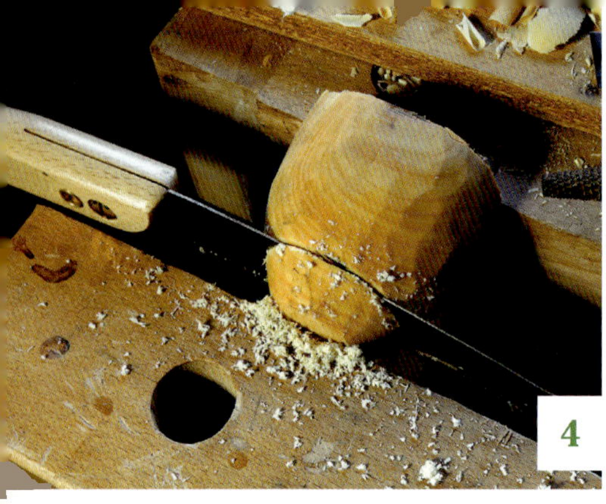
4

4 - Absägen der Standfläche

5 - Jetzt wird das Werkstück aufrecht mit Weichholzkeilen in den Schraubstock eingespannt, um einen festen Halt zu gewährleisten.

6 - Zum Aushöhlen eignet sich ein einfaches Hohleisen.

7 - Ist die gewünschte Seiten- und Bodenstärke erreicht, wird die Feinarbeit mit dem Schälmesser fortgesetzt.

8 - Glätten der Oberkante

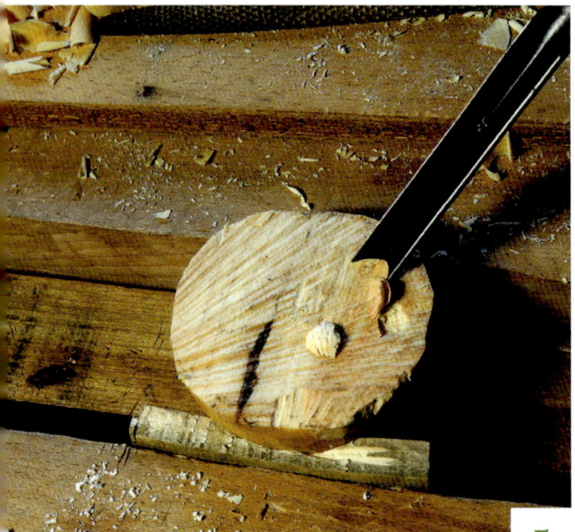
5

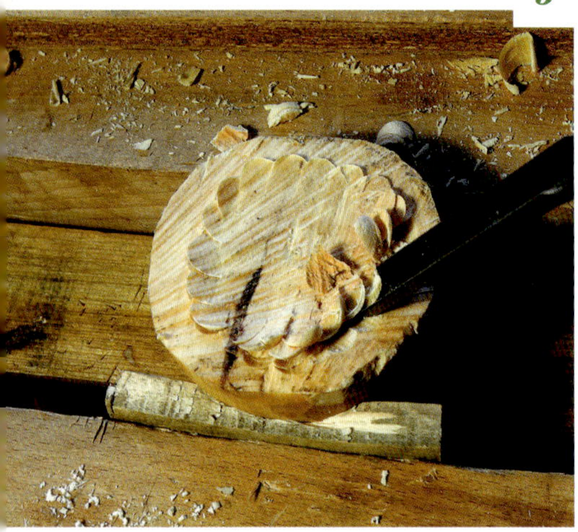

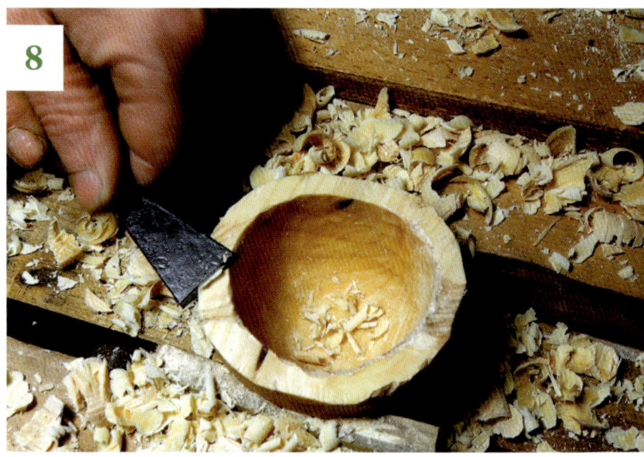
8

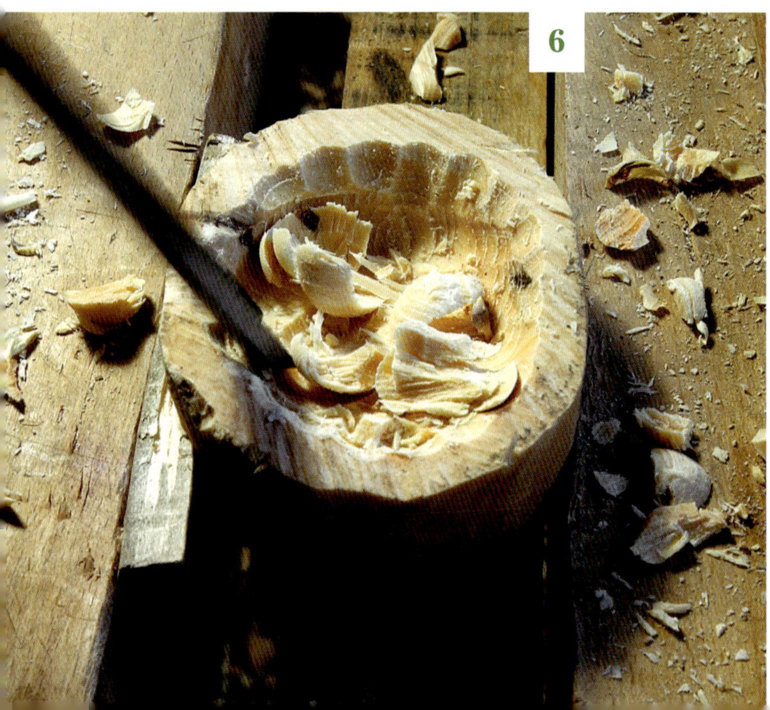
6

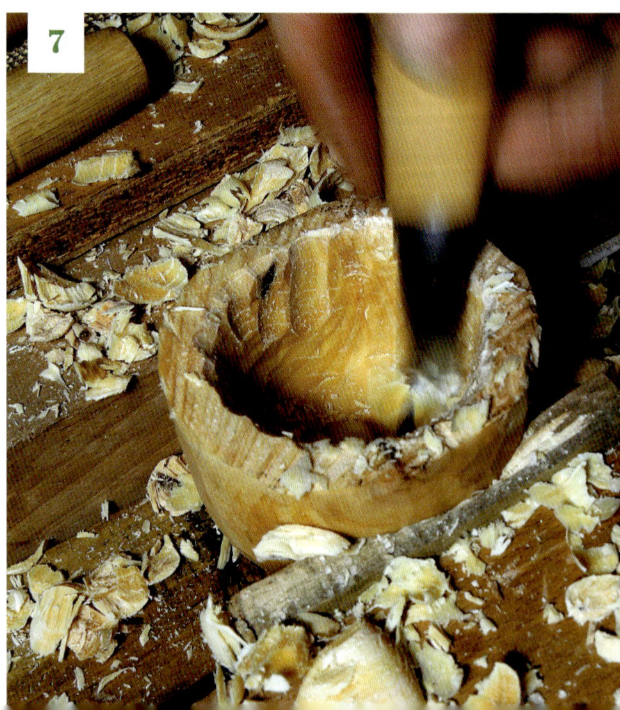
7

9 - Es kann provisorisch geschliffen werden. Der Feinschliff findet jedoch auch hier erst nach dem Trocknen statt.

Stößel

10 - Aus einem Holzscheit aus Oliven- oder Apfelholz wird mit dem Beil ein Rohling geformt.

11 - Der Rohling wird mit dem Stemmeisen in Form gebracht.

12 - Die Enden werden mit der Raspel und schließlich mit dem Schaber und dem Schleifpapier abgerundet.

13 - Mörser und Stößel sollten moglichst komplementäre Formen haben und dadurch maximale Kontaktfläche aufweisen.

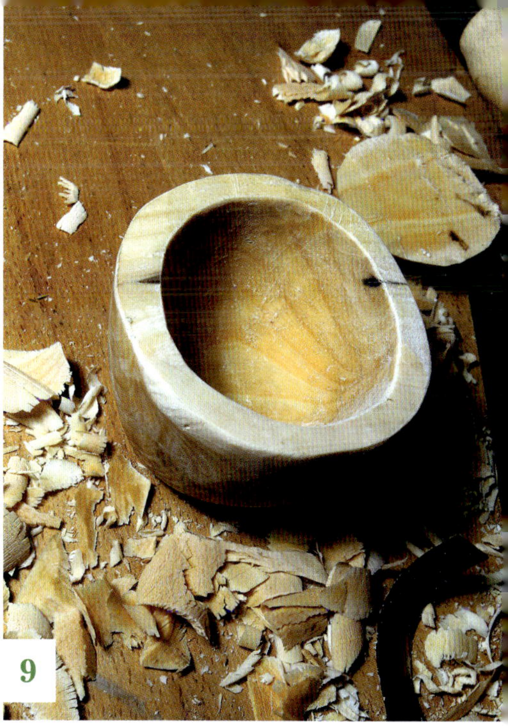

9

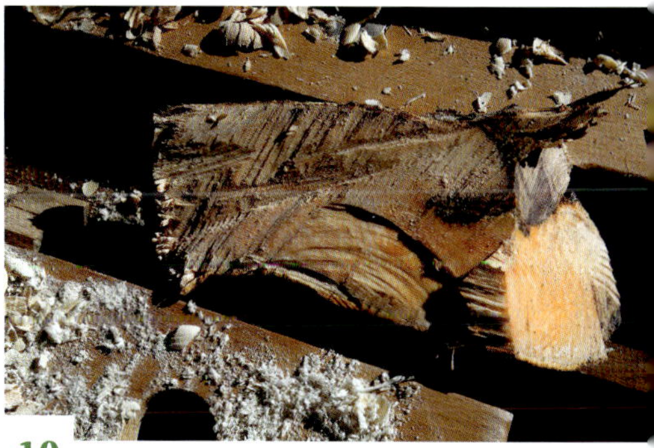

10

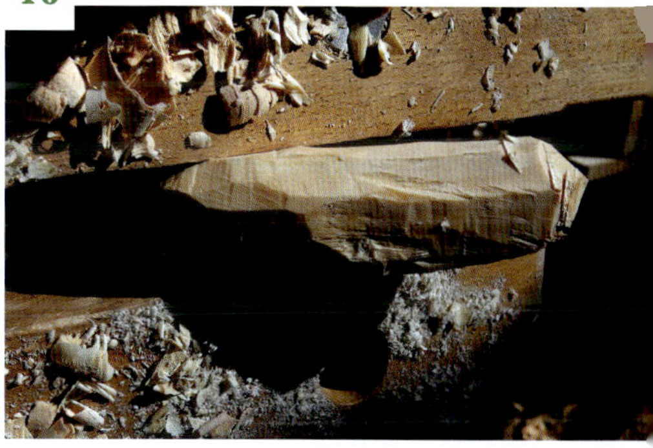

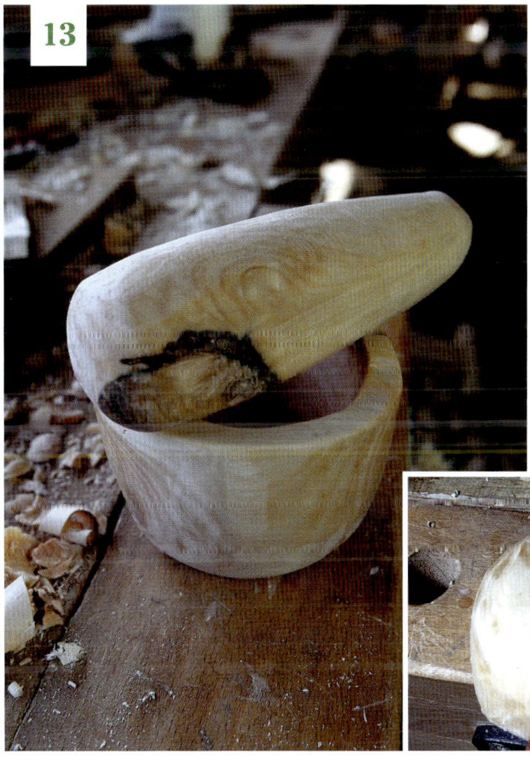

13

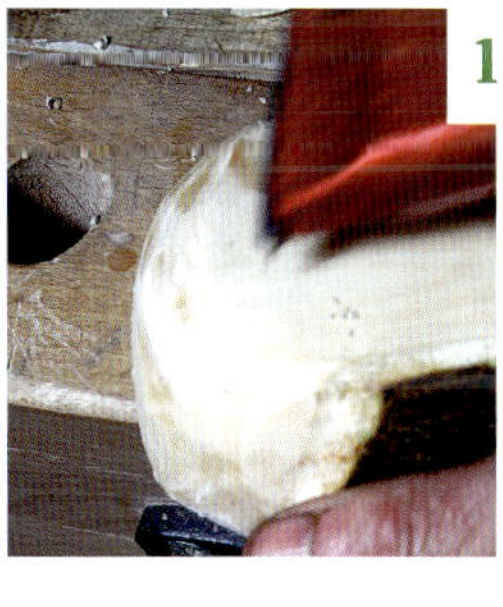

12

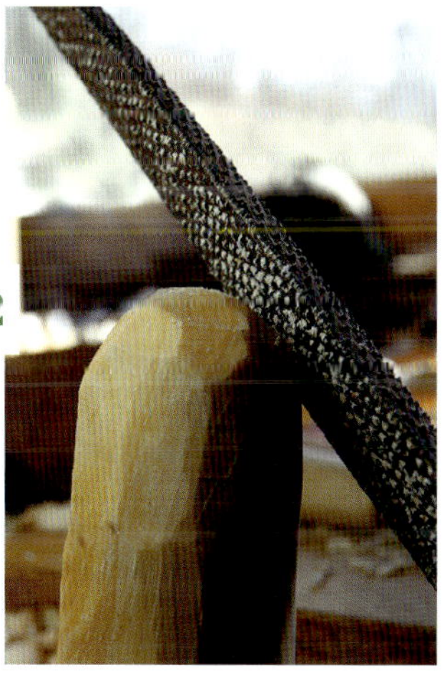

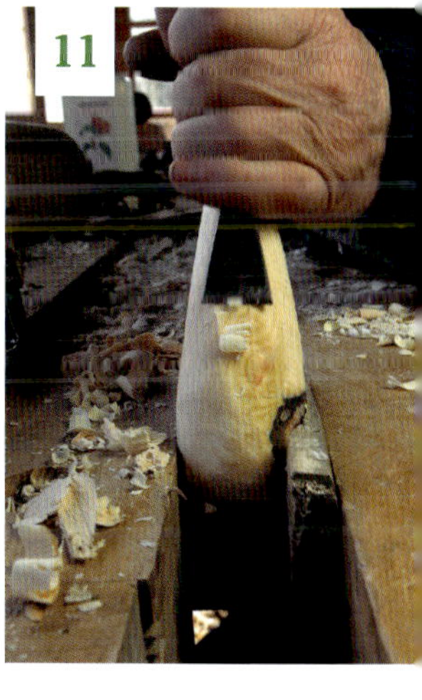

11

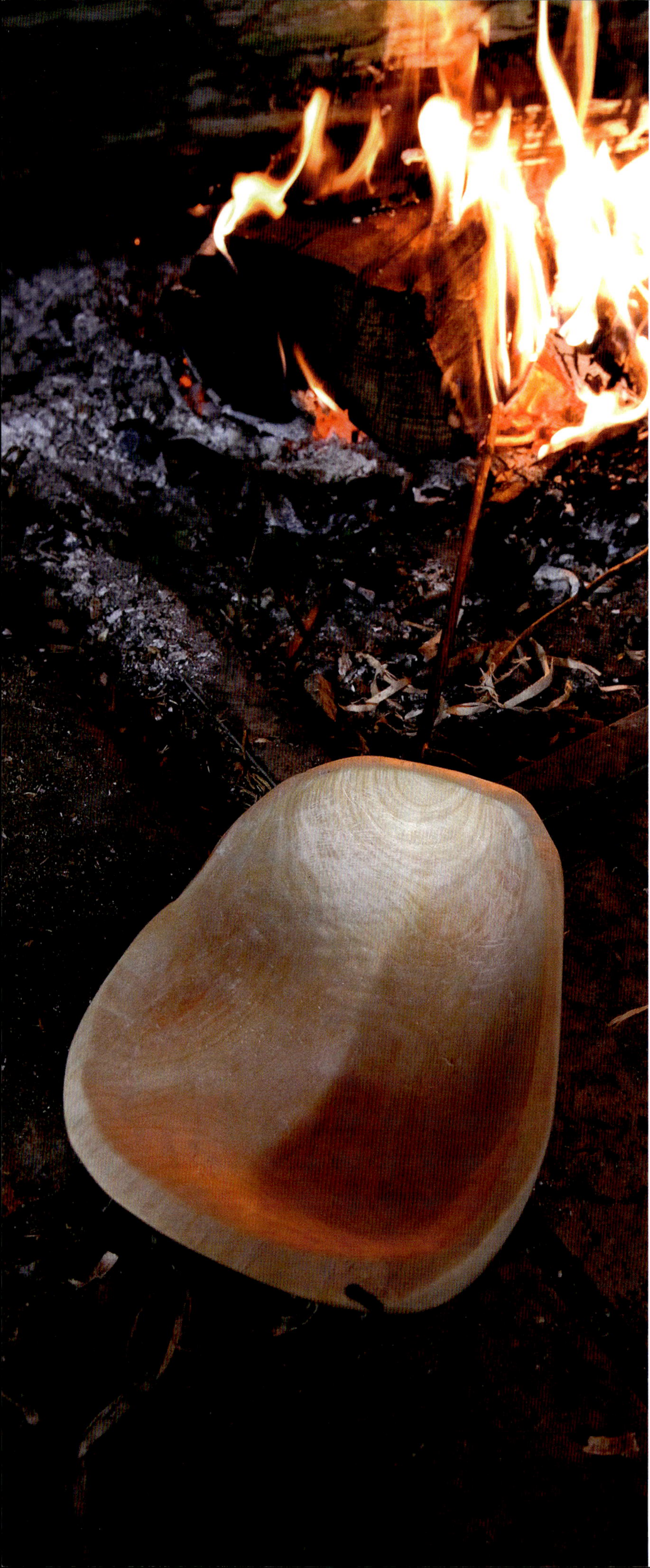

Schüsselchen

Gegenstand
Hohler Teller

Gebrauch
Zum Präsentieren oder Servieren von Kleinigkeiten

Material
Grünes Olivenholz oder Apfelholz

Werkzeug
Säge, Beil, Stemm- und Hohleisen

Fertigstellung
Schaber, Schleifpapier, Pflanzenöl

Maße des fertigen Gegenstandes
Länge: 18 cm
Breite: 8 bis 12 cm
Tiefe innen: 3,5 cm

Für dieses Schüsselchen haben wir ein Stück Olivenholz oder Apfelholz verwendet, welches bei der Herstellung des Mörsers übrig geblieben war. Es geht hier vor allem darum, uns den natürlichen Formen des Holzes anzupassen, die dem Gebrauchsgegenstand seine originelle und einzigartige Form verleihen.

1 - Wir drehen das Holzstück in unserer Hand, um zu sehen, zu welcher Form es uns für den gewünschten Gegenstand inspirieren könnte. Als erster Schritt werden die Kanten abgerundet.

2 - Schnitzen der äußeren Wölbung. Da unser Rohling nicht sehr dick ist, entschließen wir uns, die Rinde teilweise zu belassen, was der Ästhetik des Endprodukts keineswegs Abbruch tut.

3 - Nun wird das Innere wie in den vorherigen Beispielen mit dem Hohleisen ausgehöhlt.

4 - Die Außenseite wird abgeschabt und abgeschliffen. Bei der Innenseite geschieht dies am besten mit dem Schälmesser und einem abgerundeten Schaber.

5 - Das Werkstück wird einige Wochen trocknen gelassen, bevor es fein geschliffen und zuletzt eingeölt wird.

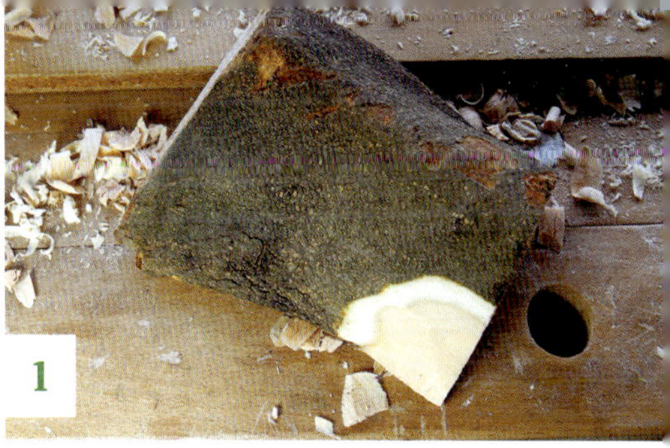

1

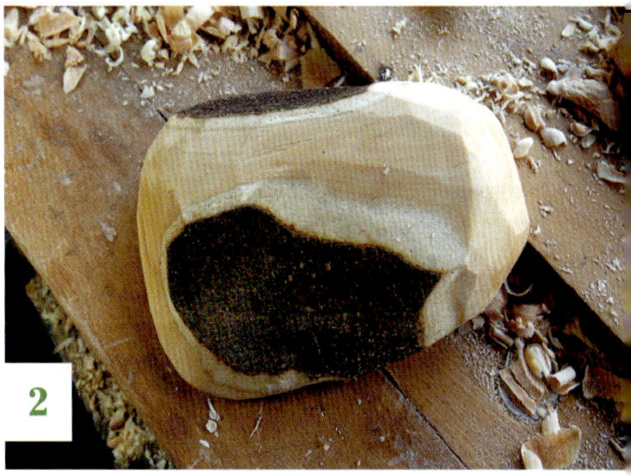

2

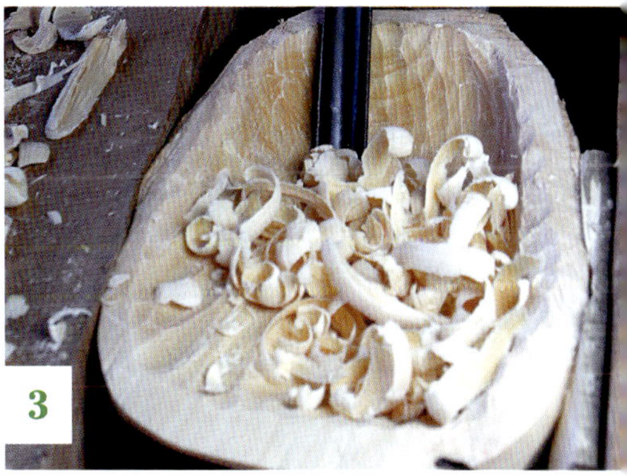

3

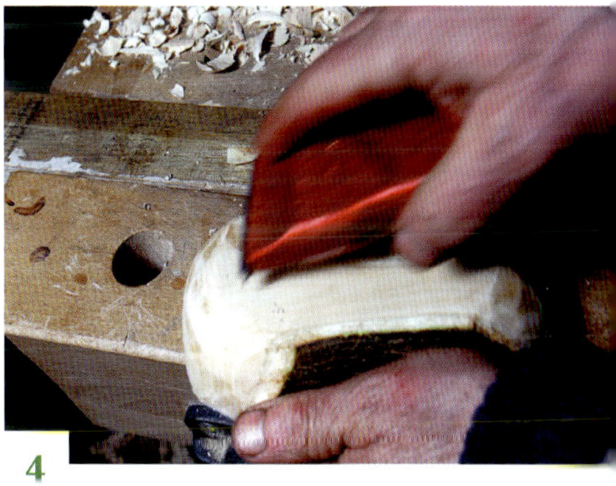

4

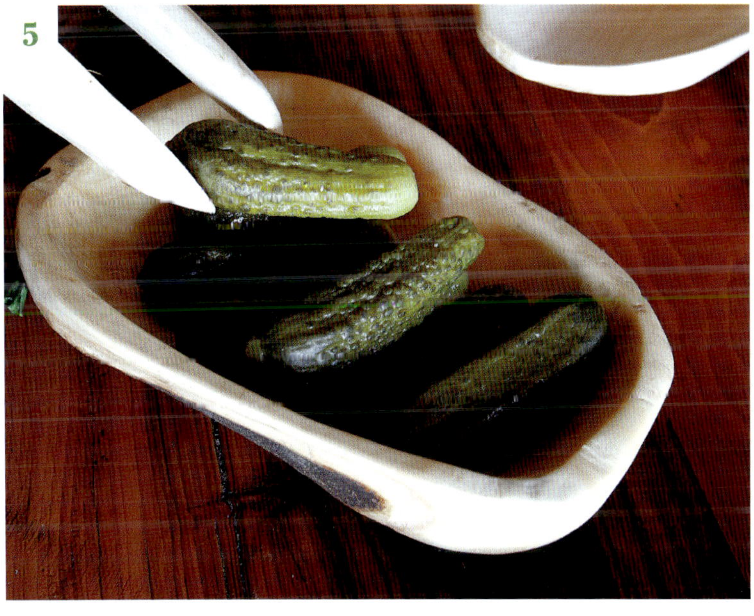

5

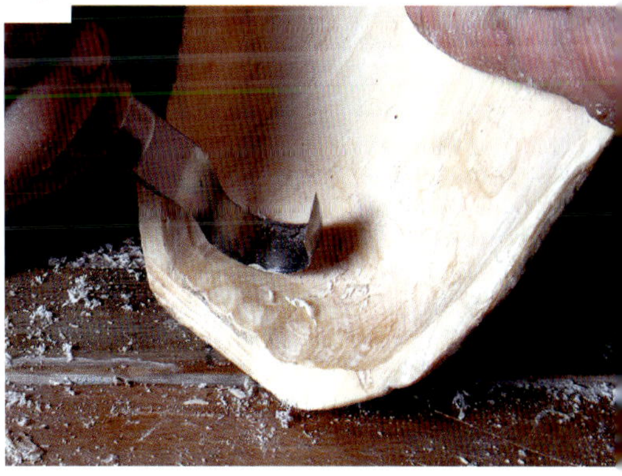

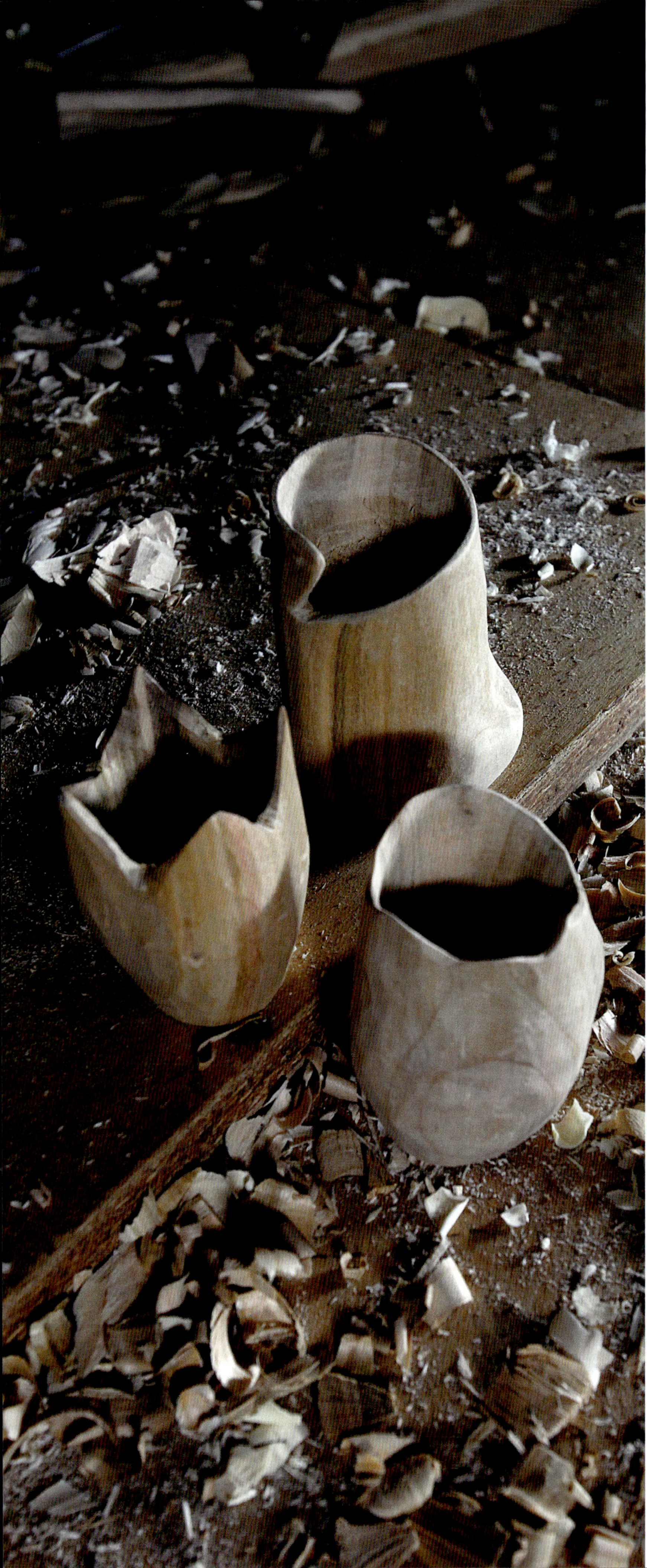

Eierbecher

Gegenstand
Eierbecher

Gebrauch
Zum Halten weicher Eier

Material
Trockenes Wildkirschenholz

Werkzeug
Säge, Beil, Stemm- und Hohleisen, Holzbohrer, Taschenmesser, Raspel

Fertigstellung
Schaber, Schleifpapier, Pflanzenöl

Maße des fertigen Gegenstandes
Länge: 8 cm
Durchmesser: 5 cm
Tiefe innen: 2,5 bis 3,5 cm

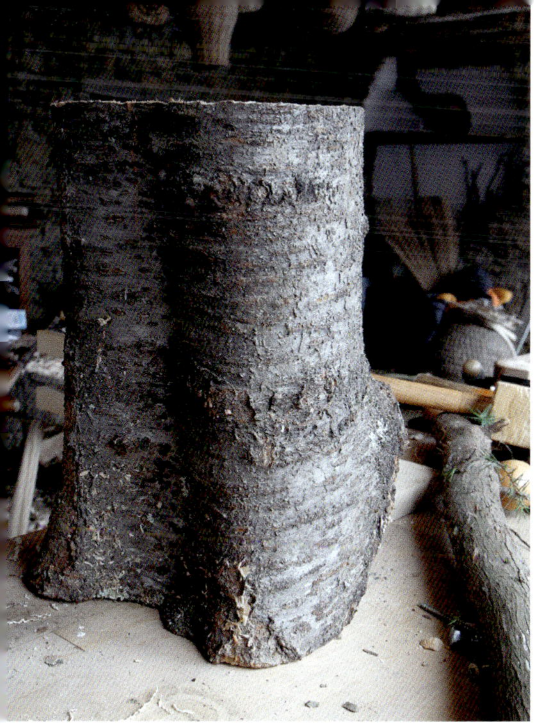

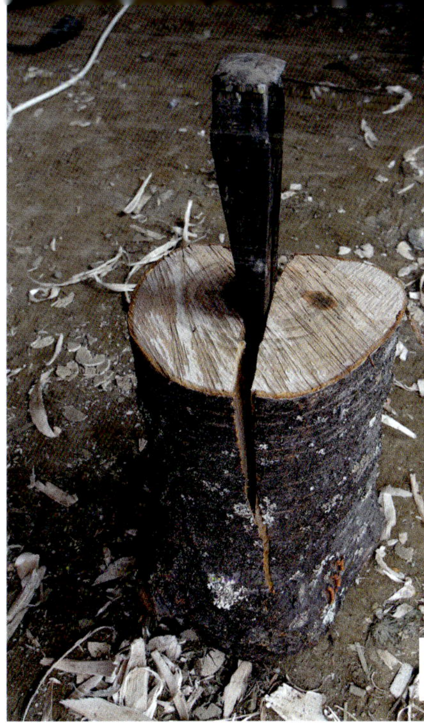

1

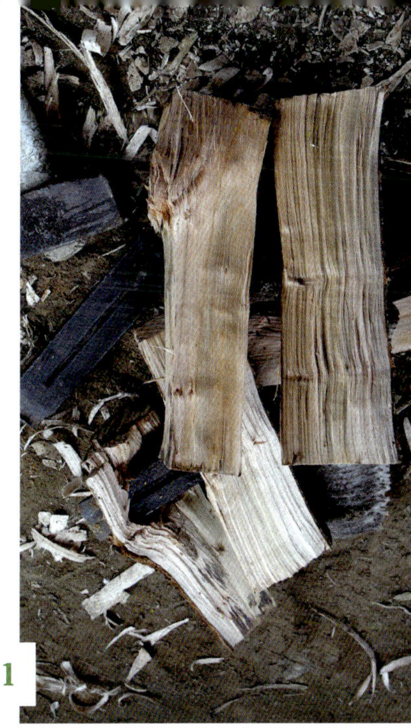

1 & 2 - Ein Kirschholzblock von etwa 30 cm Durchmesser wird gleichmäßig geviertelt.

2

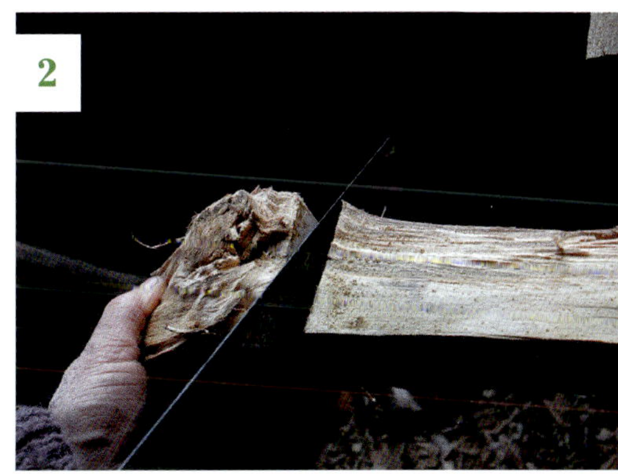

3 & 4 - Die Rohlinge werden möglichst aufrecht in den Schraubstock gespannt. Mit dem Holzbohrer werden 2,5 bis 4 cm tiefe Löcher gebohrt.

4

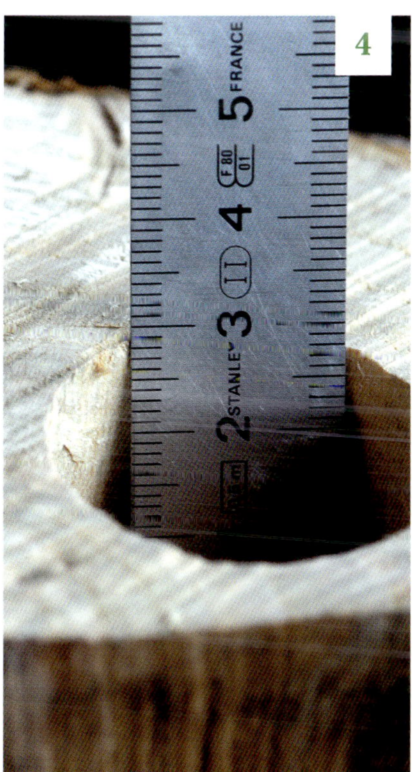

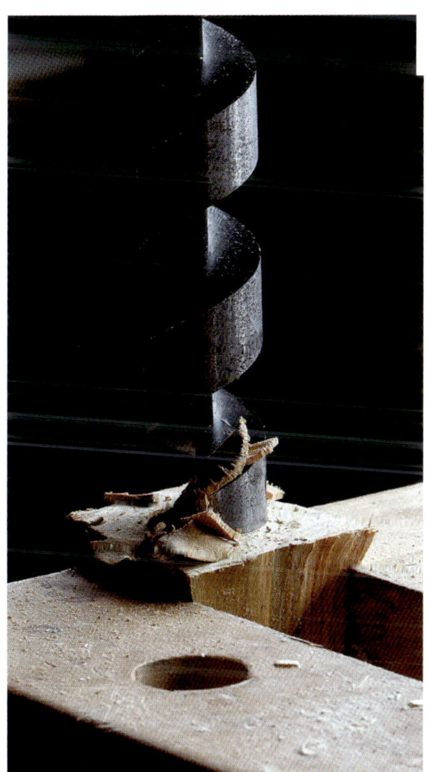

3

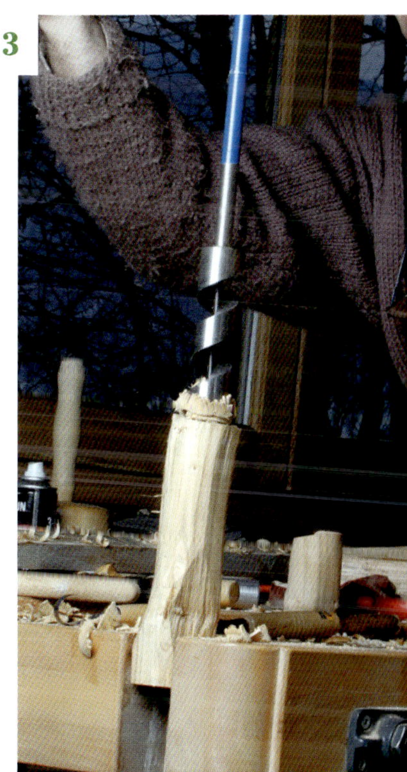

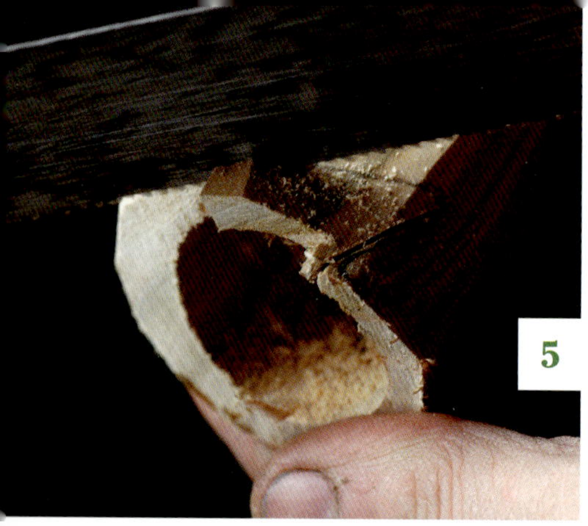

5

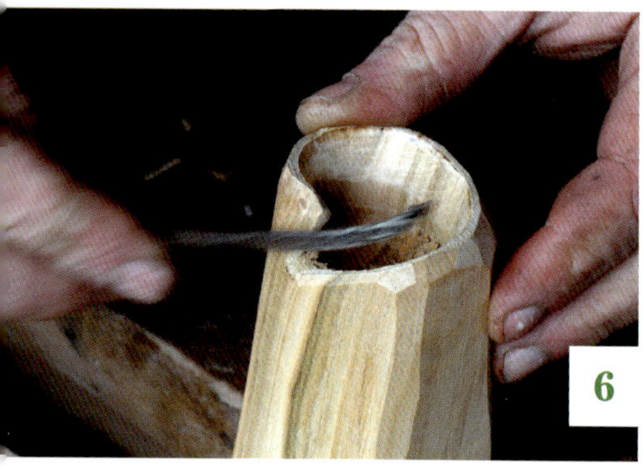

6

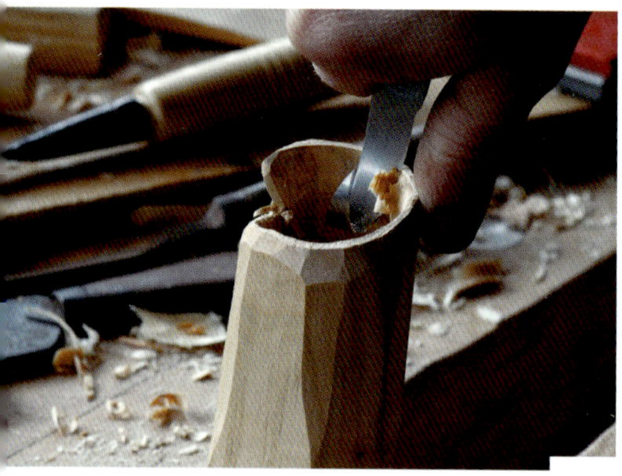

7

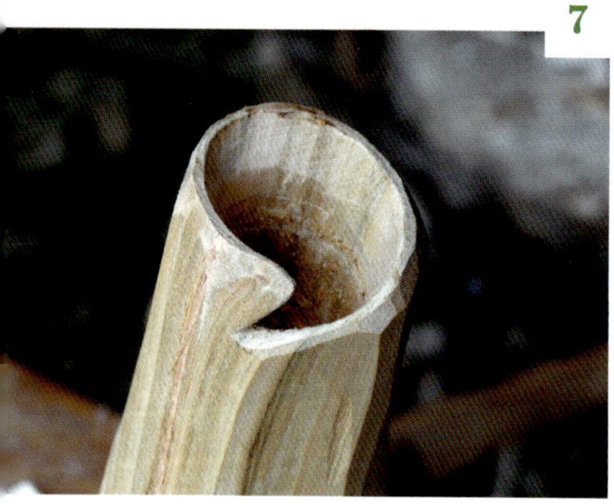

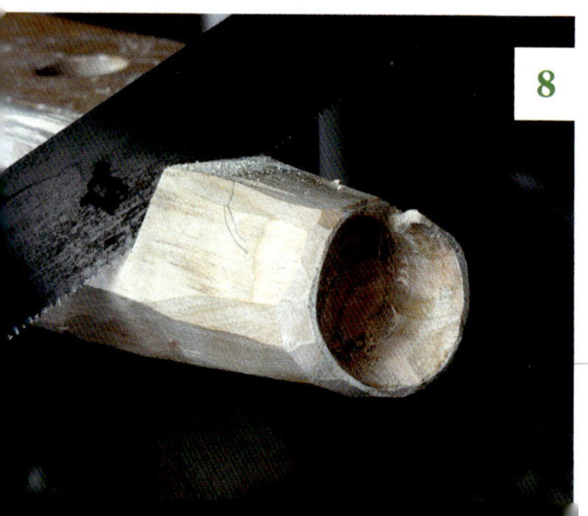

8

5 - Die verschiedensten Verzierungen können skizziert und ausgeschnitten werden (siehe die verschiedenen Modelle auf der nächsten Seite).

6 - Die zerbrechlichen Ränder werden mit einer feinen Raspel und mit Sandpapier oder gleich mit Schleifpapier in feiner werdender Körnung abgeschliffen.

7 - Die obere Öffnung wird so angeschrägt, dass das Ei gut passt.

8 - Erst jetzt wird der Becher vom Rohling getrennt.

9 - Der Boden wird gesäubert und das Loch der Bohrerspitze verschlossen (siehe Seite 54).

8

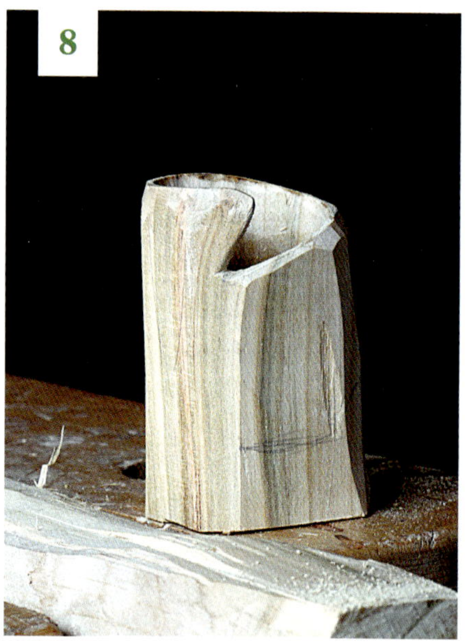

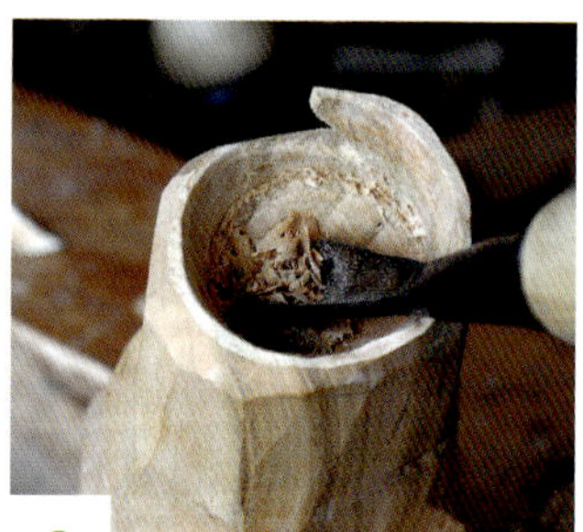

9

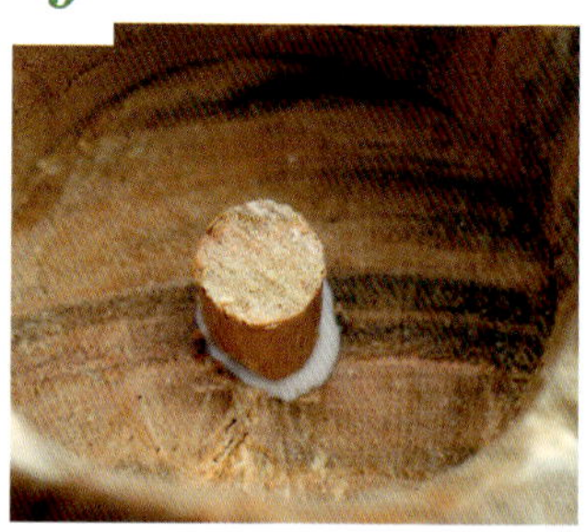

10 - Die Außenseite wird abgeschabt und mit dem Sandpapier geschliffen.

11 - Dasselbe gilt für die anderen Modelle.

12 - Zuletzt werden die Eierbecher mit Pflanzenöl eingelassen.

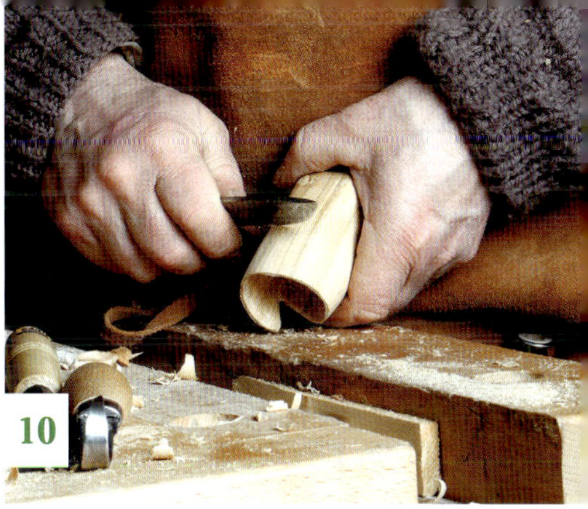

10

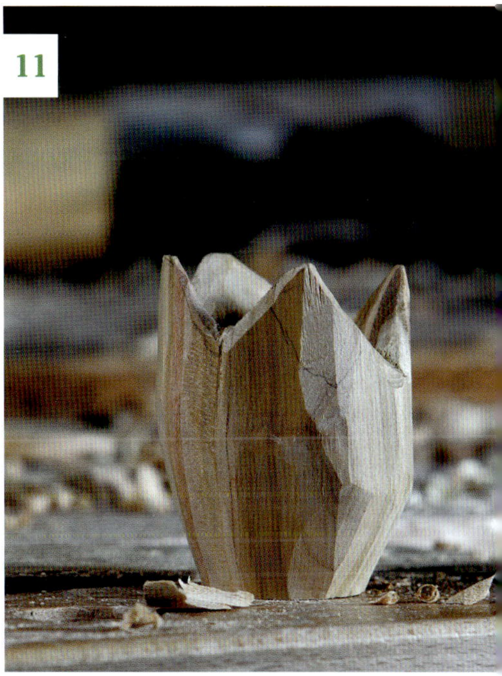

11

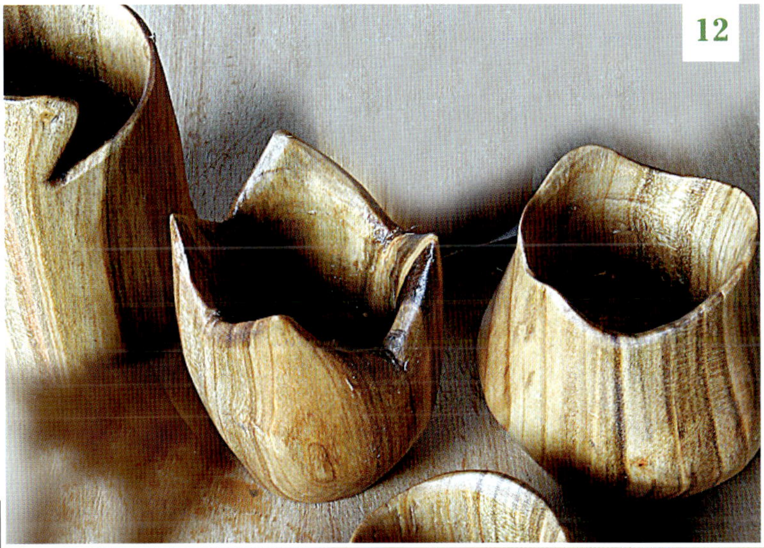

12

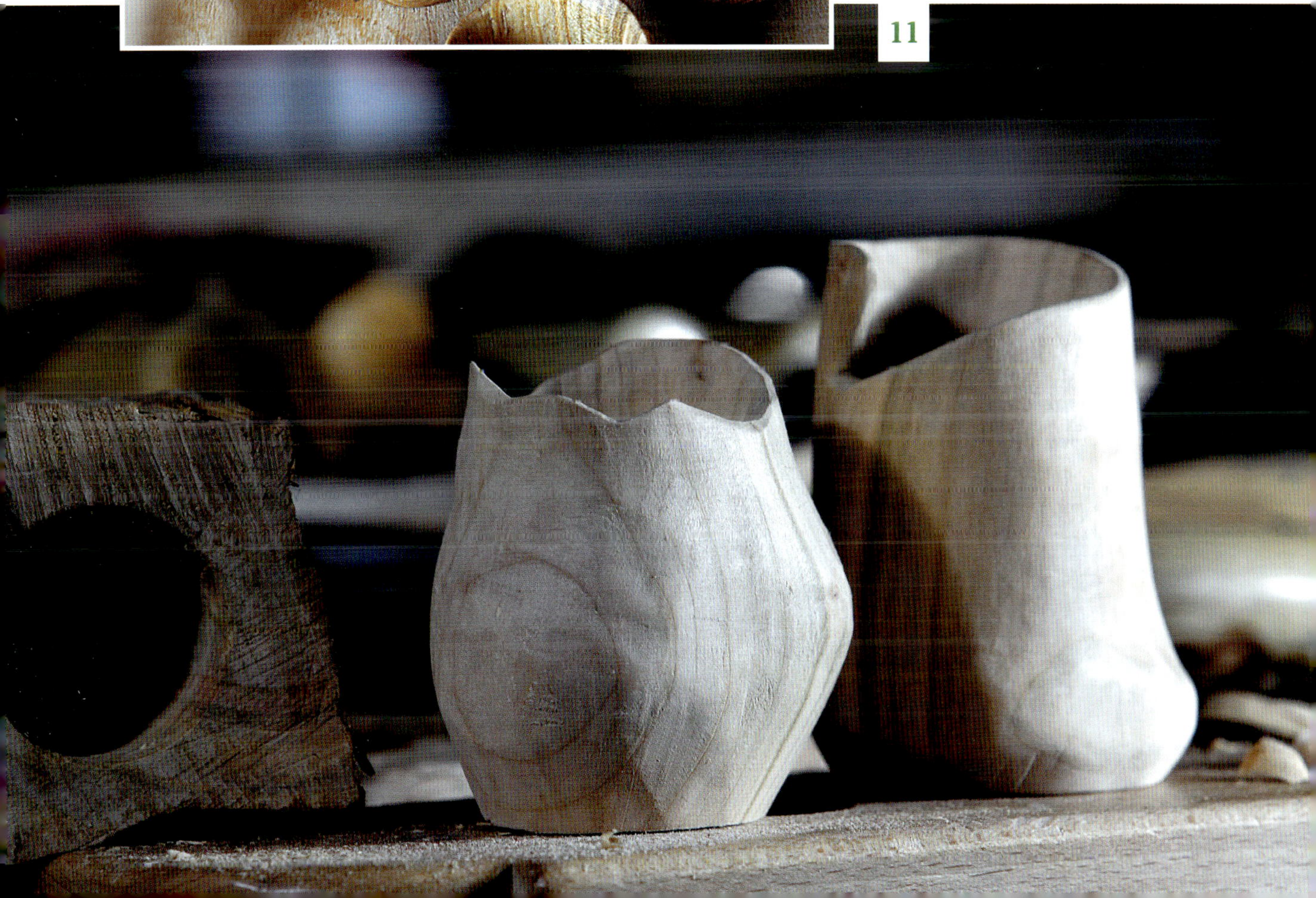

11

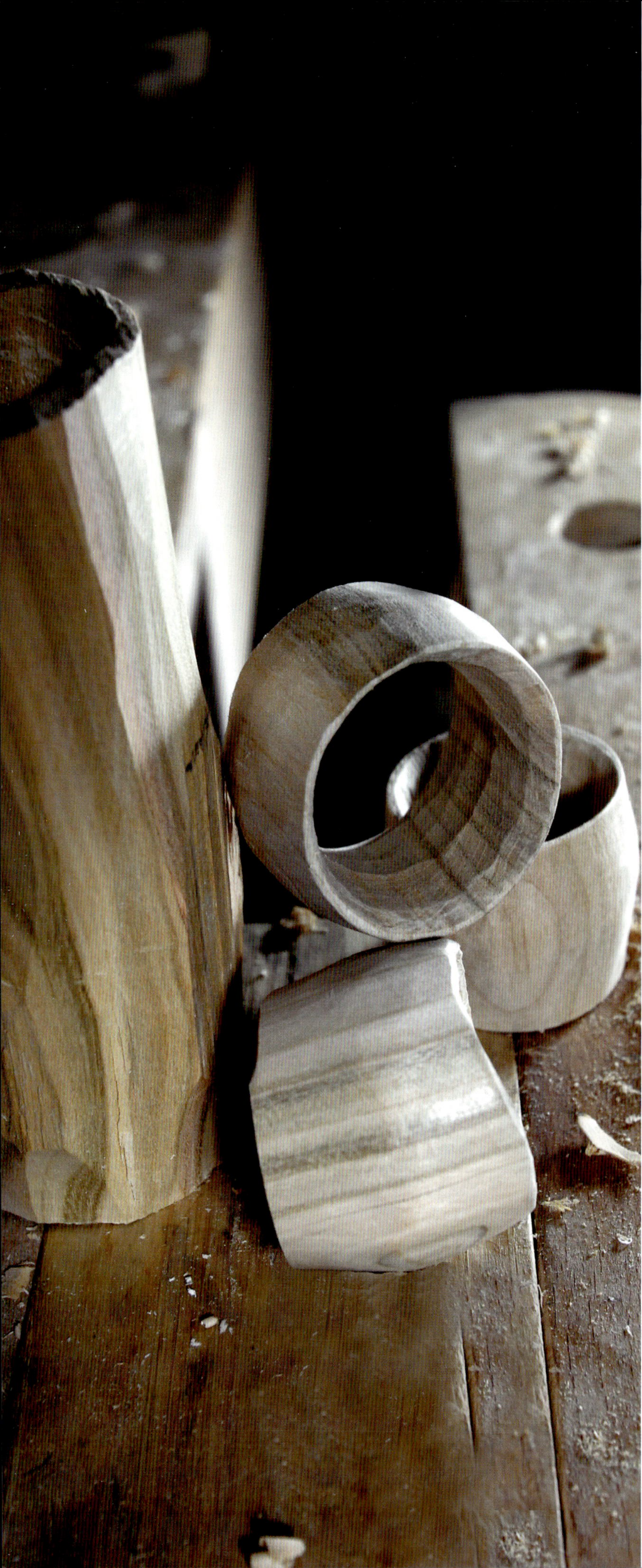

Serviettenringe

Gegenstand
Breite Holzringe

Gebrauch
Zum dekorativen Aufdecken von Servietten

Material
Trockenes Wildkirschenholz

Werkzeug
Säge, Beil, Stemm- und Hohleisen, Taschenmesser, Raspel

Fertigstellung
Schaber, Schleifpapier, Pflanzenöl

Maße des fertigen Gegenstandes
Durchmesser: 5 cm
Breite: 4 cm

Die ersten 3 Schritte decken sich mit denen der Herstellung von Eierbechern, die auf Seite 103 erläutert wurde. Hier wird das Rundholz lediglich so weit wie möglich durchbohrt. Ist dieser Rohling nicht ganz gerade, kann er durchaus auch von beiden Seiten angebohrt werden.

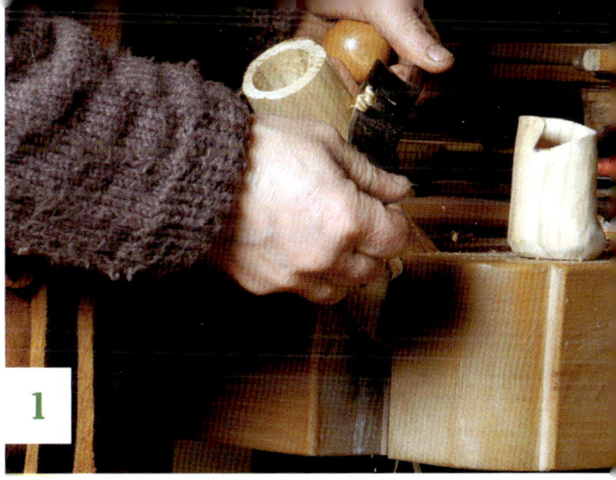

1

1 - Die Außenseite des Rundholzes wird mit Zieh- und Taschenmesser geglättet. Da das Holz im Ganzen wesentlich stärker und leichter zu bearbeiten ist, sollte hier schon möglichst fein vorgearbeitet werden.

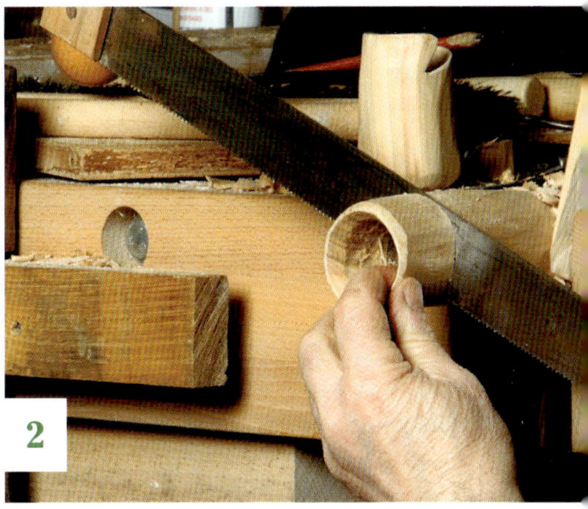

2

2 - Mit der Feinsäge werden etwa 4 cm breite Ringe abgeschnitten.

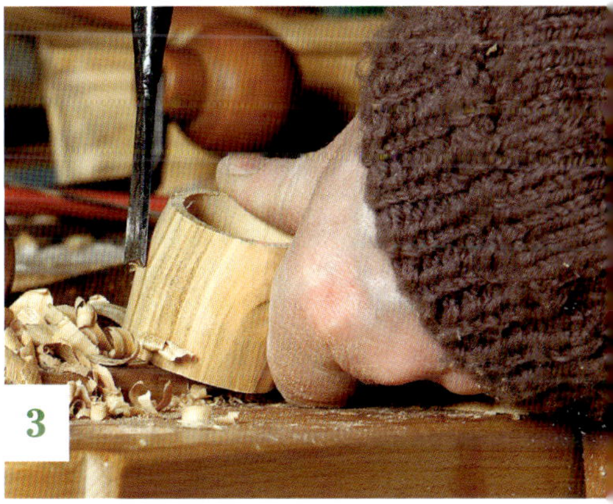

3

3 - Während der Mittelteil stärker belassen wird, werden die Enden verjüngt.

4 - Polieren und mit Pflanzenöl einlassen

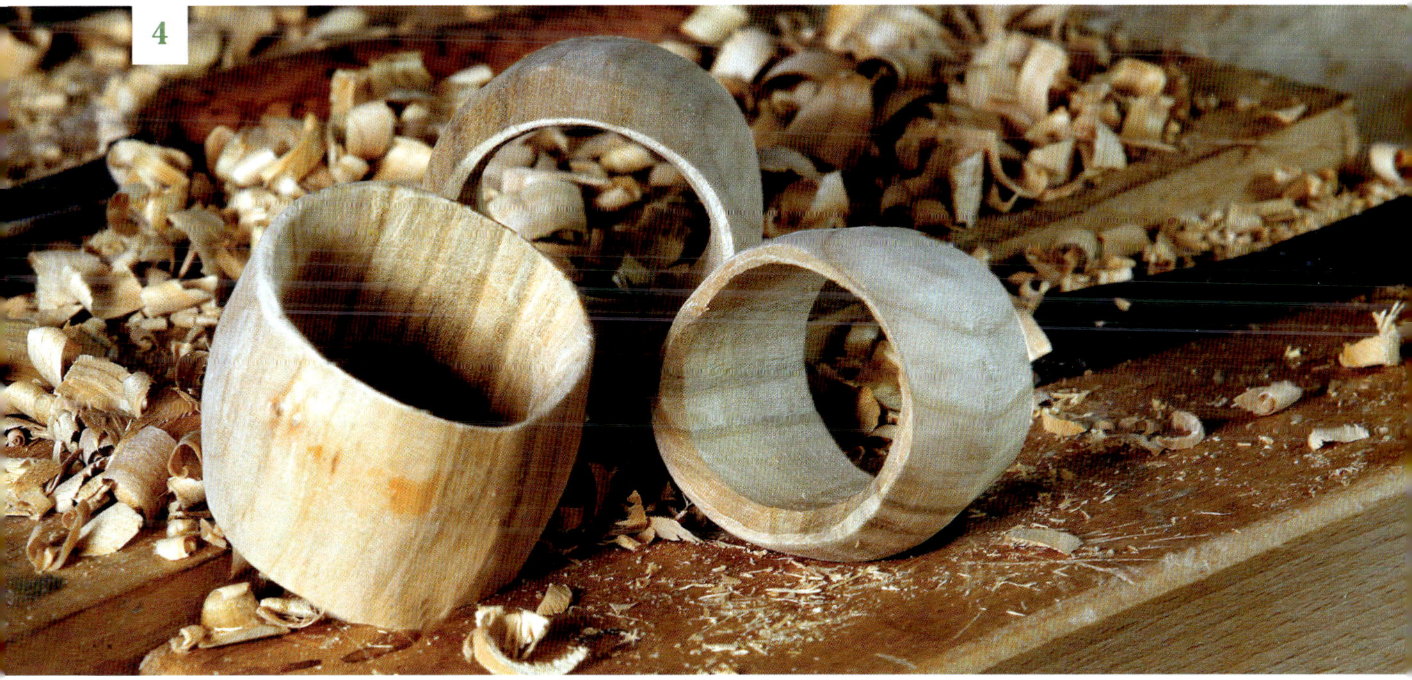

4

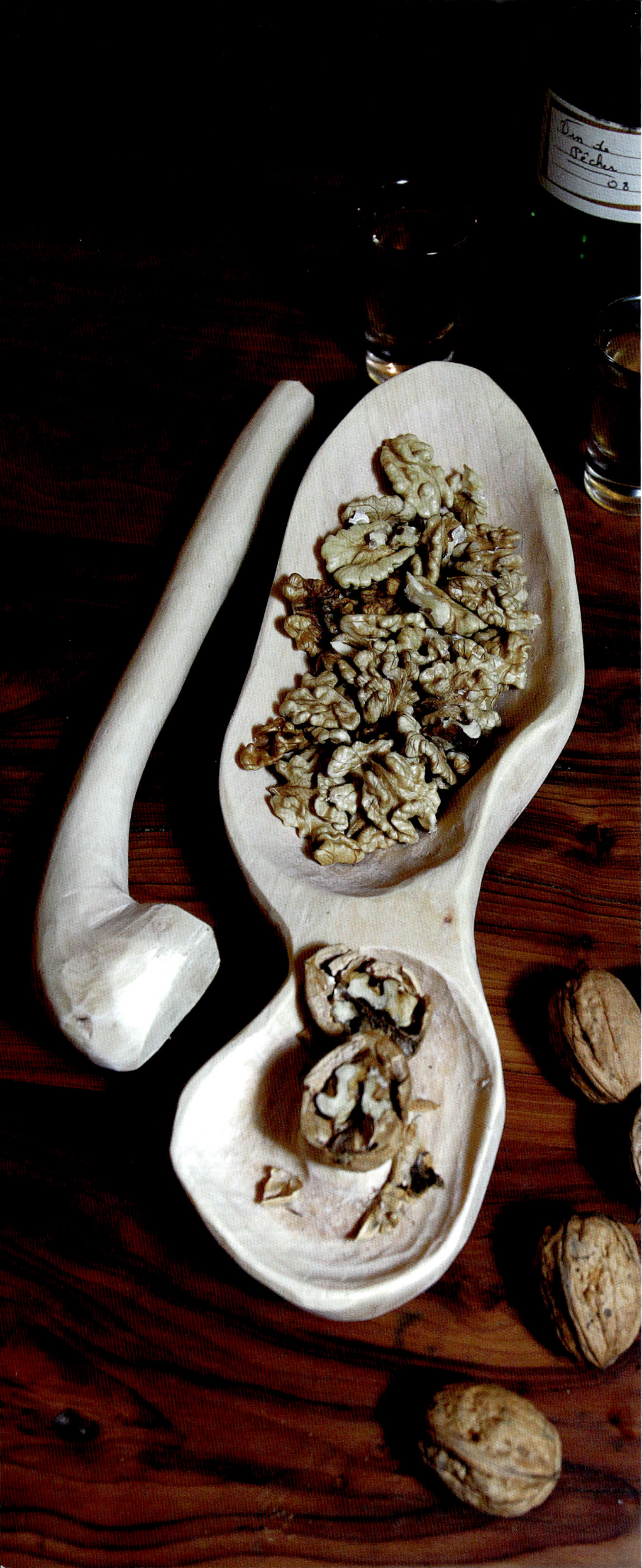

Nussknacker

Gegenstand
Hammer und längliche Schüssel mit zwei Aushöhlungen

Gebrauch
Öffnen und Präsentieren von Hasel- und Walnüssen

Material
Grünes Olivenholz oder Apfelholz

Werkzeug
Säge, Beil, Stemm- und Hohleisen, Zugmesser

Fertigstellung
Schaber, Schleifpapier, Pflanzenöl

Maße des fertigen Gegenstandes
Hammer
Länge: 27 cm
Kopf: 1,5 cm x 2,5 cm

Schüssel
Länge: 33 cm
Durchmesser: 5 cm
Höhe: etwa 3 cm

Der Hammer

1 - Der Durchmesser des gewählten Holzstückes bestimmt die maximale Breite der Schüssel. Für den Hammer wird eine Astgabel gewählt.

2 - Die Astgabel wird wie auf dem Foto an der Gabelung abgesägt.

3 - Der Hammer wird in einen Schraubstock oder – wie hier – in eine Ziehbank gespannt und bearbeitet.

4 - Der Feinschliff wird mit dem Taschenmesser und dem Schaber vorgenommen.

5 - Hammertest: Der flache oder leicht abgerundete Kopf darf nicht zu breit sein, um sich nicht selbst auf die Finger zu schlagen, die die Nuss halten. Der Hammer wird jedenfalls schwer genug sein, um damit Nüsse zu knacken.

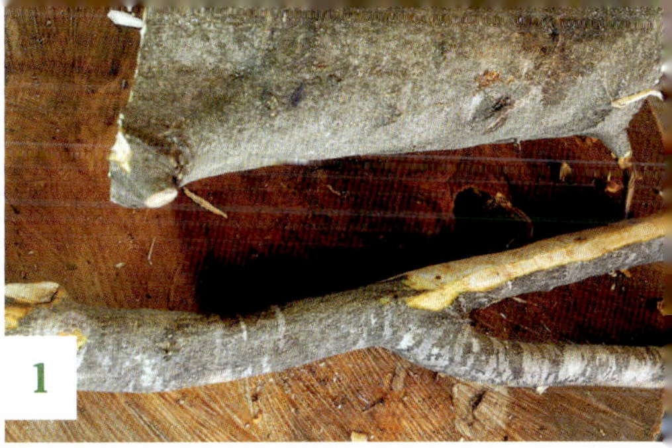
1

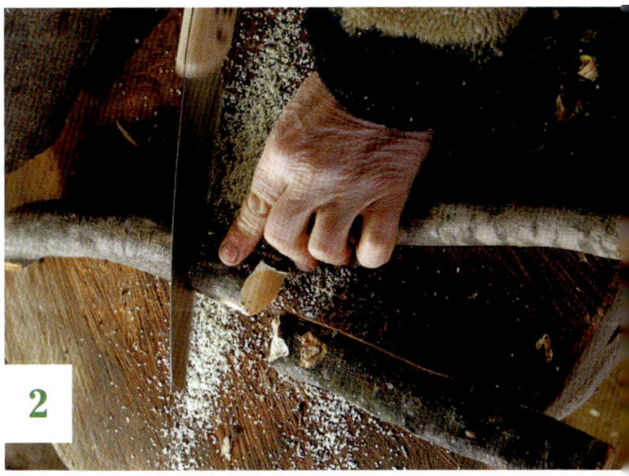
2

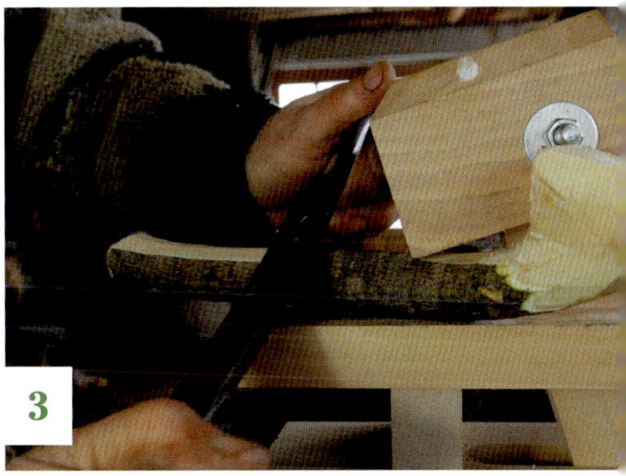
3

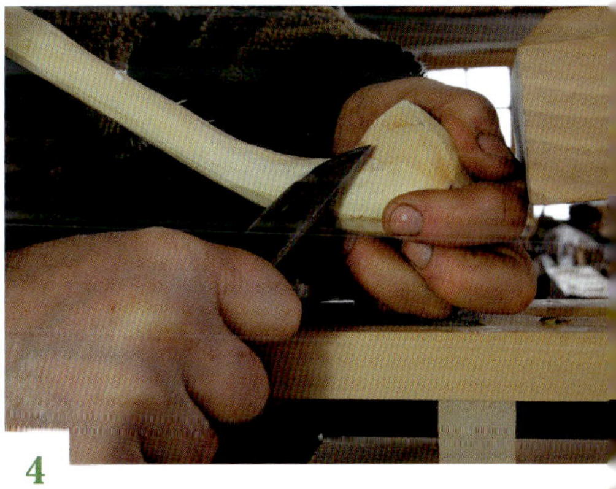
4

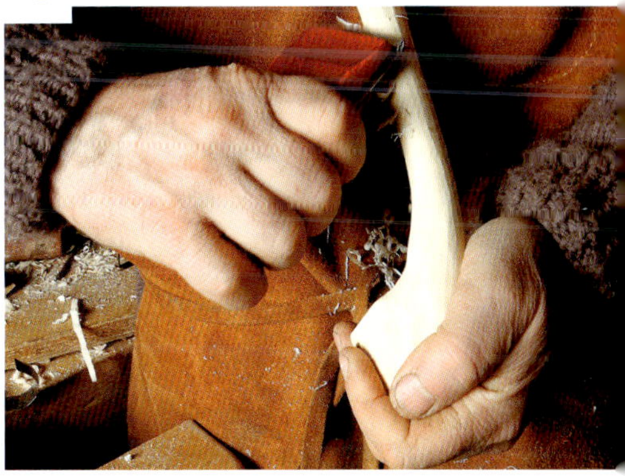

5
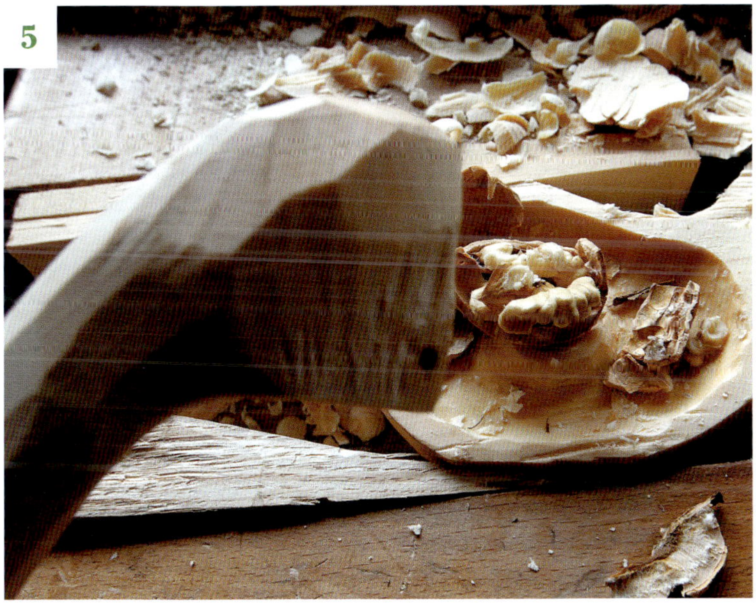

Schüssel und Amboss

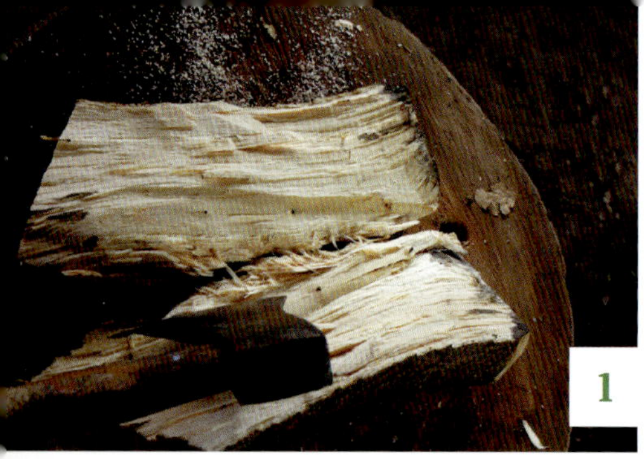

1

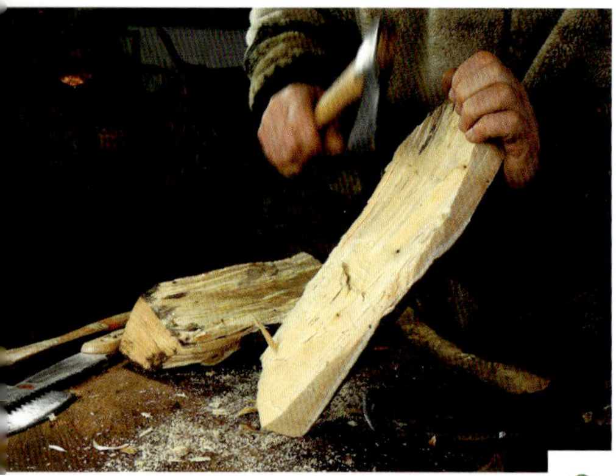

2

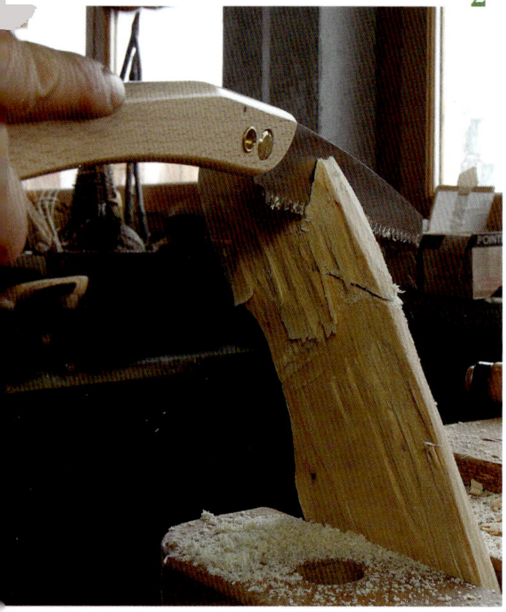

1 - Der Holzblock wird so gespalten, dass ein mindestens 11–12 cm breites und etwa 5 cm dickes Stück bleibt.

2 - Der Rohling wird mit dem Handbeil zu seiner endgültigen Stärke von 3,5–4 cm geschlagen.

3 - Der gewünschte Umriss von Schüssel und Amboss wird auf den Rohling gezeichnet, wobei letzterer wesentlich kleiner ausfällt. Die rundlichen Abgrenzungen werden mit Säge und Stemmeisen entfernt.

4 - Das Werkstück wird in den Schraubstock gut eingespannt, damit es sich beim Aushöhlen mit dem Hohleisen nicht bewegt.

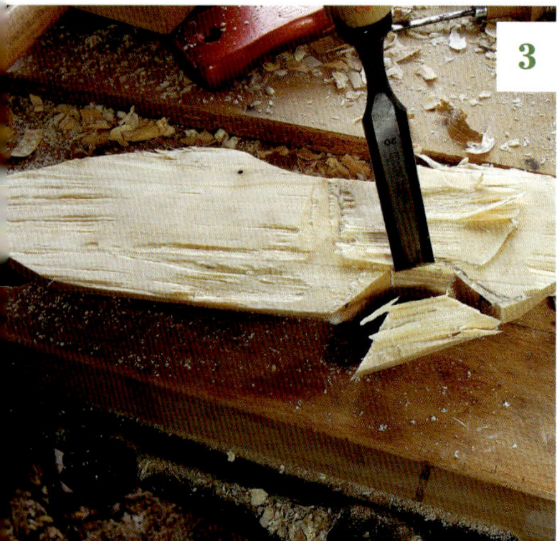

3

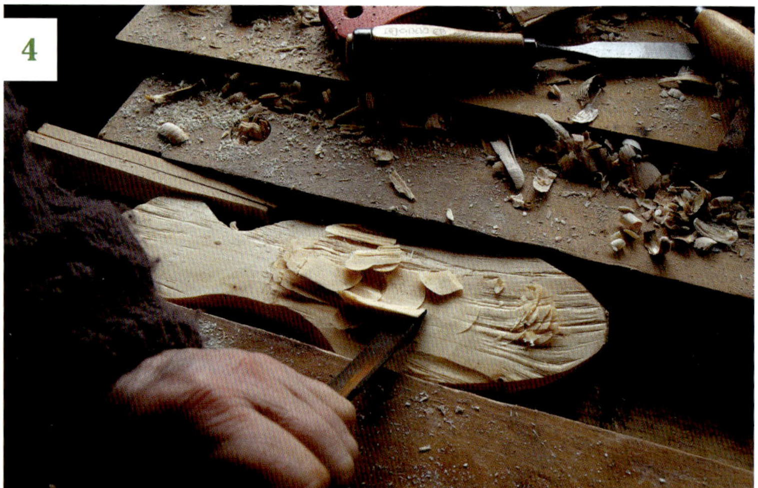

4

5 - In der Ambossschale wird eine erhohte Mulde gelassen, auf die die zu knackende Nuss gelegt werden kann. Beide Schalen werden mit dem Hohleisen und Schälmessern zu Ende geformt.

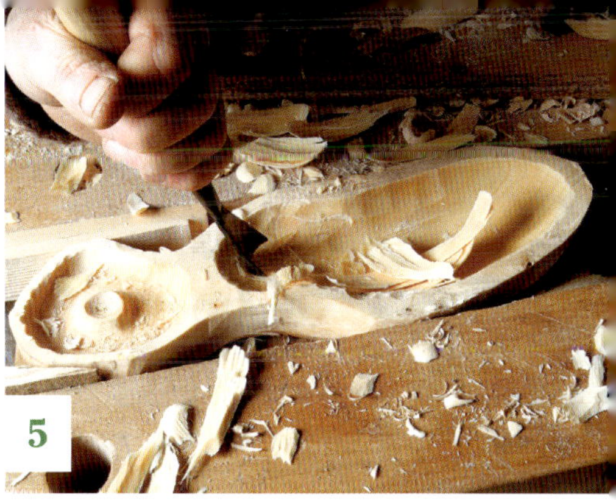

5

6 - Die Unebenheiten der Innen- und Außenseite werden mit Schaber und Schleifpapier geebnet.

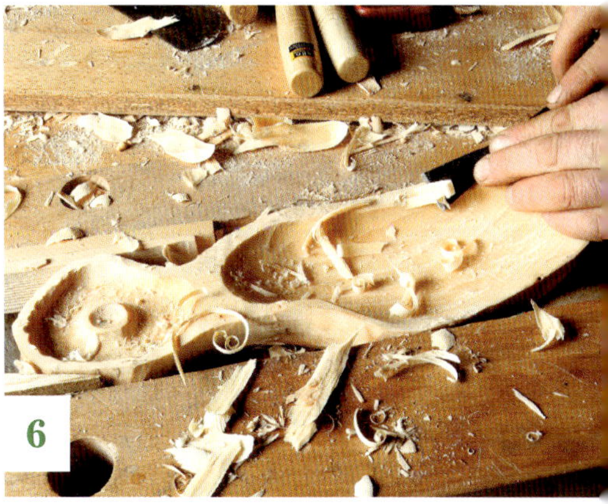

6

7 - Bei möglichst gleichbleibenden Temperatur- und Feuchtigkeitsverhältnissen die Werkstücke trocknen. Nach ein paar Wochen kann der letzte Feinschliff mit Schaber und Schleifpapier durchgeführt werden.

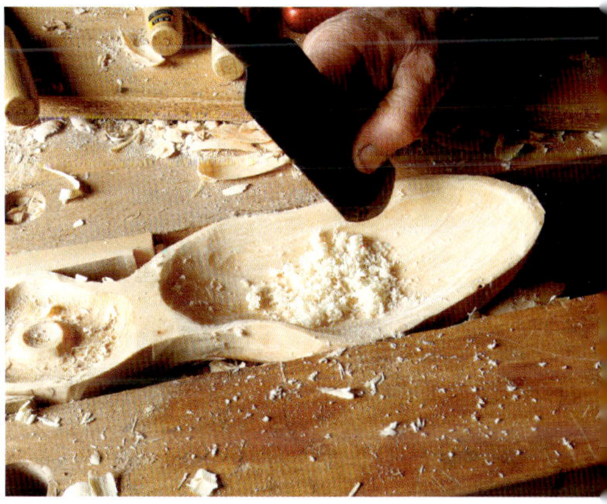

7

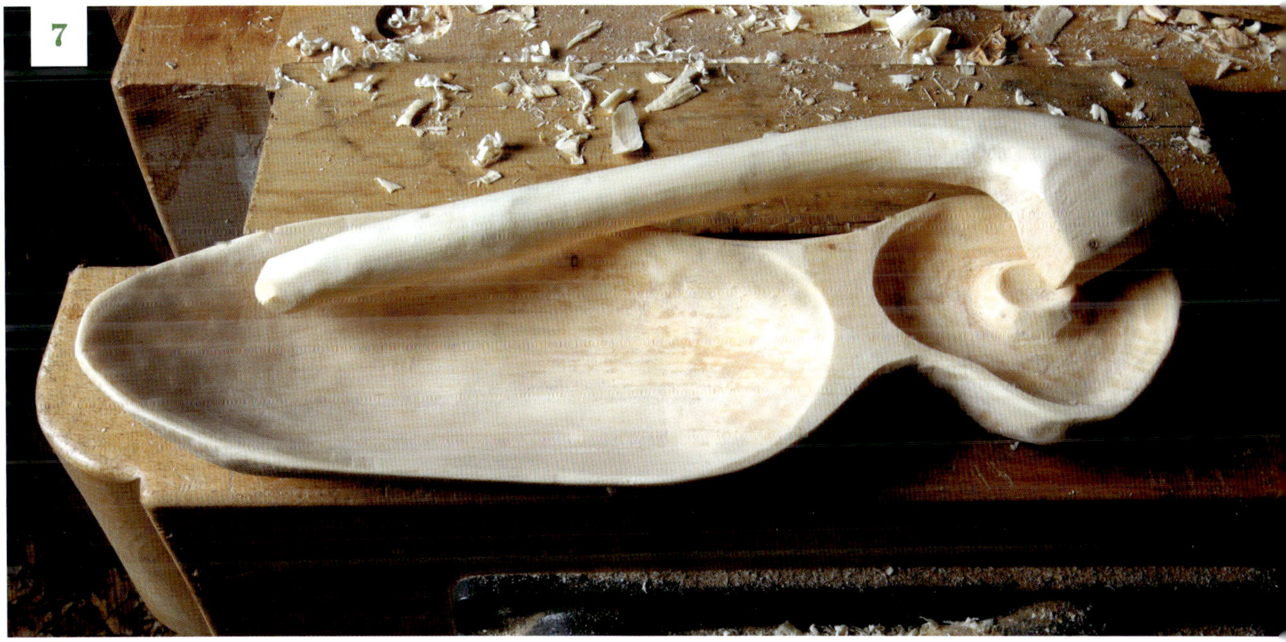

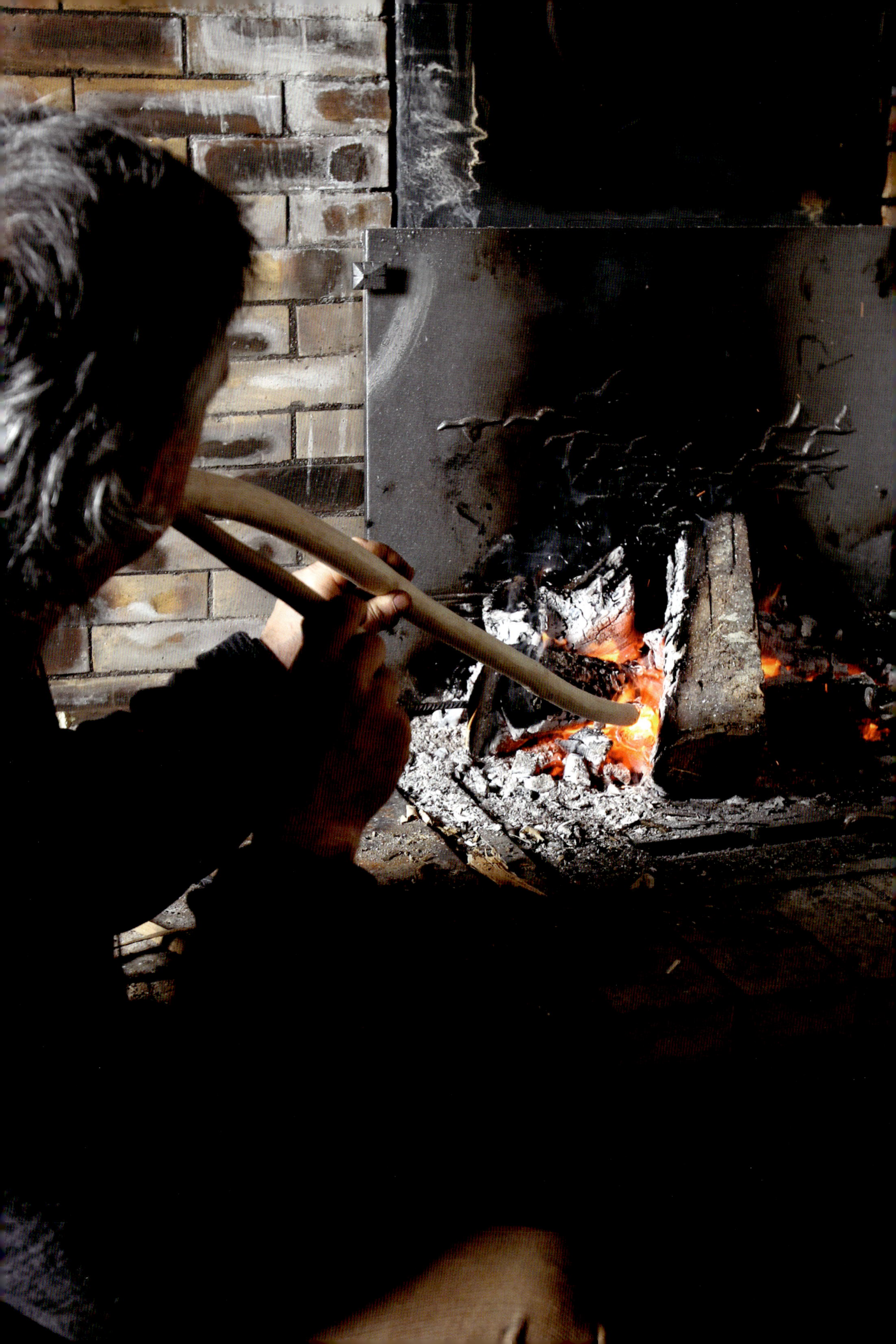

Verschiedene Holzgegenstände

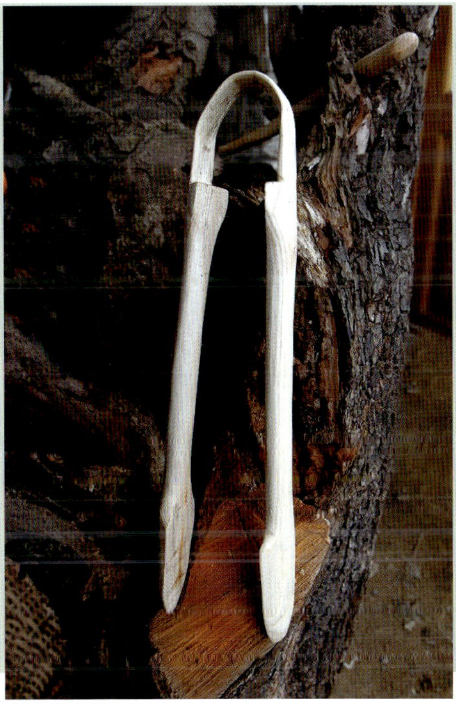

- Blasrohr
- Spazier- und Wanderstöcke
- Kämme
- Haarspange
- Räucherstäbchenhalter
- Mottenkugeln
- Gurkenzangen
- Knöpfe

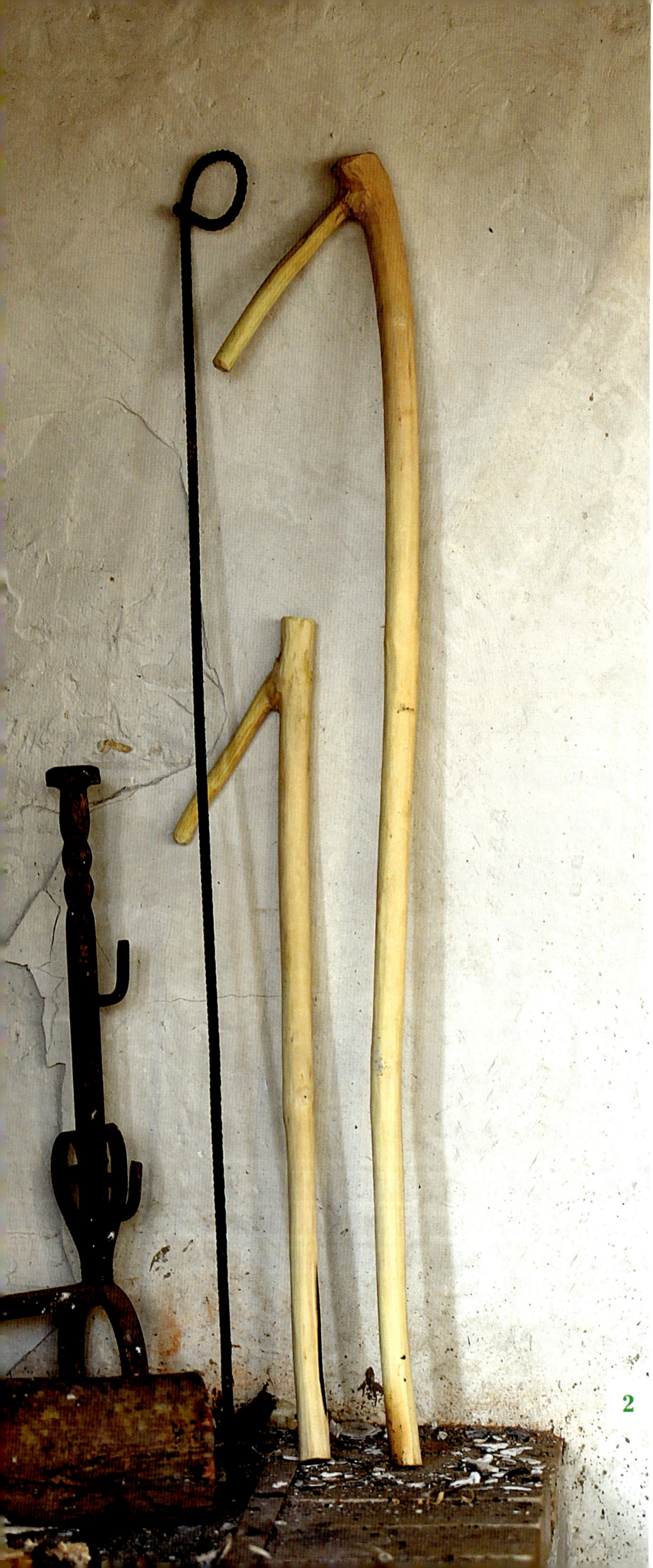

Blasrohr

Zur Geschichte

Der südfranzösische „Bouffadou" ist keineswegs eine Schusswaffe, sondern dient dem Anfachen von Feuer. Dazu wird in der Regel das natürlich hohle Holunderholz bevorzugt.

Gegenstand
Hohler Holunderast

Gebrauch
Anfachen von Feuer

Material
Holunder

Werkzeug
Säge, Betoneisenstab mit 10 mm Durchmesser, Handbohrmaschine und 10 mm Bohrer (nicht unbedingt erforderlich), Taschenmesser

Fertigstellung
Schaber, Schleifpapier

Maße des fertigen Gegenstandes
Länge: 125 cm
Durchmesser: 2,5 cm

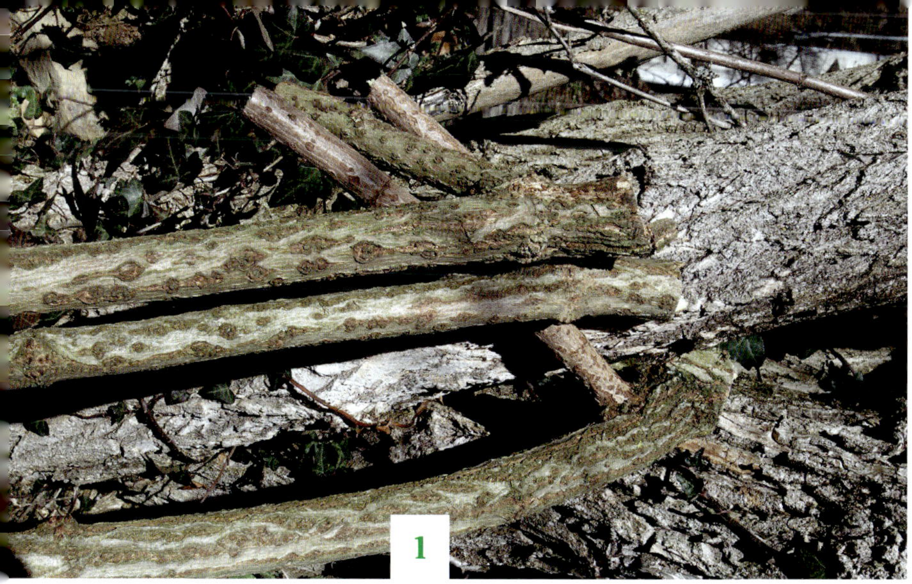

1

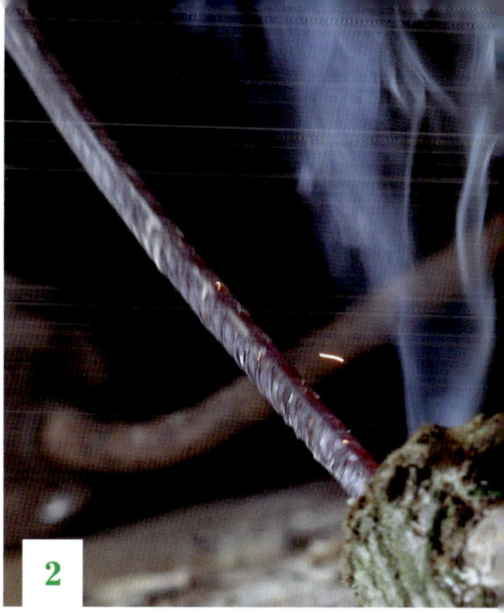

2

1 - 3–4 cm dicke Holunderäste werden kurz unterhalb einer Astgabel in 1–1,50 m Länge abgesägt. Vom kleineren Zweitast wird ein etwa 20 cm langes Stück belassen.

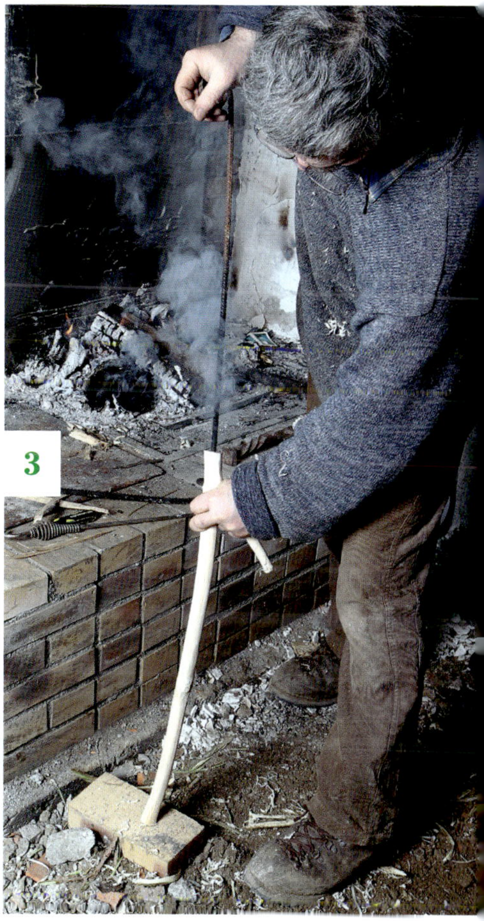

3

2 & 3 - Ein Betonstahlstab von 8–10 mm Durchmesser und einer Länge von 60–80 cm wird an einem Ende als Griff umgebogen. (Siehe Bild links). Dann wird er so lange erhitzt, bis er glüht und zum Durchbohren des Holundermarks verwendet werden kann.

4 - Es ist möglich, dass das Mark an der Astgabelung dünner ist und nicht gerade verläuft. Hier kann mit einem Holzbohrer nachgebohrt werden.

4

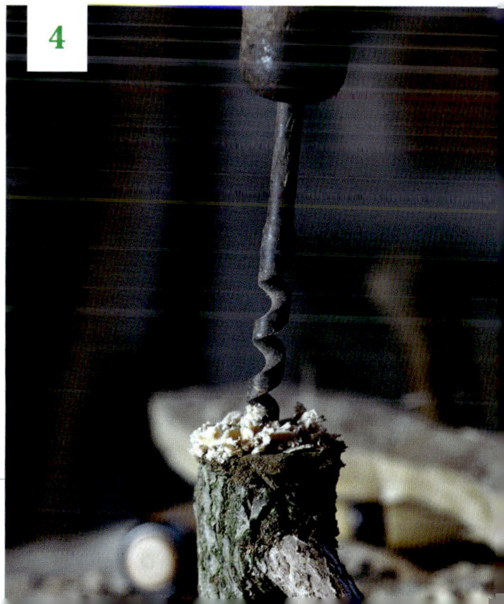

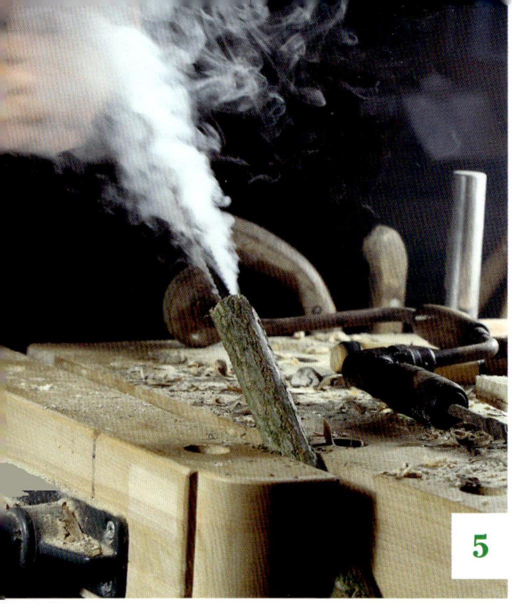

5

5 - Wenn der Stahlstab abgekühlt ist, wird er erneut erhitzt, da das Mark sonst nicht ausgebrannt werden kann.
Zur leichteren Handhabung kann der Ast auch in einen Schraubstock eingespannt werden.

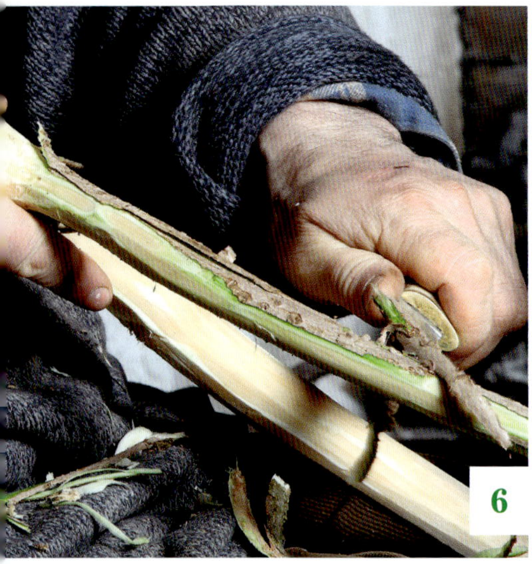

6

6 - Während der Stahlstab wieder zur Glut gebracht wird, kann mit dem Schälen des Blasrohrs begonnen werden.

7 - Der Nebenast wird nun auf 10–12 cm eingekürzt und dient als Henkel.

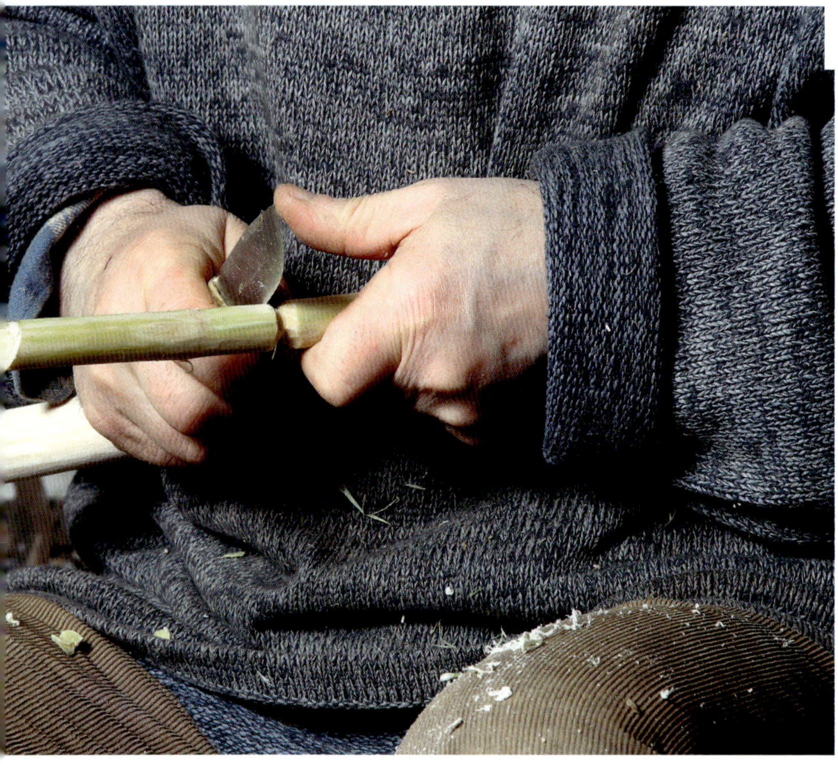

7

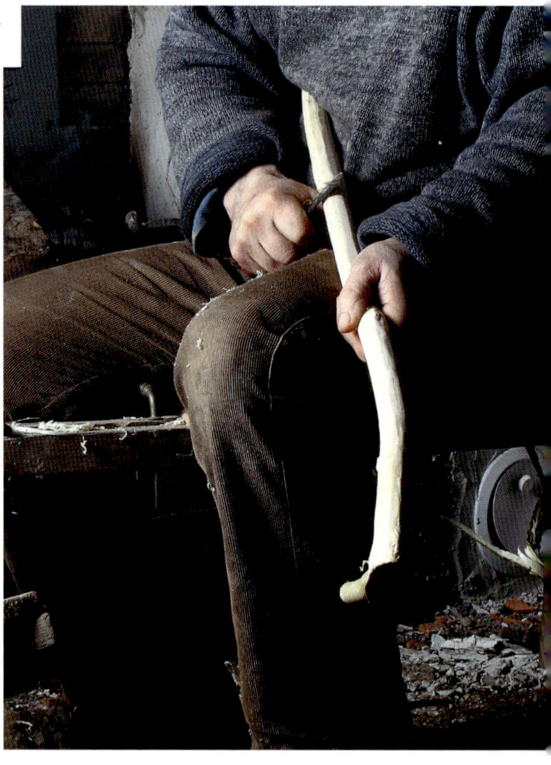

8 - Das Blasrohr kann von beiden Seiten angebohrt werden. Ist es durchbohrt, raucht es aus beiden Enden heraus.

9 - Das Mundstück wird von eventuellen Kohleresten befreit und mit dem Schälmesser oder Hohleisen geformt.

10 - Auch ein Feuer anzublasen, will gelernt sein. Manche Anfänger atmen durch das Blasrohr ein, was schlimmer als jede Zigarette ist.
Nach jedem Anblasen wird kurz die Luft angehalten, um den Mund vom Mundstück zu nehmen, wieder frische Luft einzuatmen und erneut auf die Glut blasen zu können.

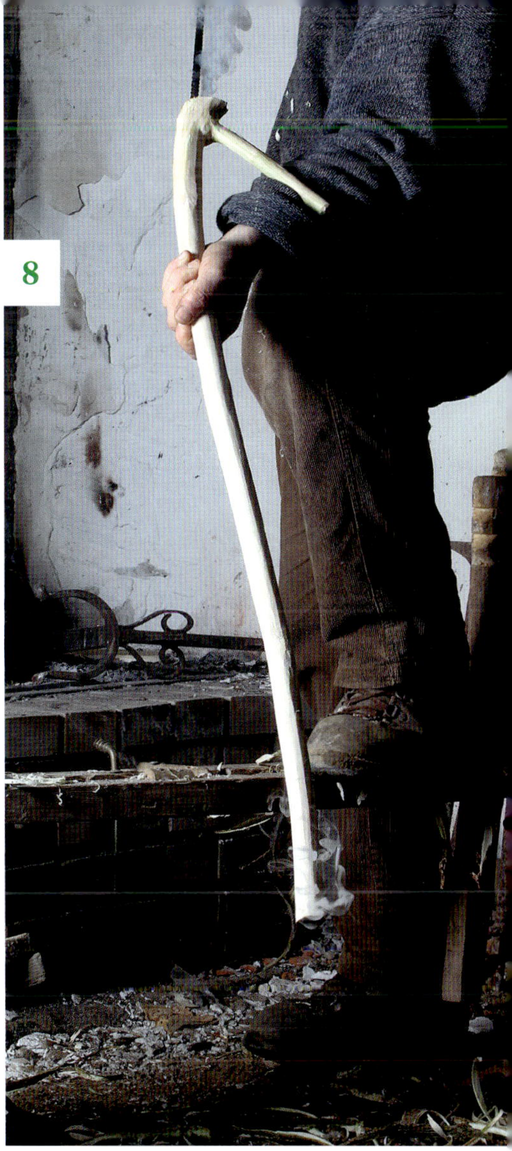
8

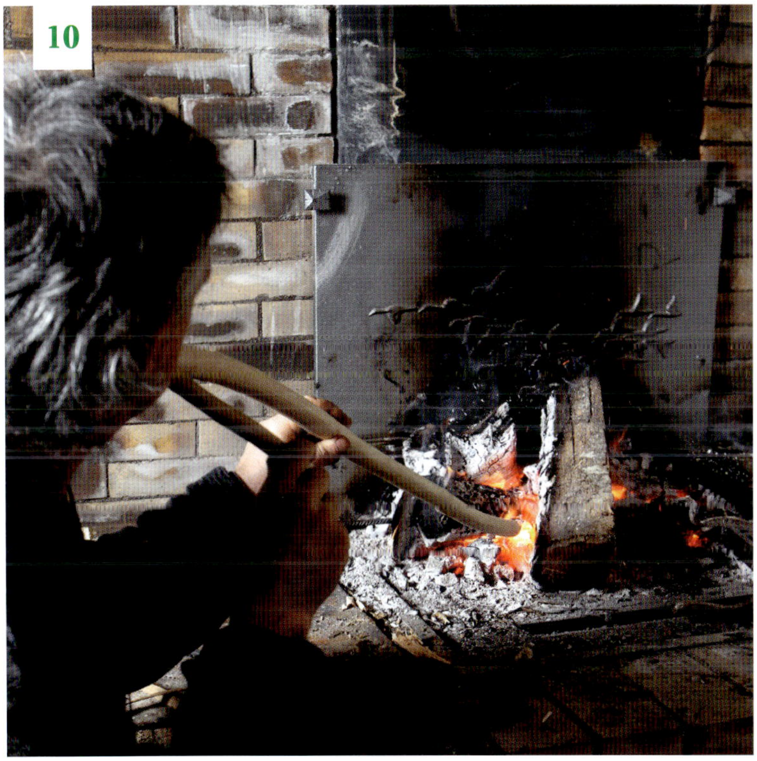
10

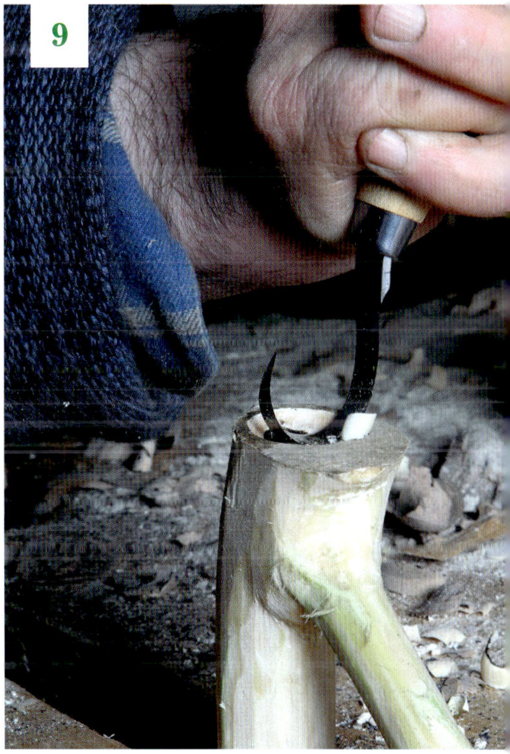
9

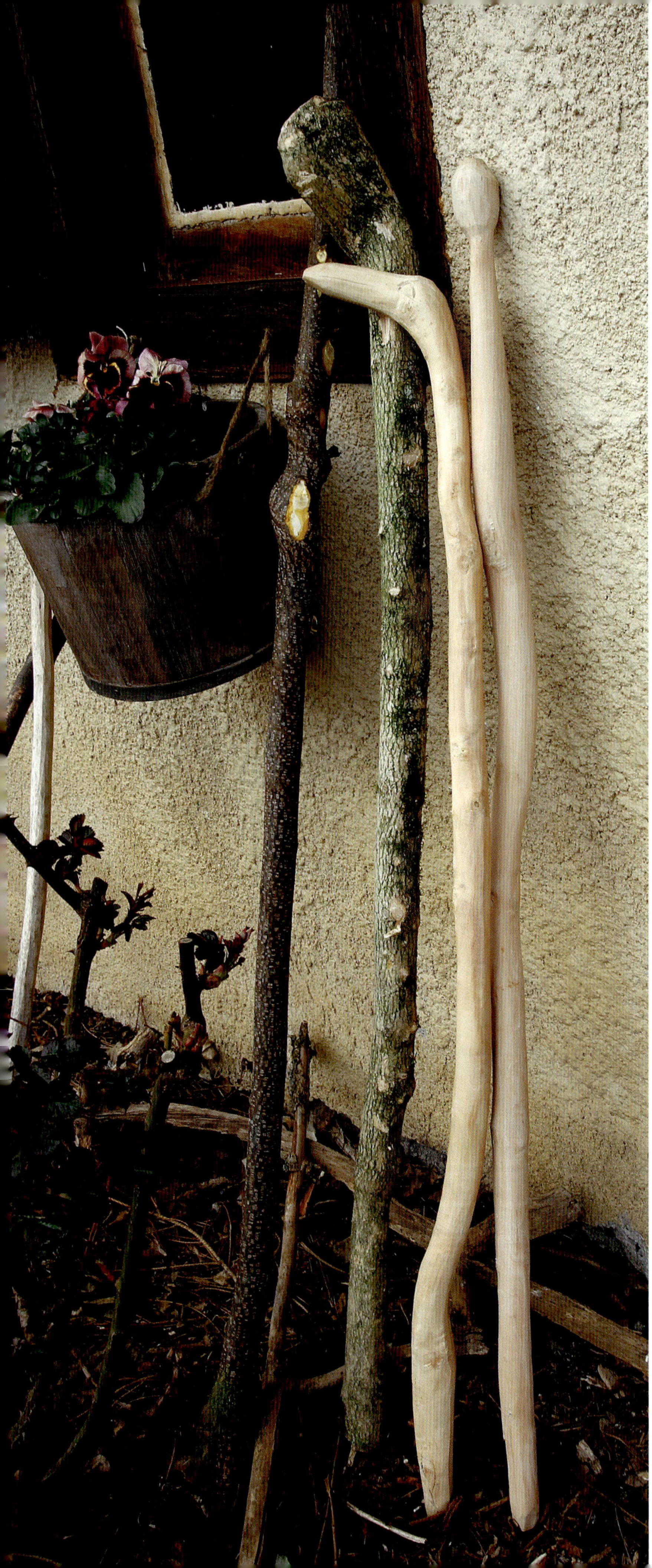

Spazier- und Wanderstöcke

Natürlich genügt oft ein einfacher Haselnussstock als praktischer Wegbegleiter. Doch nimmt der Wanderstock eine ganz andere Rolle ein, wenn er eine persönliche Note bekommt und so solide ist, dass er mehrere Jahre lang die Erinnerungen unserer Wanderungen teilt.

Gegenstand und Gebrauch
Stock zum Sichern und Abstützen beim Gehen

Material
Ein grüner Ast der verschiedensten Hölzer, solange er gerade und stark genug ist. Besonders beliebt sind Äste, die bereits einen natürlichen Knauf oder aber besondere Muster (wie z. B. von Lianen) aufweisen.

Werkzeug
Säge, Taschenmesser

Fertigstellung
Schaber, Messer

Maße des fertigen Gegenstandes
Die Ideallänge eines Wanderstocks beträgt zwei Drittel unserer Körpergröße. Spazier- und Stützstöcke sind in der Regel etwas kürzer. Aber dies ist schließlich unserem persönlichen Geschmack und Komfort überlassen.

Wanderstock

1 - Für dieses Beispiel wurde ein junger Faulbaum verwendet, der wegen einer Geißblattranke in Spiralform wuchs.

2 - Das natürliche Motiv wird hier durch das spiralförmige Schälen der Rinde unterstrichen.

3 - Beim Entrinden wird besonders darauf geachtet, die belassenen Rindenteile nicht zu verletzen. Man schnitzt also immer von der Rinde in den Schälbereich und nicht umgekehrt.

4 - Der Wanderstock ist etwas länger als ein einfacher Spazierstock und sollte auch auf unsere konkreten Bedürfnisse und das Gelände angepasst werden. Dieses Beispiel ist ein „Allrounder", der sich auch für längere Märsche eignet. In flachen Stücken wird er unter dem oberen Ring, beim Bergabgehen hingegen ganz oben gehalten. Ein guter Wanderstock muss angenehm in der Hand liegen, leicht und zugleich widerstandsfähig sein. Da Frischholz relativ schwer ist, schadet es dem Stock keineswegs, wenn er einige Monate trocknen kann.

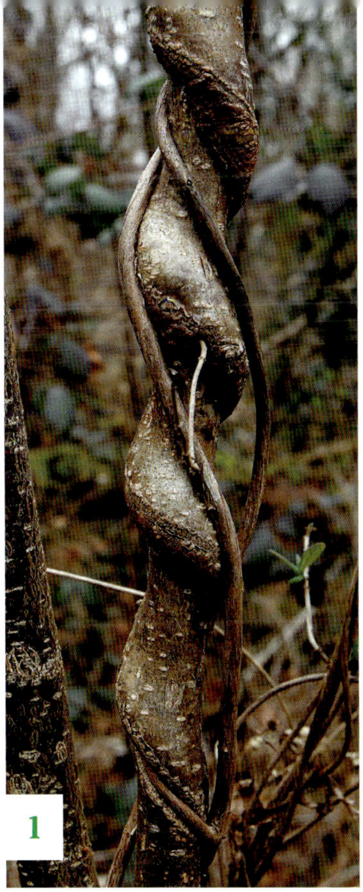

1

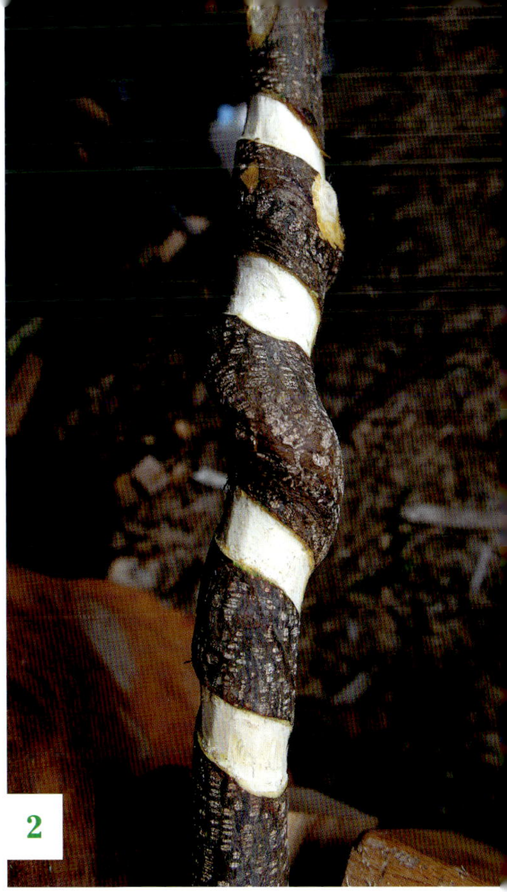

2

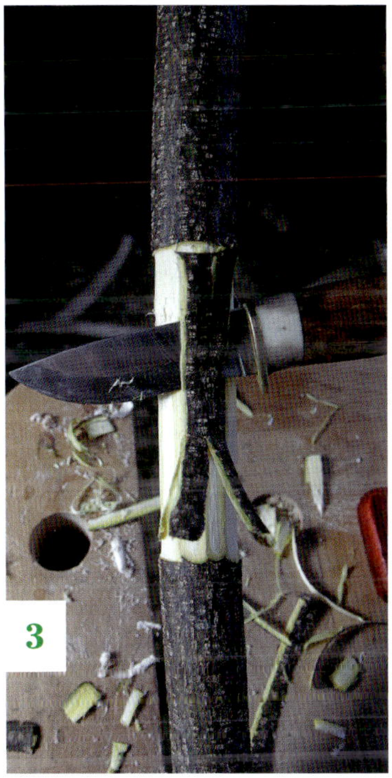

3

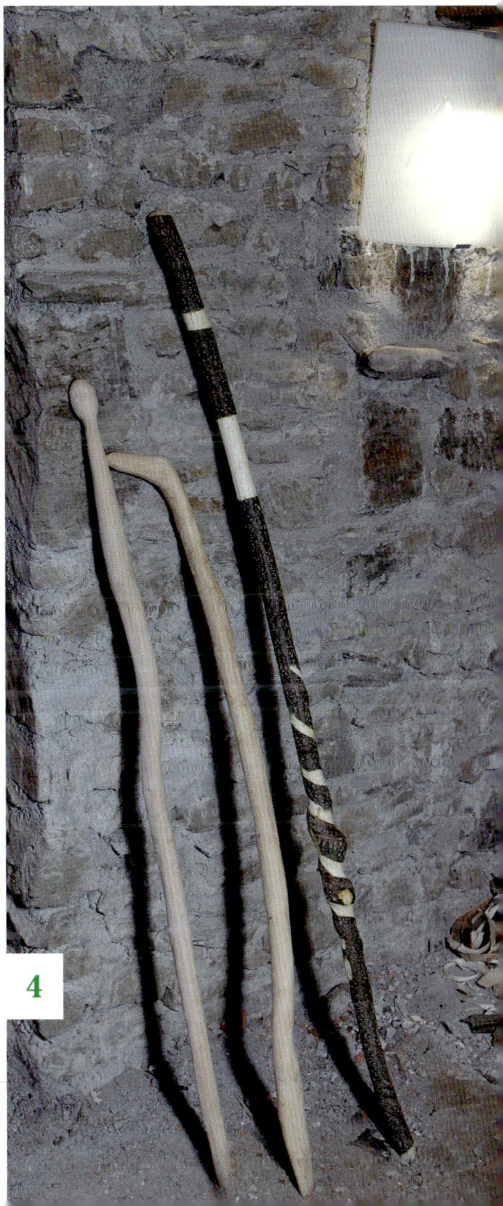

4

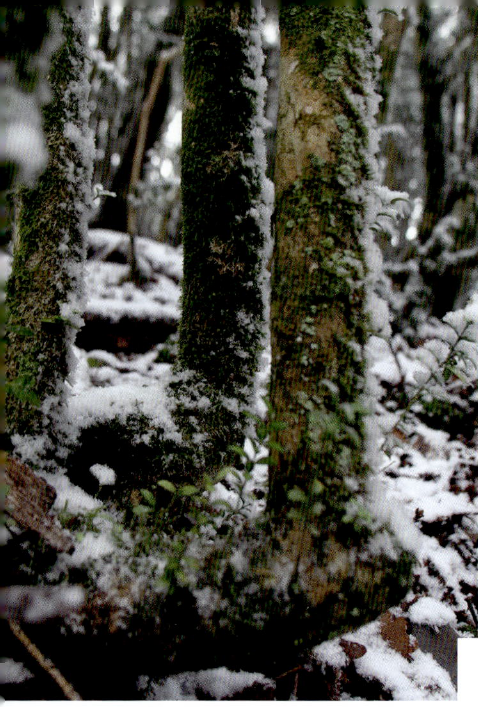

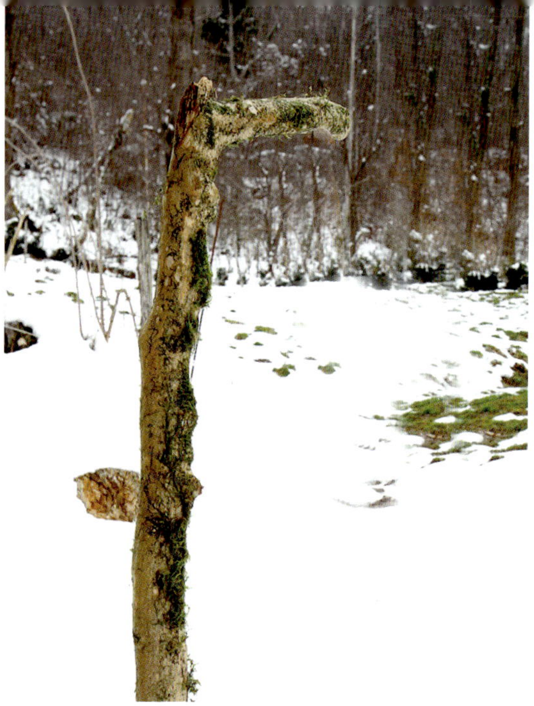

1

Spazierstock

1 - Wir suchen einen möglichst geraden und unten gebogenen Stock – hier ein Buchsbaumspross.

2 - Unebenheiten werden mit dem Beil und/oder dem Zugmesser geebnet.

3 - Es ist nicht immer leicht, zwischen den Augen die Richtung der Holzfaser zu erkennen.
Deshalb wird immer von beiden Seiten in Richtung Auge geschnitzt.

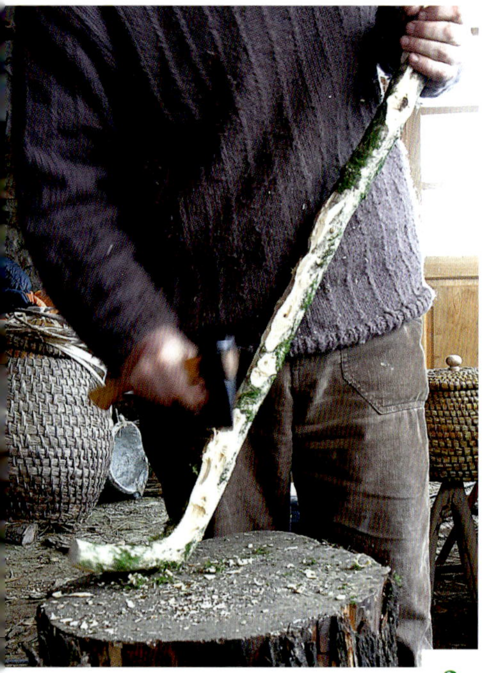

2

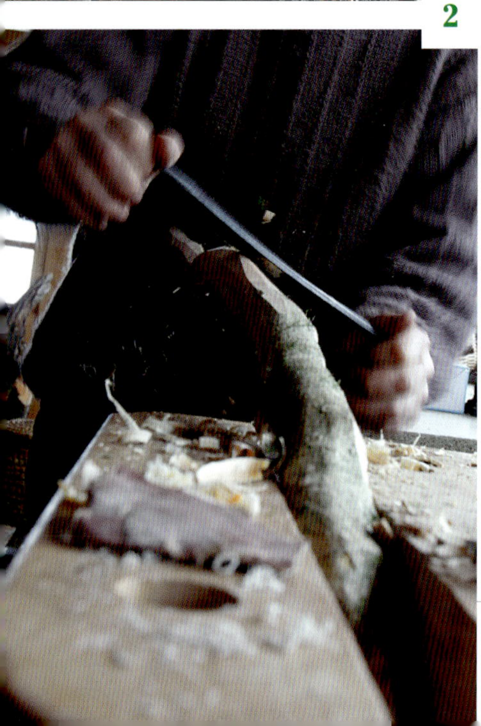

3

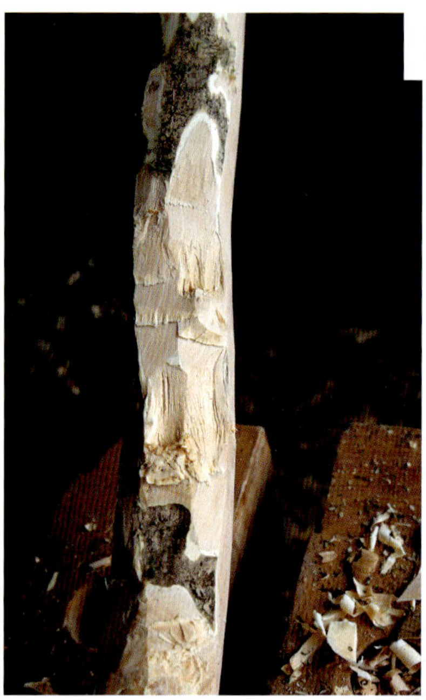

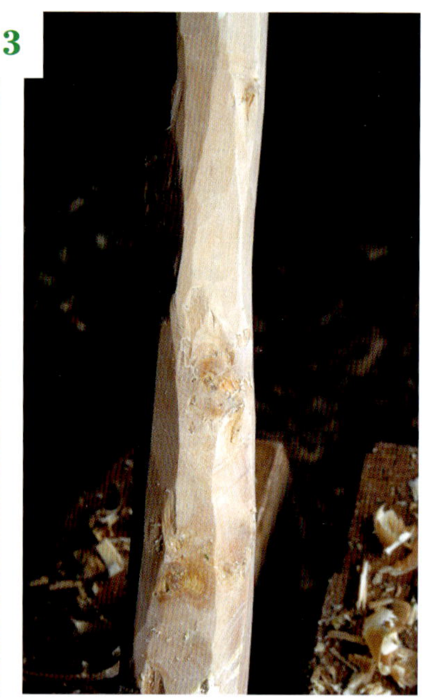

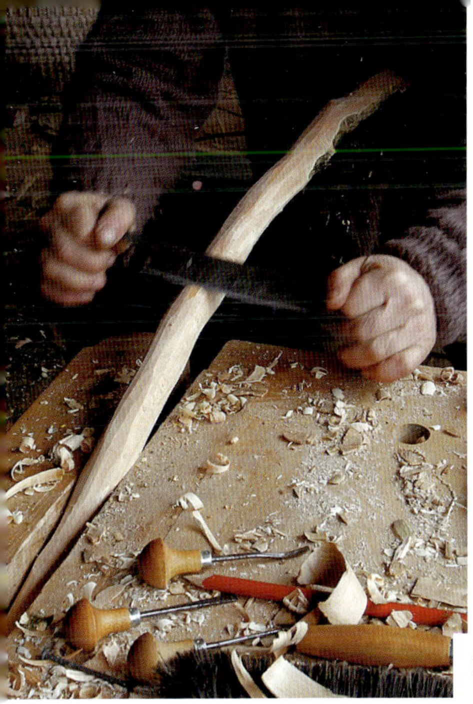

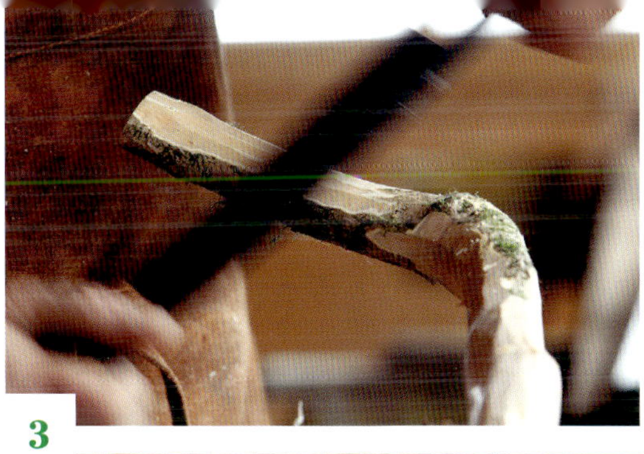

3

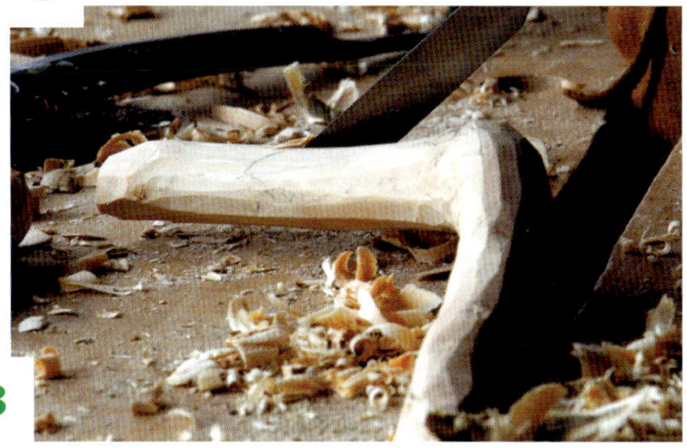

3

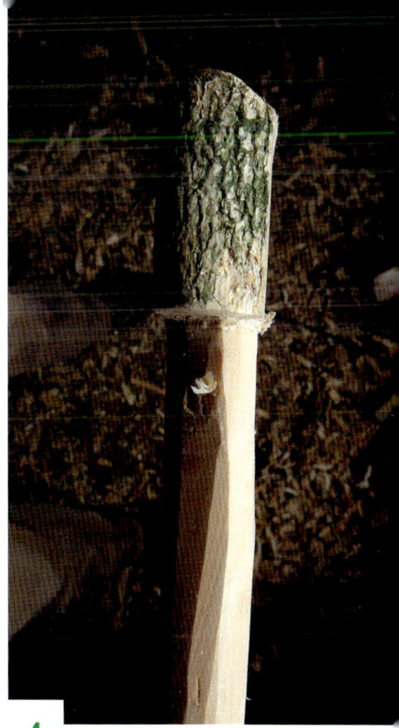

4

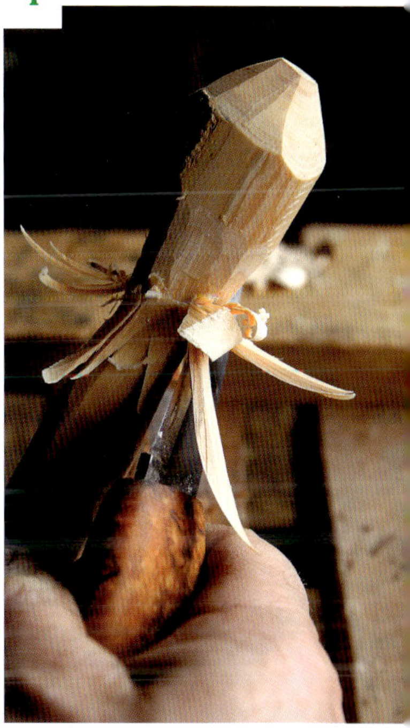

4 - Hat der Stock keinen natürlichen Knauf, so kann ein solcher geschnitzt werden, damit er als Spazierstock besser in der Hand liegt. Buchsbaum und andere dichte Holzarten können relativ fein geschnitzt werden und bleiben dennoch belastbar.
Wir gewöhnen uns oft so schnell an einen gut ausgewogenen Spazierstock, dass er bald unerlässlich wird.

5 - Buchsbaumholz ist so dicht, dass es auch im frischen Zustand geschliffen werden kann. Dazu genügt meist ein Messer oder ein Schaber.

5

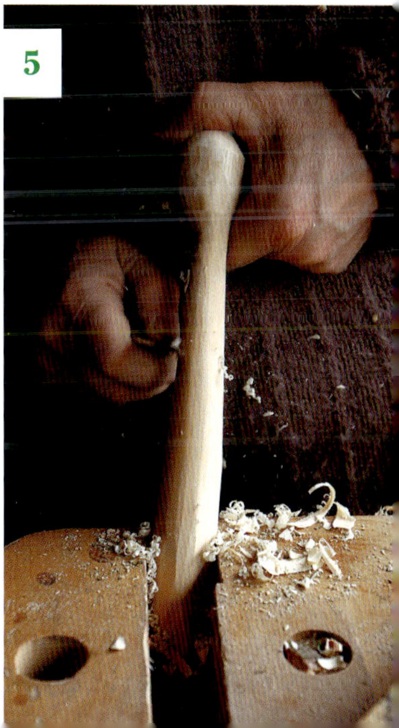

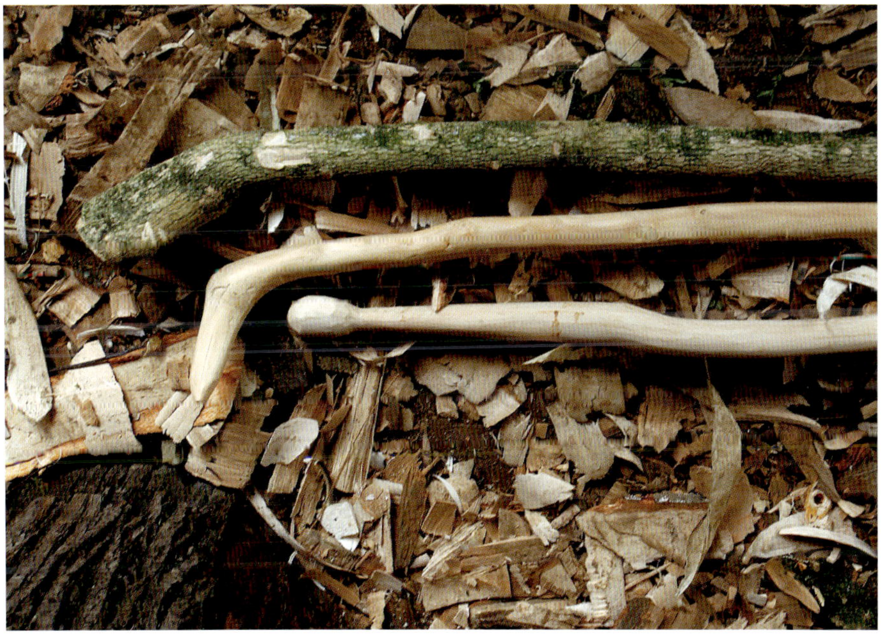

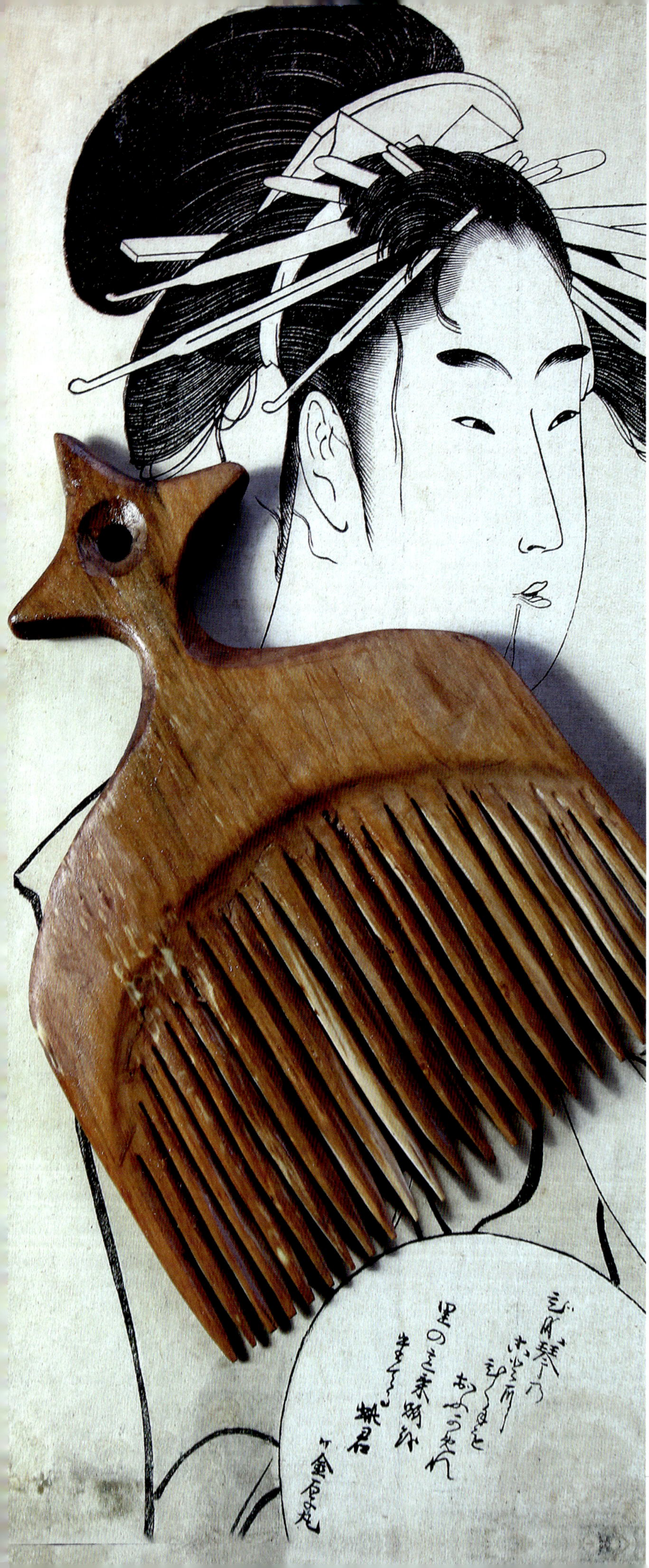

Kämme

Zur Geschichte

Kämme sind fast so alt wie die Menschheit und werden immer wieder bei archäologischen Ausgrabungen gefunden.

Gegenstand
Mahrzackiger Kamm

Gebrauch
Sehr angenehm zum Kämmen und Entwirren des Haars

Material
Birnenholz

Werkzeug
Beil, verschiedene Sägen, Messer, Stemm- und Hohleisen, Kantenbeitel

Fertigstellung
Schaber, Schleifpapier, Pflanzenöl

Maße des fertigen Gegenstandes
Länge: 15 cm
Breite: 11 cm
Länge der Zähne: zwischen 4 und 6,5 cm

Dieser 1976 mit dem Taschenmesser geschnitzte Kamm ist immer noch in Gebrauch.

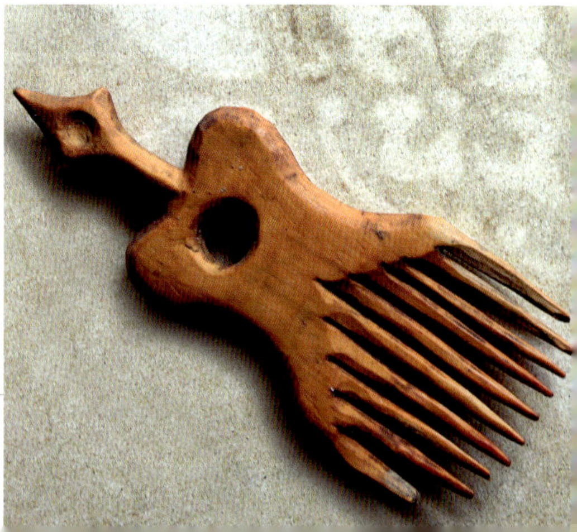

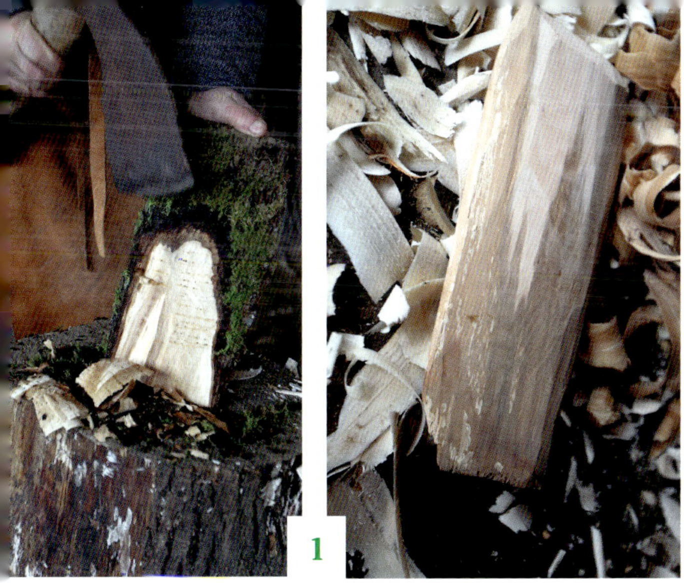

1

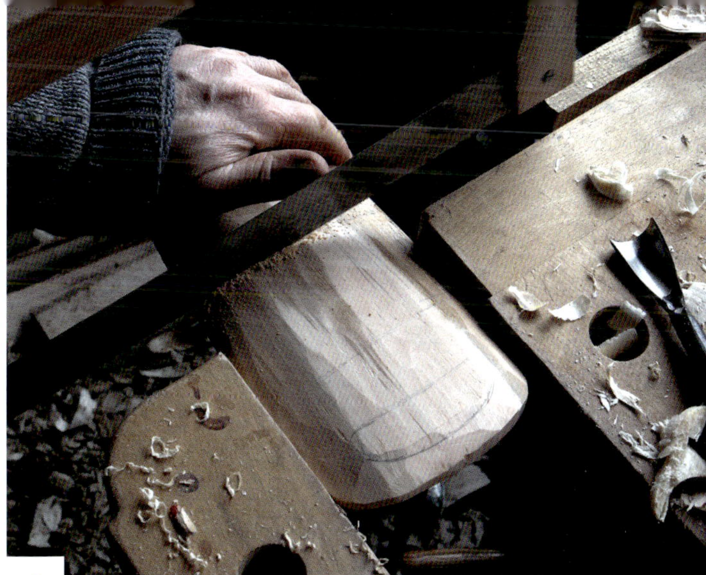

2

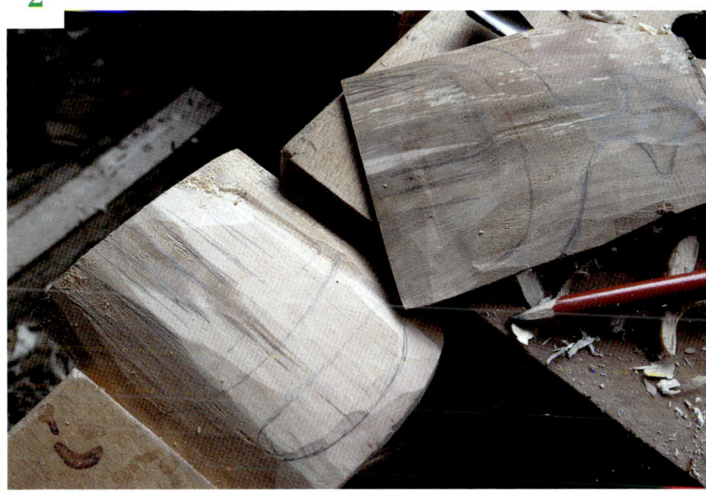

1 - Vorbereitung des Holzes. Hier wird ein etwa 35 cm langes Buchenscheit verwendet, welches in 3–5 cm Stärke vom Holzblock gehackt wurde. Die Rinde wird entfernt und der Rohling behauen.

2 - Skizzieren der groben Kammformen. Aus diesem Rohling können zwei Kämme geschnitzt werden.

Modell 1

3 - Mit dem Kantenbeitel (Werkzeug zur spanenden Holzbearbeitung) wird der Umriss des Kammes nachgezogen.

4 - Auch um jeden Zahn werden solche Furchen geschnitzt.

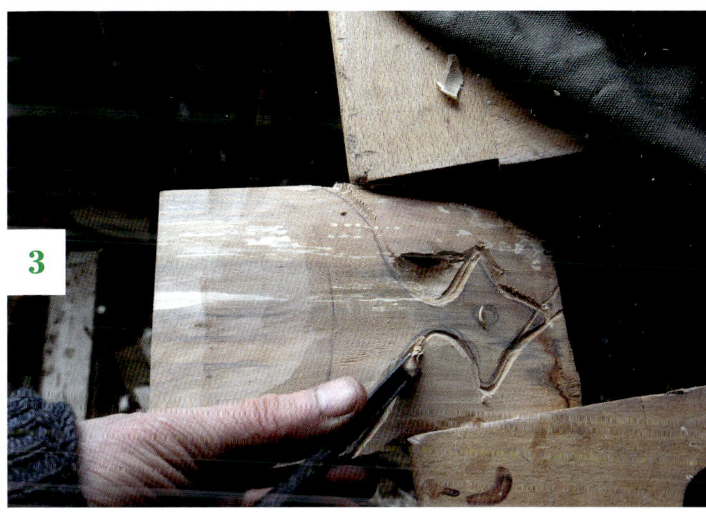

3

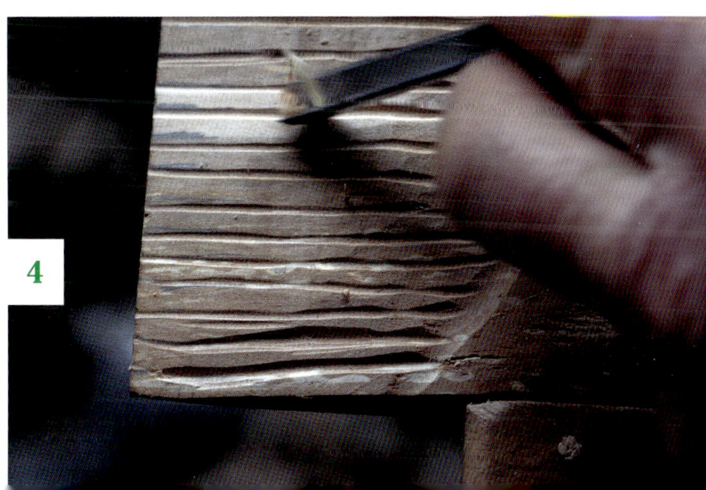

4

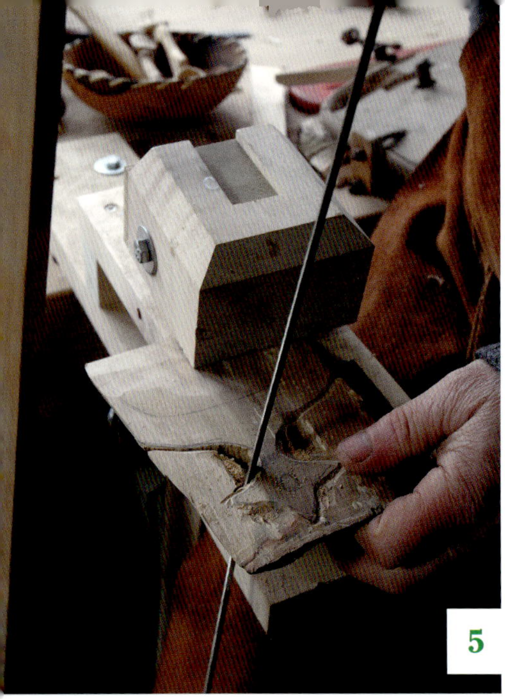

5

5 - Die Konturen werden mit der Laub- oder Stichsäge nachgeschnitten.

6 - Der Rohling wird aufrecht in den Schraubstock gespannt, damit die Zähne mit einer Feinsäge an den in Punkt 4 markierten Linien voneinander getrennt werden können.

7 & 8 - Die einzelnen Zähne werden mit Kantenbeiteln möglichst gleichmäßig verjüngt.

9 - Anschließend werden die Zähne mit einem kleinen Stemmeisen zugespitzt.

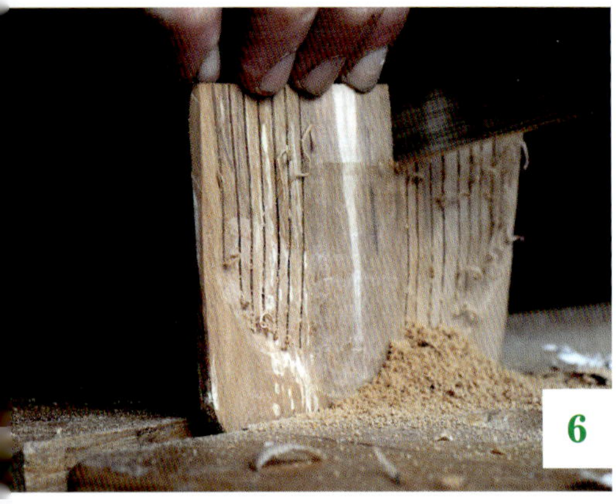

6

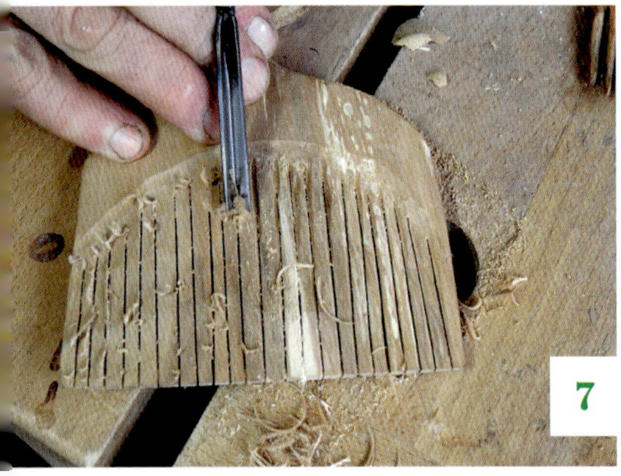

7

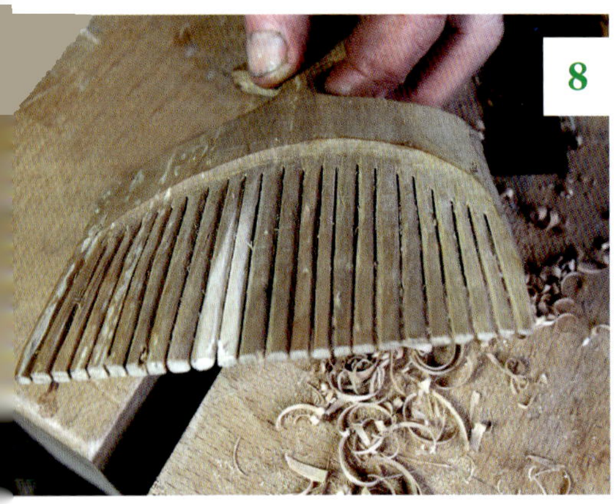

8

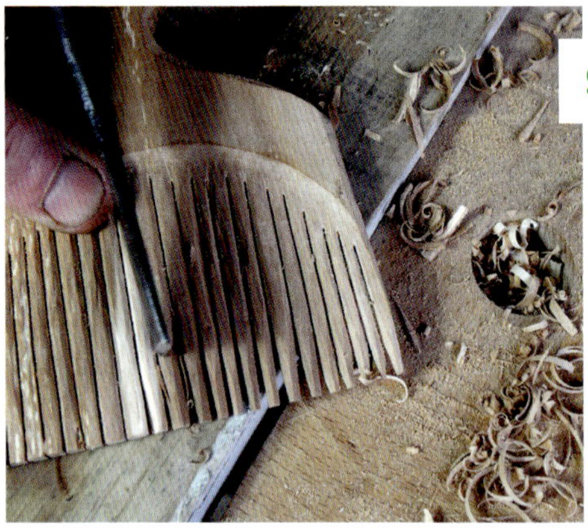

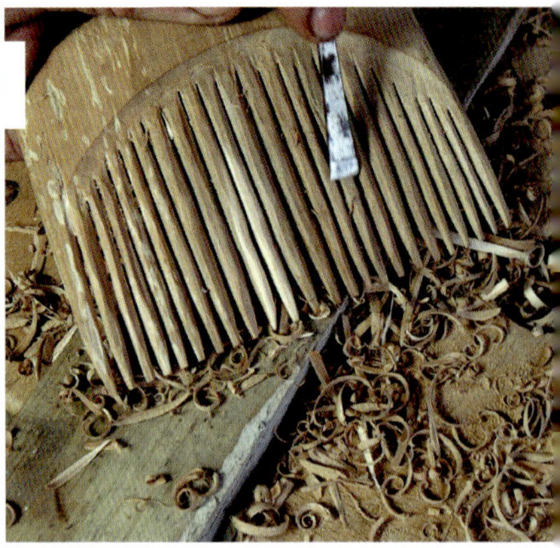

9

10 - Der Sternengriff wird verziert und durchbohrt, um den Kamm neben dem Spiegel aufhängen zu können.

11 - Feinschliff und Politur mit Schleifpapier

12 - Zum Einlassen verwenden wir Leinöl oder feines Kamelienöl aus der Kosmetik.

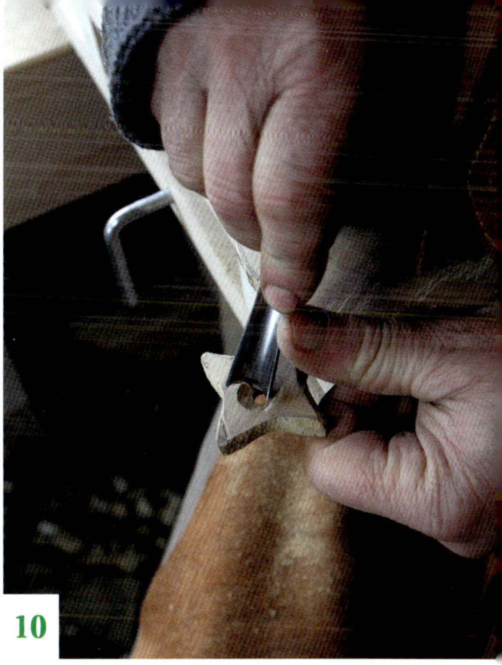

10

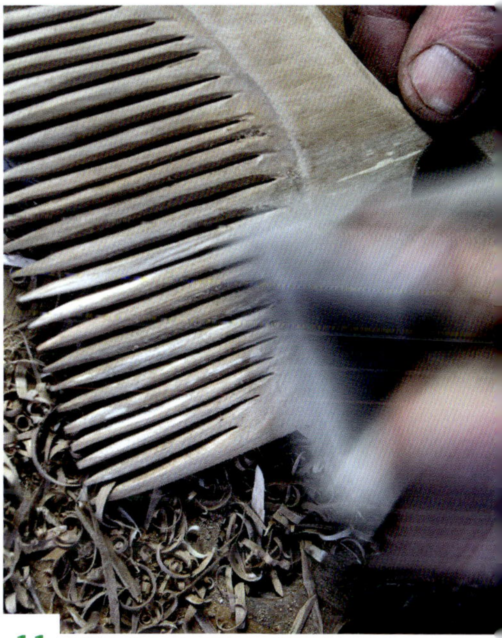

11

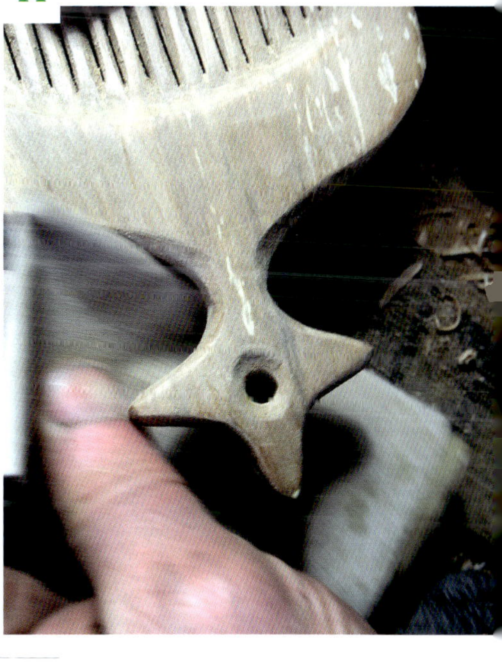

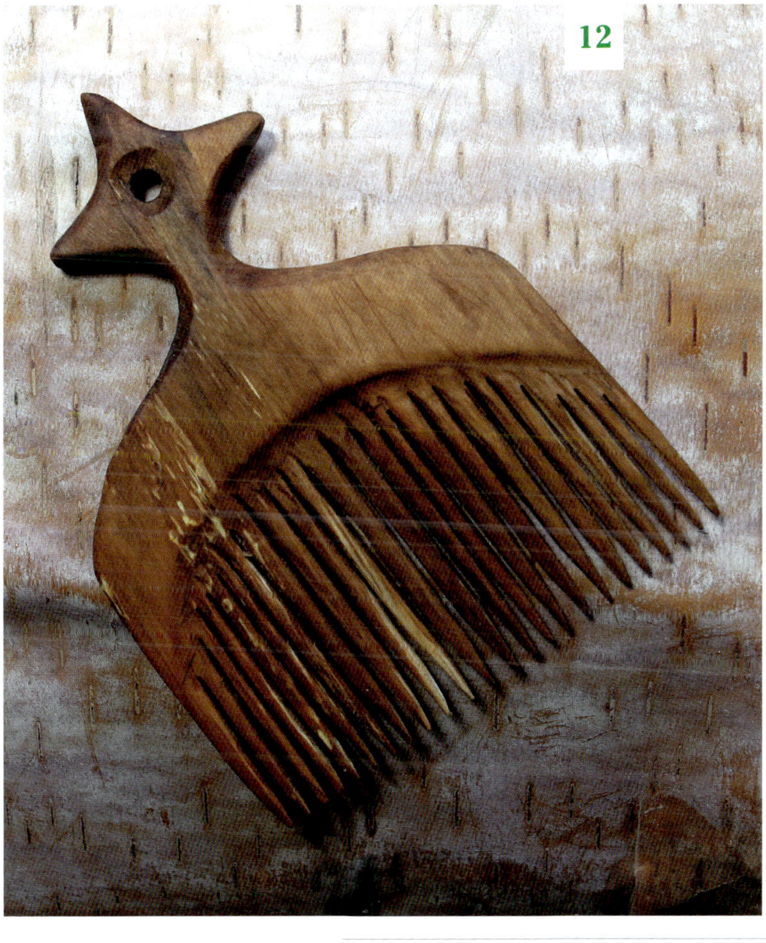

12

Modell 2

3 - Die ersten drei Schritte decken sich mit der Herstellung des 1. Modells. Dieser Kamm ist 11,5 cm breit und 14,5 cm lang.

4 - In den Oberteil wird mit dem Hohleisen ein Henkel geschnitzt, damit der Kamm besser in der Hand liegt.

5 & 6 - Die Öffnung wird mit Rund- und Halbrundraspeln fertig geformt.

7 - Die Rundung wird mit dem Schäl- und Taschenmesser abgeschlossen.

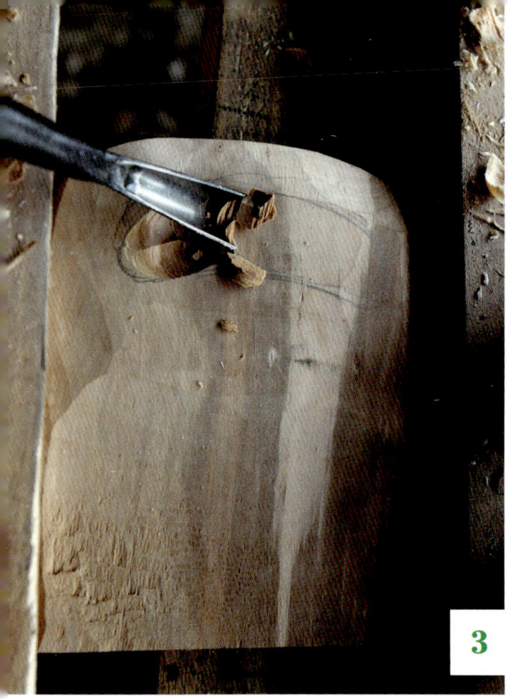
3

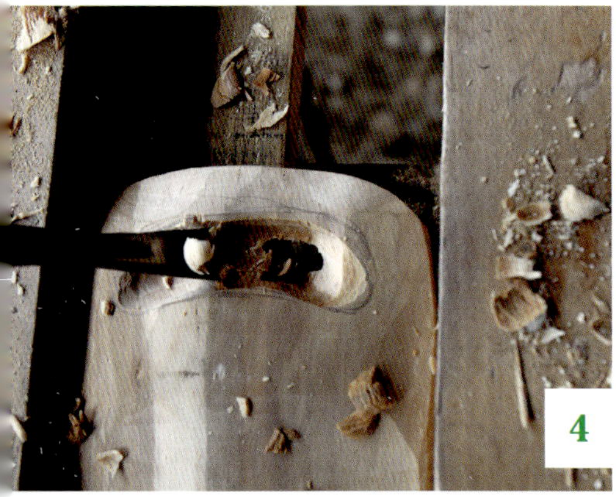
4

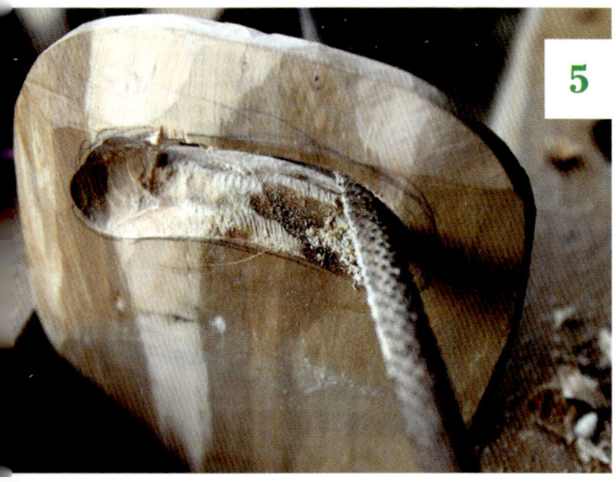
5

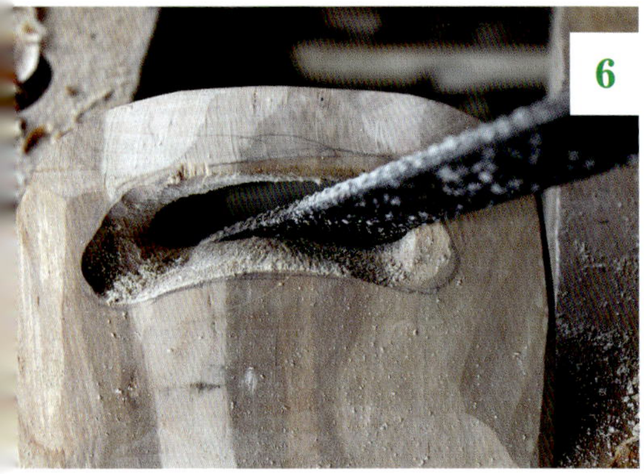
6

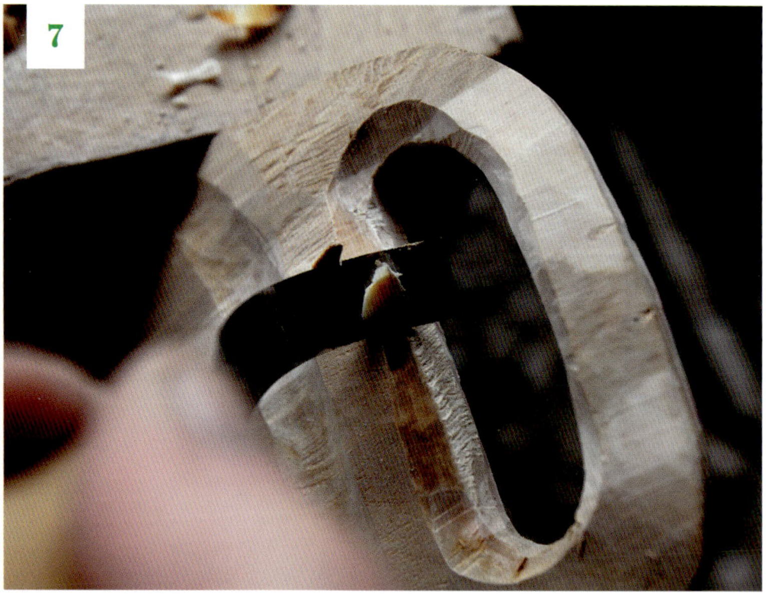
7

8 - Der Übergang von Griff und Kammteil wird auf 7–8 mm abgenommen und zum Kammende hin auf bis zu 2–3 mm verjüngt.

9 - Die Zähne werden wie in den Arbeitsschritten 7, 8 und 9 des 1. Modells angefertigt.

10 - Die Zähne werden einzeln fein geschnitzt.

11 - Der Feinschliff geschieht mit Schaber und Schleifpapier. Am Ende wird der Kamm auch mit Öl imprägniert.

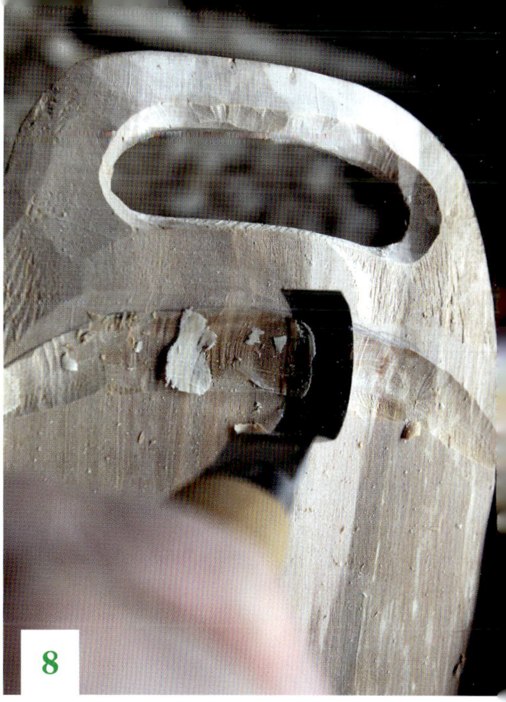

8

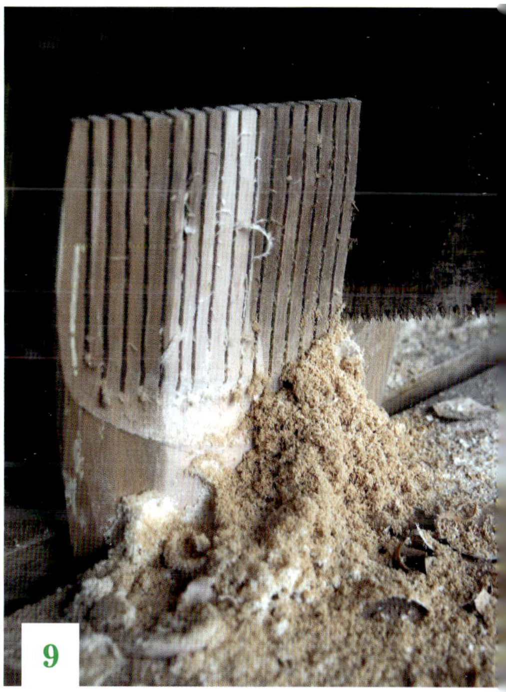

9

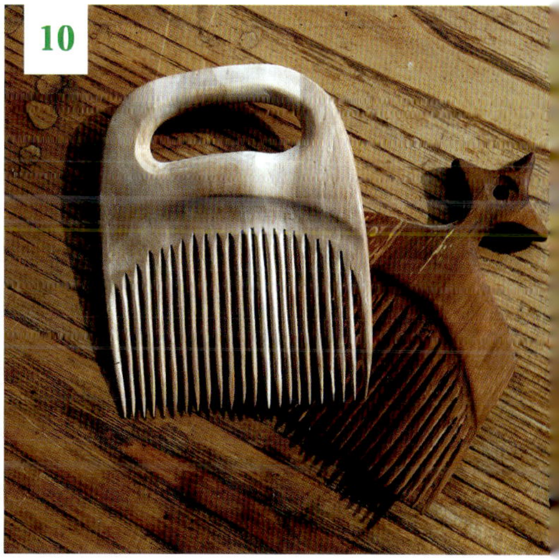

10

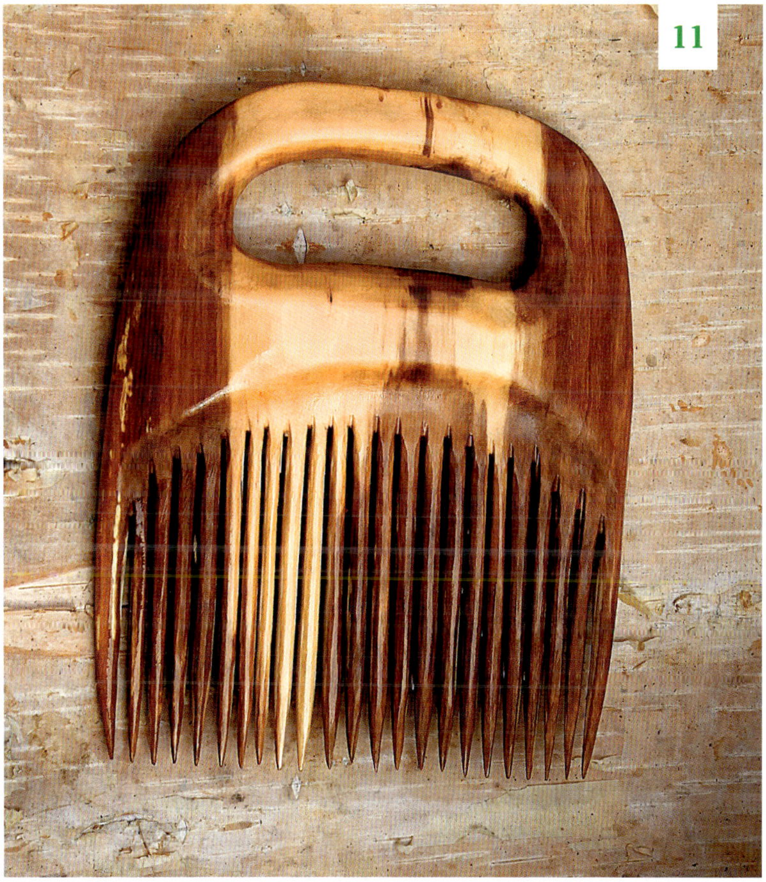

11

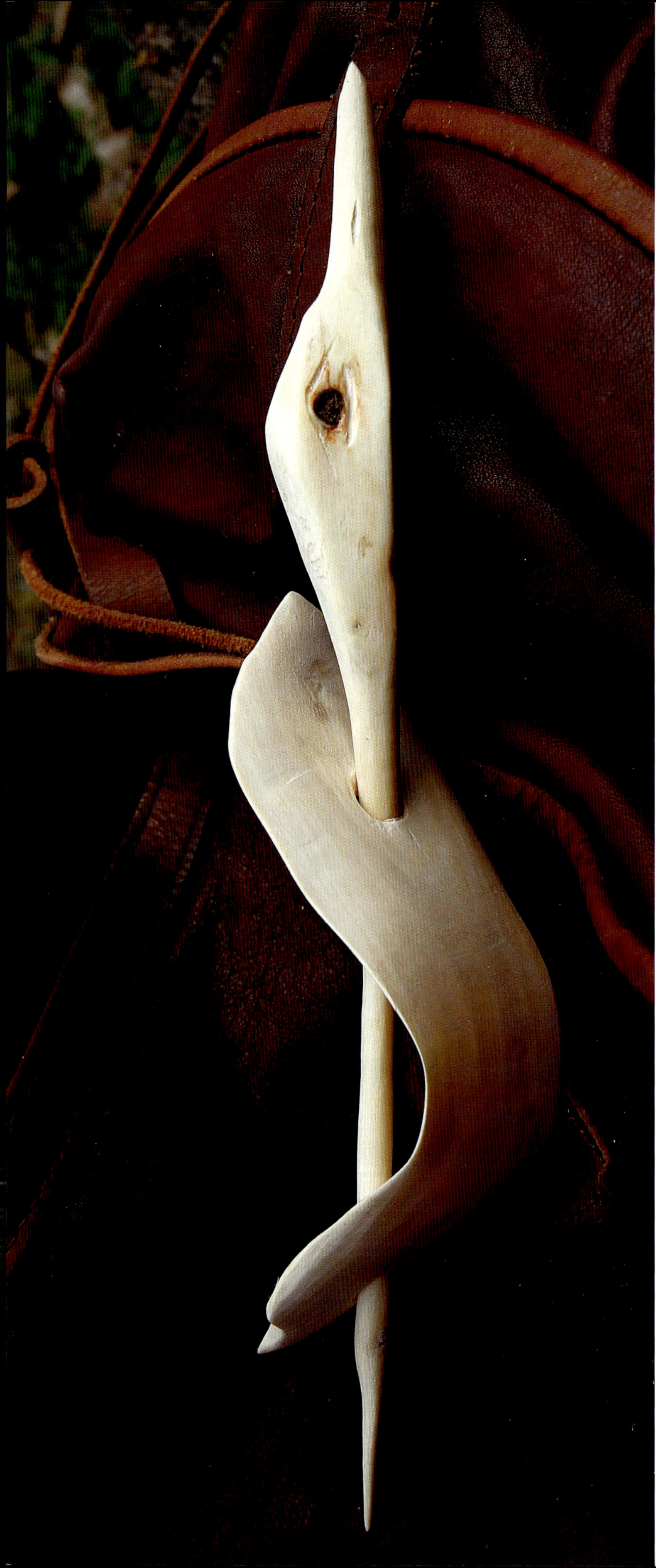

Haarspange

Gegenstand
Fibel für die Haare

Gebrauch
Zum Halten der Frisur

Material
Reste von grünem Olivenholz oder Apfelholz

Werkzeug
Verschiedene Sägen, Messer, Stemm- und Hohleisen, Holzbohrer

Fertigstellung
Schaber, Schleifpapier, Pflanzenöl

Maße des fertigen Gegenstandes
Länge der ungebogenen Spange: 17,5 cm
Breite der Spange: 4–5 cm
Stärke der Spange an der Biegung: 0,5 bis höchstens 1 mm
Stärke der Spange an den Enden: 5 mm
Länge der Haarnadel: 23 mm
Durchmesser der Haarnadel: 5 mm

1 - Hier wurde ein Rest des Olivenholzes (Apfelholzes) des Bleistifthalters (siehe Seite 93) verwendet. Der 35 cm lange Rohling wird auf einer Seite ausgehöhlt.

2 - Mit einem 7-mm-Bohrer werden 2 Löcher für die Haarnadel gebohrt. Bei der Bohrrichtung muss bedacht werden, dass die Spange noch gebogen wird.

3 - Die Außenseite der Spange wird mit dem Messer oder dem Schaber geglättet.

4 - Die Innenseite wird weiter mit dem Schälmesser ausgehöhlt.

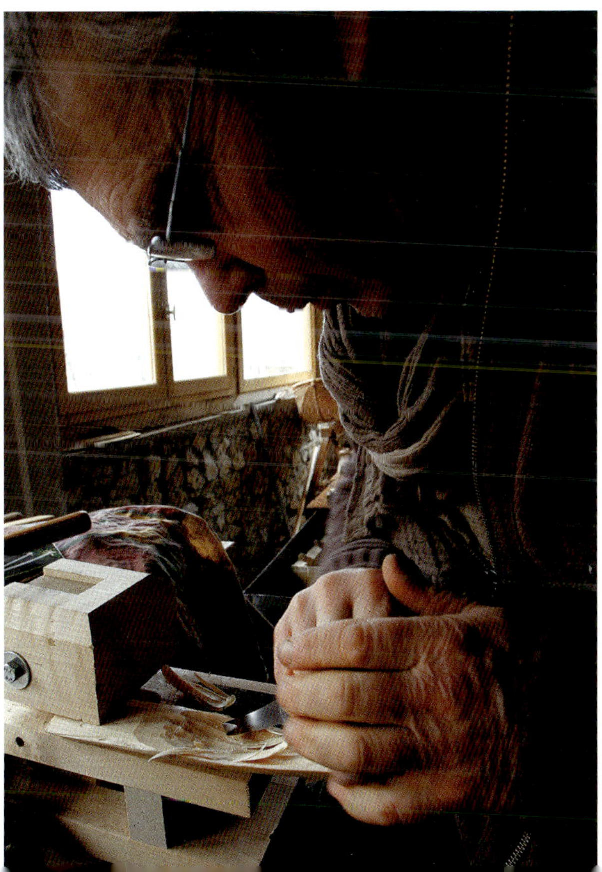

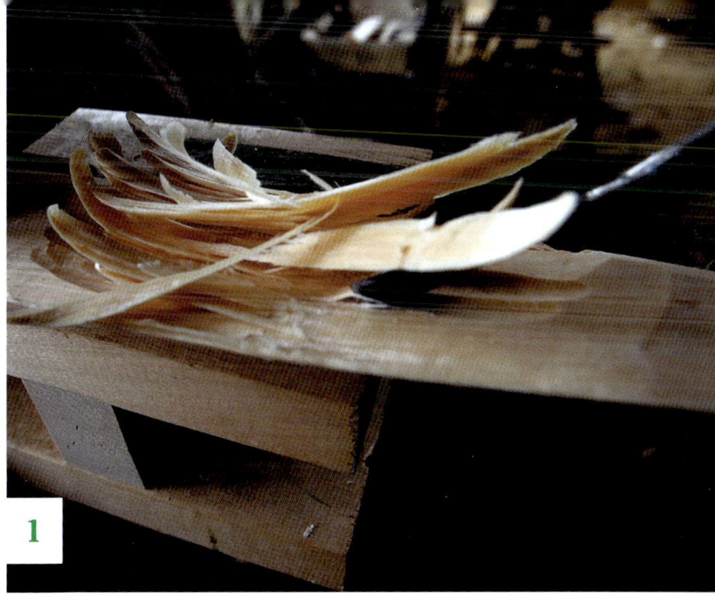

1

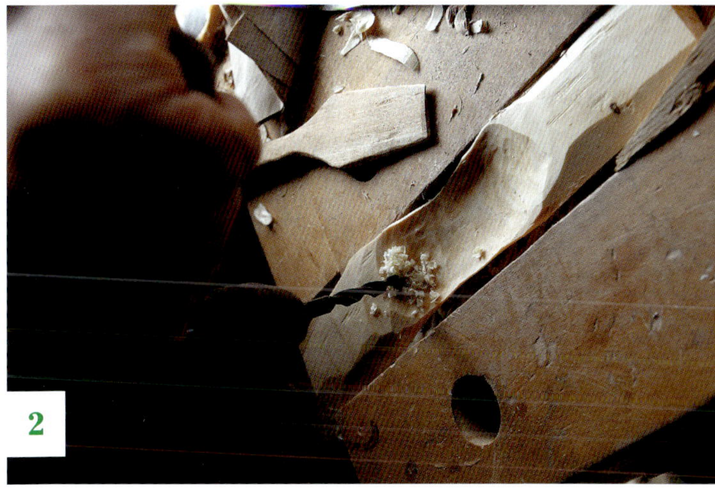

2

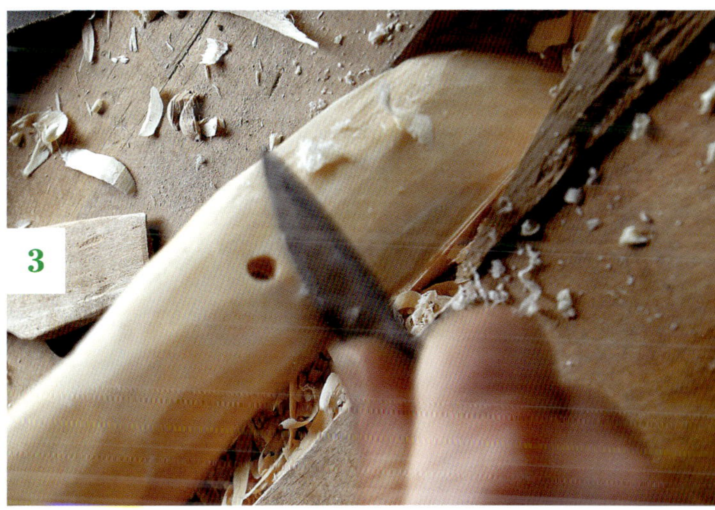

3

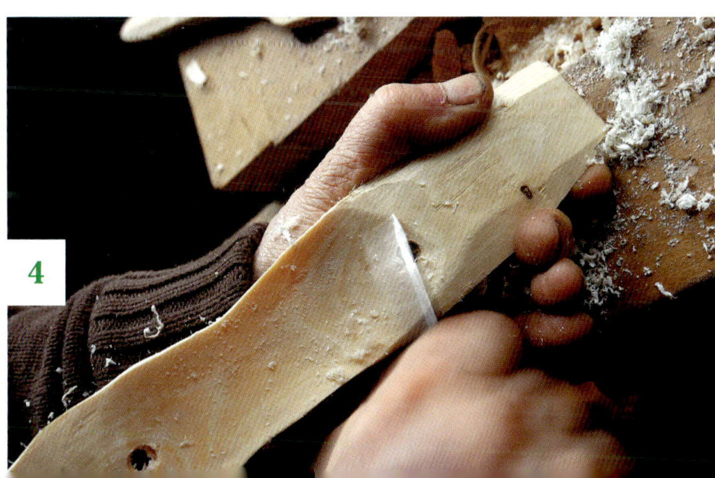

4

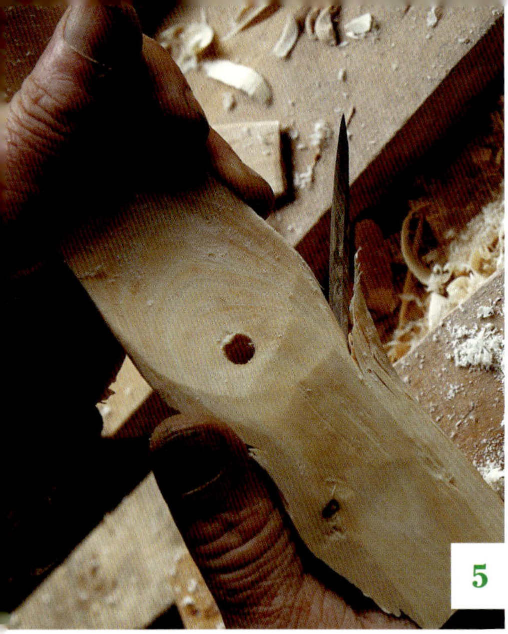

5

5, 6 & 7 - Der Rand der Spange wird mit dem Taschenmesser zugeschnitten. Immer wieder taucht hier „ganz zufällig" die Form eines Vogels auf.

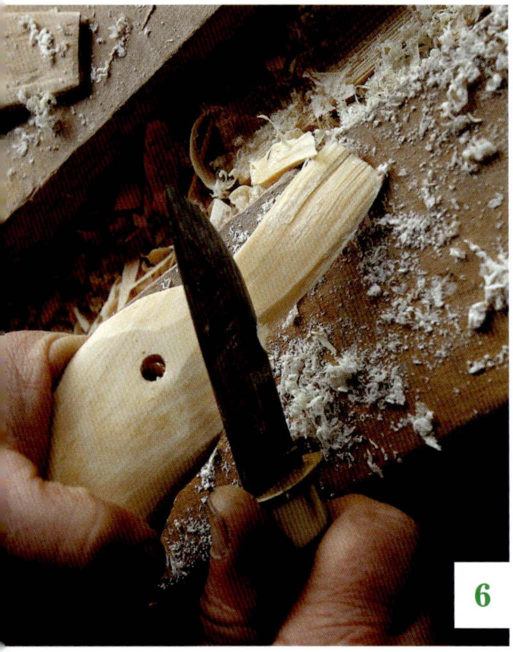

6

8 - Die Holzplatte wird vorsichtig, aber fest mithilfe von Keilen in den Schraubstock gespannt, um sie möglichst dünn schnitzen zu können.

9 - Auch die beiden bislang noch ziemlich roh gebliebenen Enden werden nun bearbeitet.

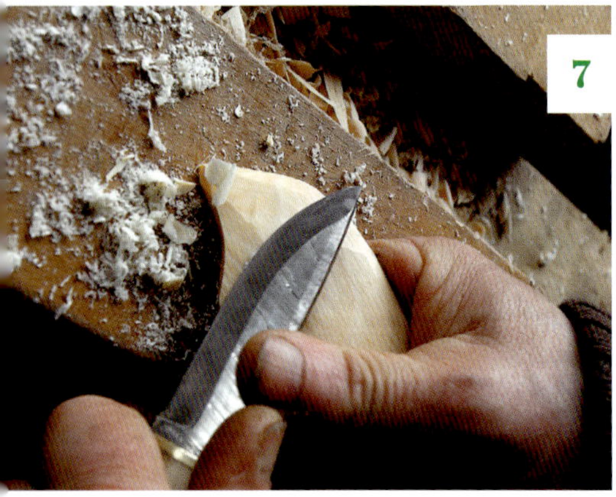

7

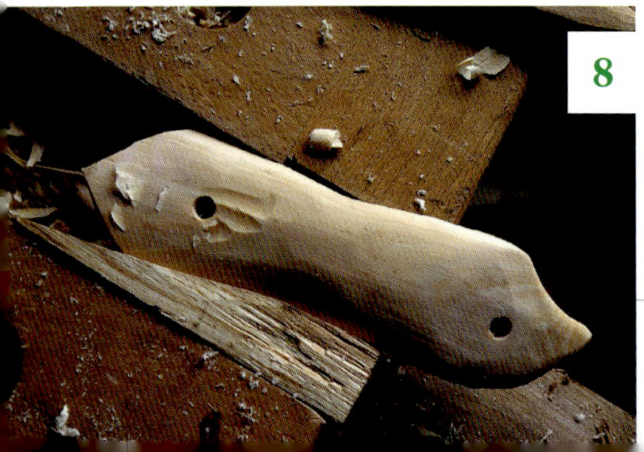

8

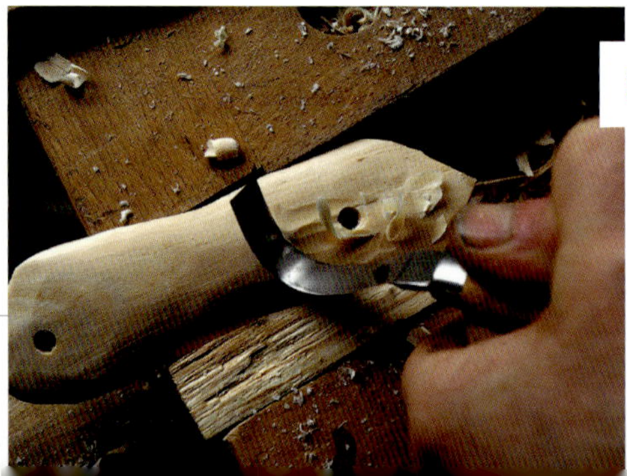

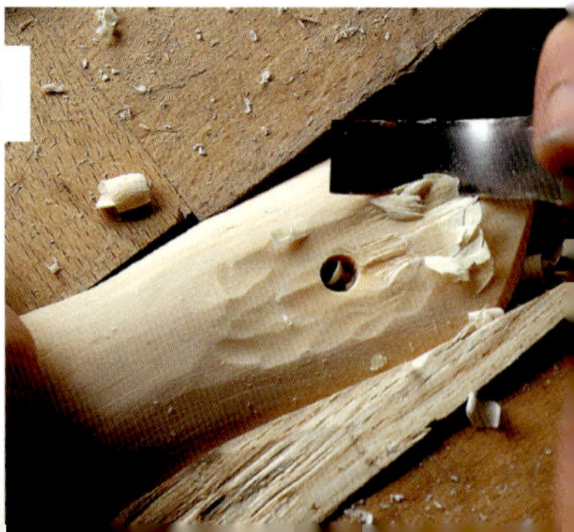

9

10 - Vorsichtig wird die Biegsamkeit der Spange überprüft. Ist sie fein genug, wird sie auf einen runden Stock gespannt, um ihr ihre endgültige Form zu verleihen.

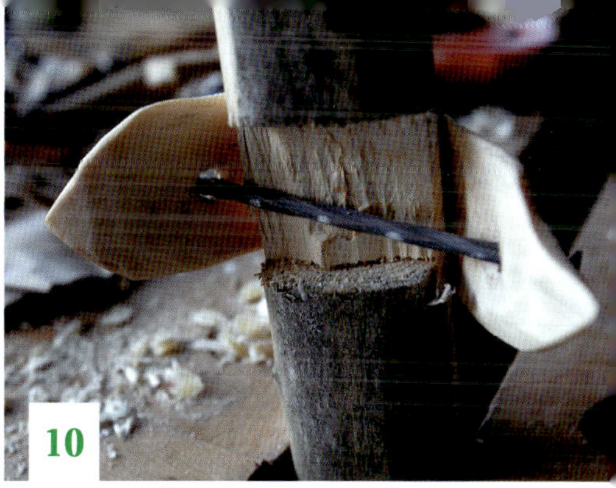

10

11 - Auch die Haarnadel wird aus einem Reststück Olivenholz (Apfelholz) hergestellt. Wir können uns dabei ruhig von der Maserung und den Augen im Holz inspirieren lassen, um sie noch origineller zu gestalten. Spange und Nadel werden anschließend getrocknet.

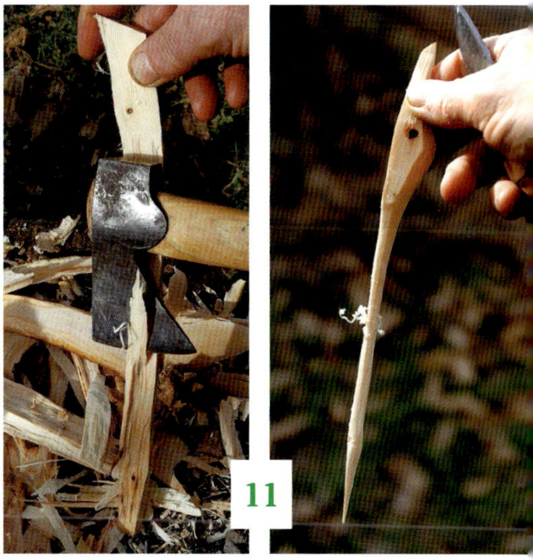

11

12 - Hat die Spange ihre endgültige Form erreicht, werden die Löcher je nach Größe und Form der Nadel etwas oval ausgeschnitten.

Nun werden beide Teile zusammengesteckt und erneut getrocknet.

Nach ein paar Tagen können sie mit dem Schleifpapier poliert und mit Pflanzenöl imprägniert werden.

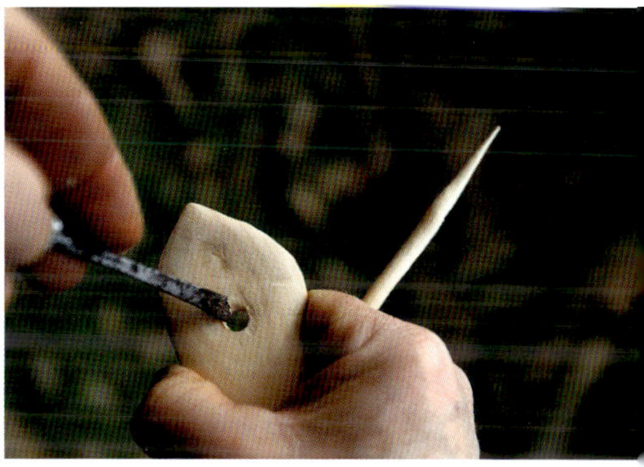

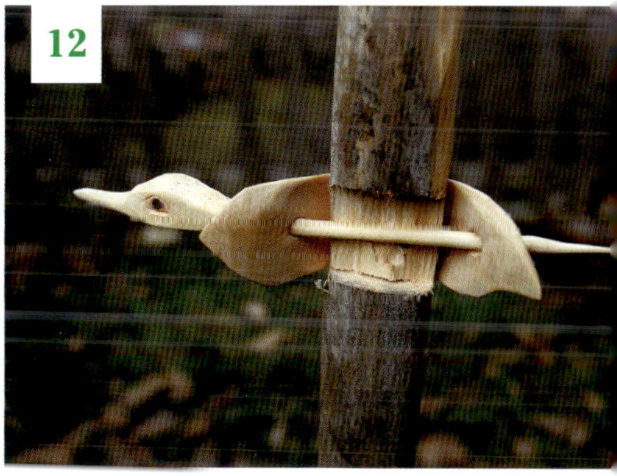

12

13 - Schenken Sie sie der Frau Ihres Herzens, Ihrer Tochter, Enkelin oder einer lieben Freundin.

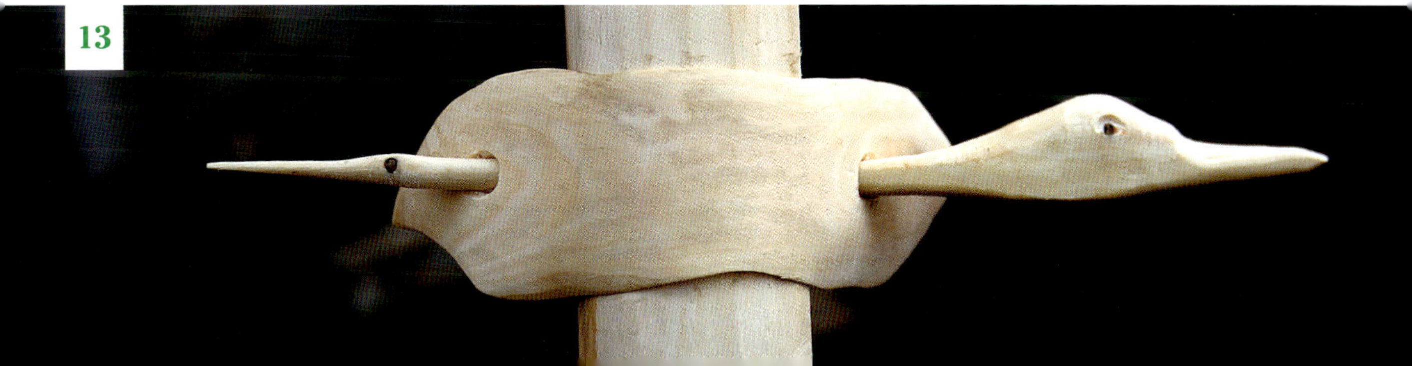

13

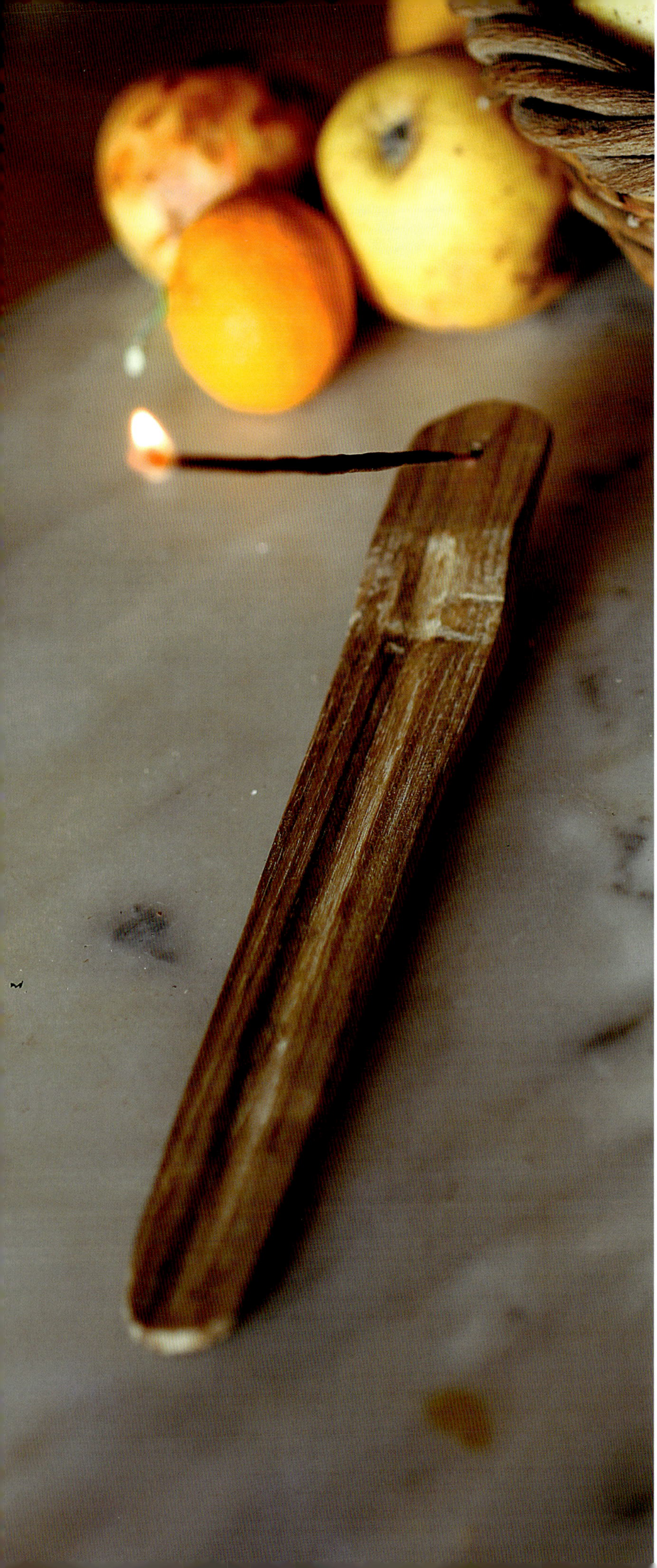

Räucher-stäbchenhalter

Gegenstand
Lange, feine Platte zum Halten von Räucherstäbchen

Gebrauch
Fixieren von Räucherstäbchen und Auffangen der Asche

Material
Trockenes Robinienholz

Werkzeug
Hohleisen, Zug- und Taschenmesser, Holzbohrer 3–4 mm.

Fertigstellung
Schaber, Schleifpapier

Maße des fertigen Gegenstandes
Länge: 26 cm
Breite: 3,5 cm
Stärke: 5–10 mm

1 - Ein 30–35 cm langes Robinienscheit wird in 1 bis 2 cm dicke Stücke gespalten, wobei der natürliche Wuchs die Form des Werkstücks bestimmt.

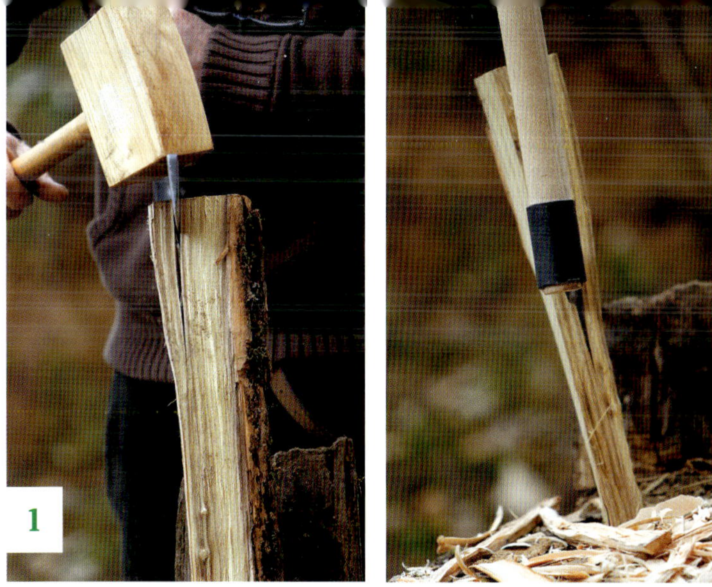
1

2 - Der Rohling wird im Schraubstock oder auf der Ziehbank mit dem Zugmesser zu einer feinen Platte geschnitzt. Das Ende mit dem Halteloch wird stärker belassen.

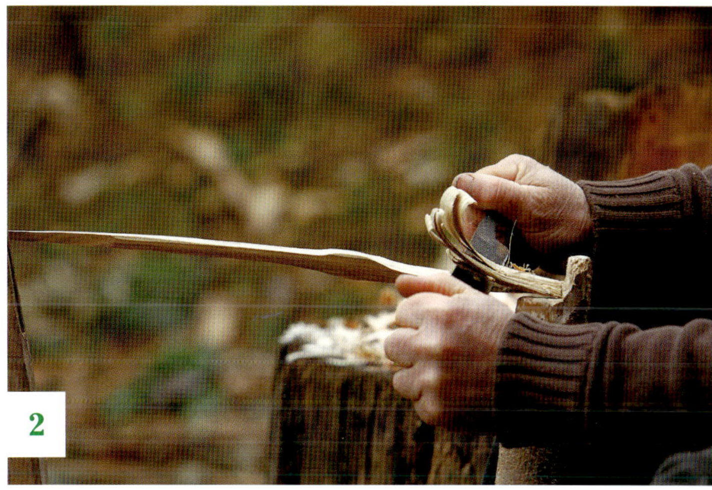
2

3 - Die Seiten werden in der gewünschten Breite abgeflacht.

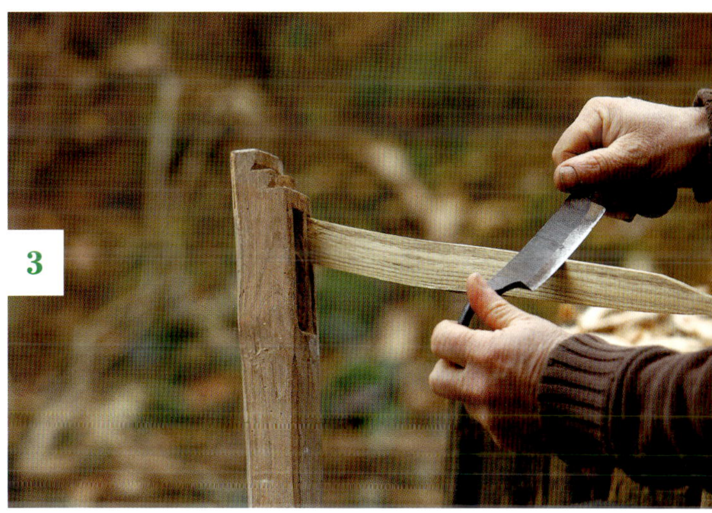
3

4 - Mit dem Schaber werden die groben Unebenheiten entfernt.
Nun wird auch überprüft, ob die Unterseite flach auf einer ebenen Unterlage aufliegt und nicht wackelt.

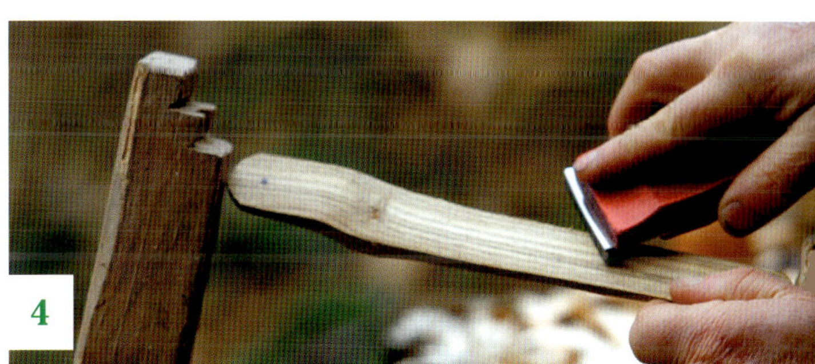
4

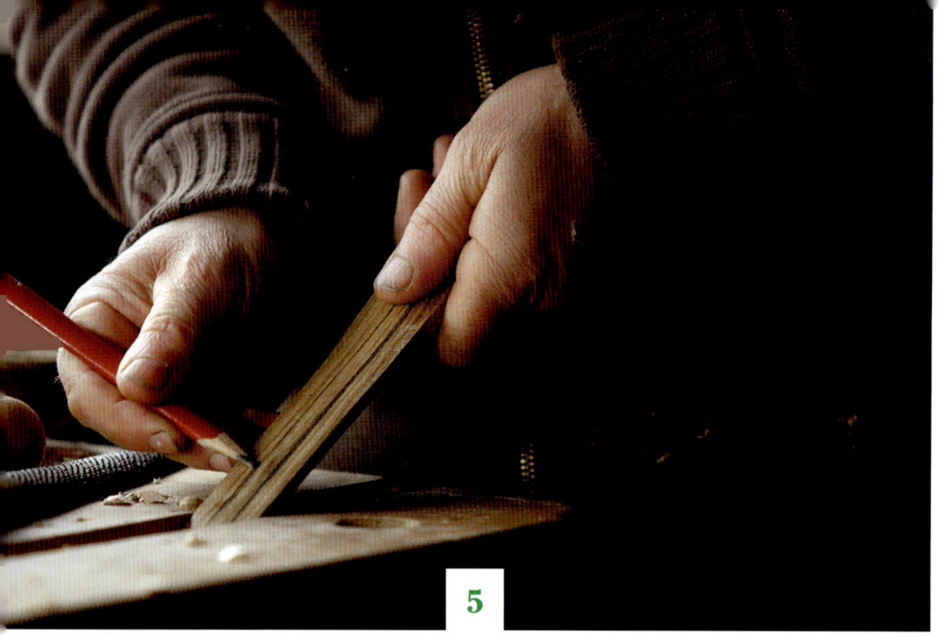

5

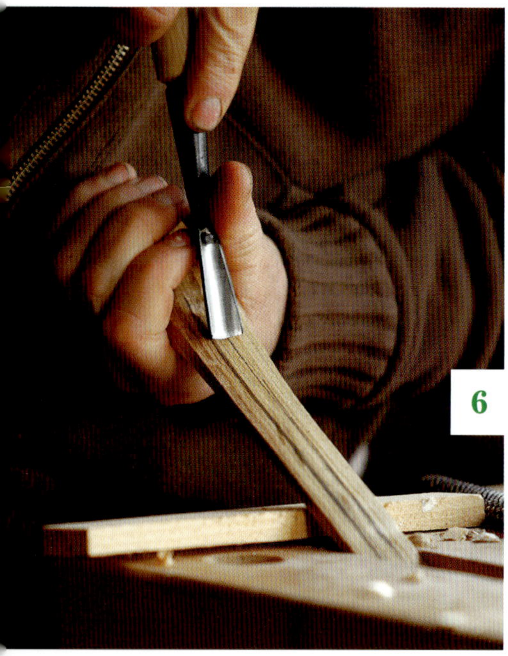

6

5 - Mit dem Bleistift wird die Aschenrinne markiert.

6, 7, 8 & 9 - Die Rinne wird gleichmäßig mit dem Hohleisen ausgehöhlt.

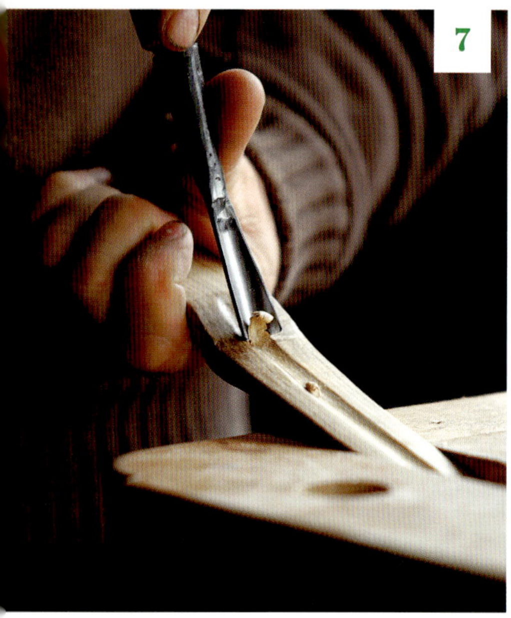

7

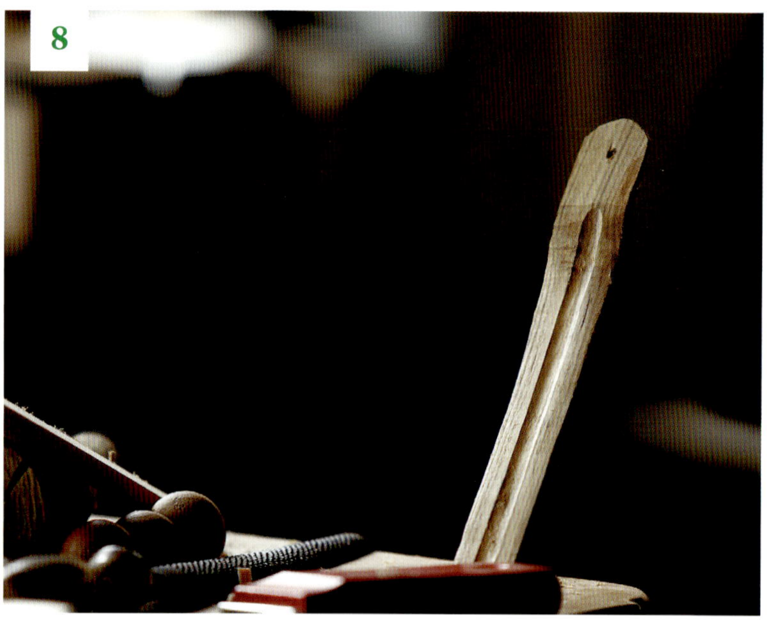

8

10 - Mit dem Handbohrer wird ein schräges Loch mit einer Tiefe von 3–4 mm in den Sockel gebohrt. Dabei ist besonders genaue Arbeit notwendig, weil die Achse nicht nur den Winkel des Räucherstäbchens bestimmt, sondern auch sicherstellt, dass die Asche in die dafür vorhergesehene Rinne fällt.

11 - Der erste Test …

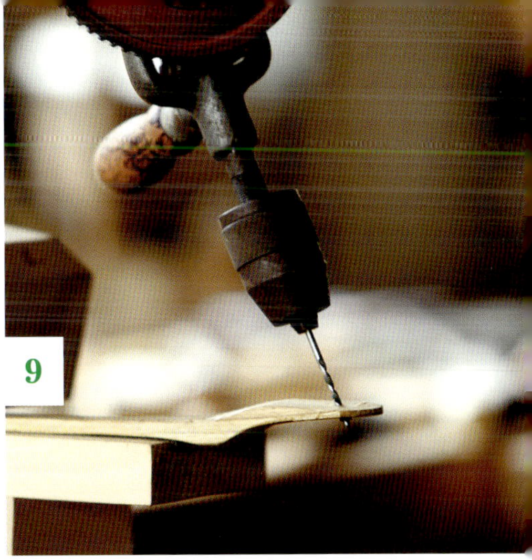

9

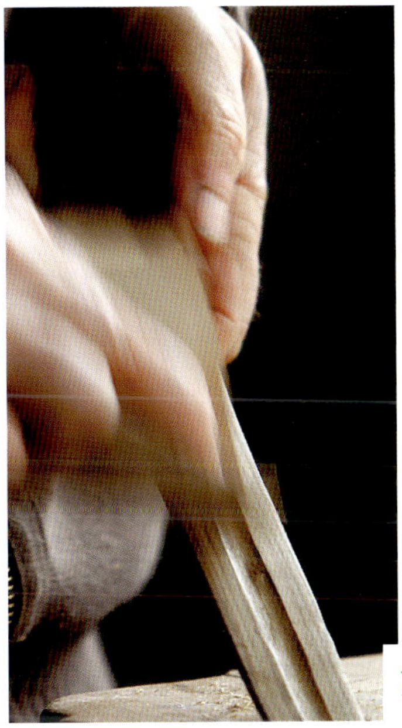

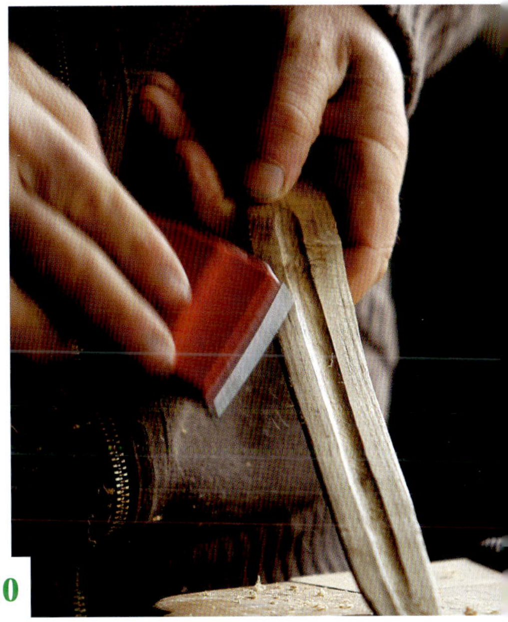

10

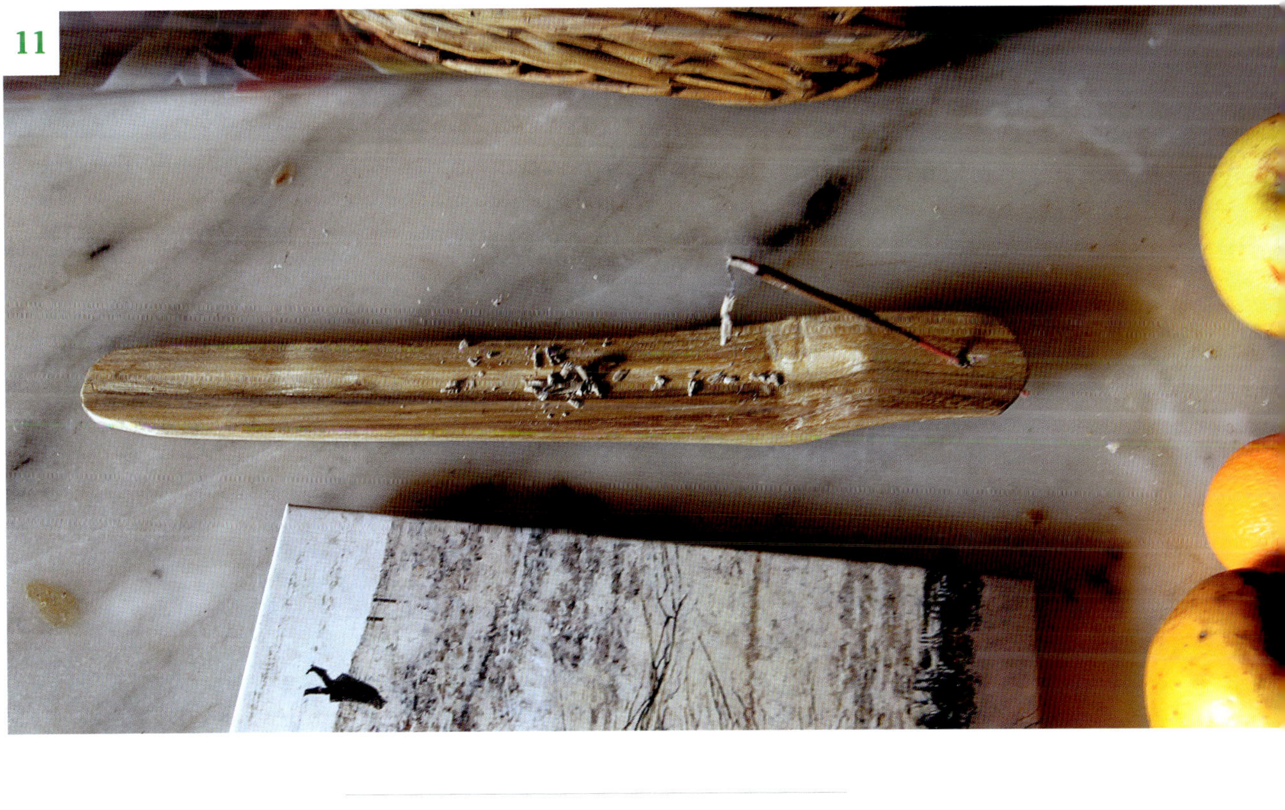

11

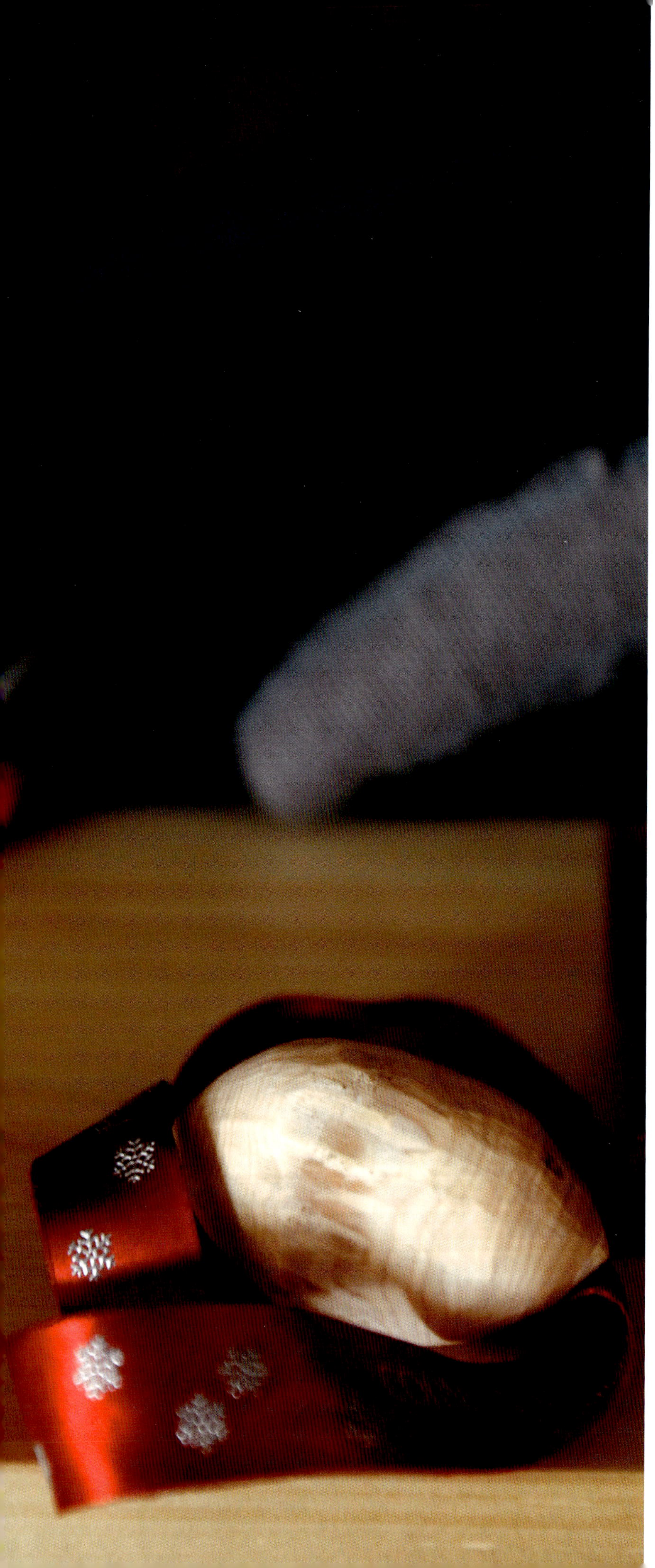

Mottenkugeln

Gegenstand
Kugeln oder Eier aus stark ätherischem Holz

Gebrauch
Bringen Duft in die Schränke und verscheuchen damit Insekten

Material
Grünes oder trockenes Wacholderholz

Werkzeug
Säge, Zug- und Taschenmesser

Fertigstellung
Schaber, Schleifpapier

Maße des fertigen Gegenstandes
Länge: 3–5 cm
Breite: 3 cm

Einige Worte zum Wacholder

Es gibt zahlreiche Arten dieses Buschbaums, die in ganz Europa vorkommen. Durch Verschwelung des Holzes und des Harzes (ähnlich wie bei der Herstellung von Birkenpech) wird ein Öl gewonnen, welches früher zum Vertreiben von Fliegen verwendet wurde. Ätherisches Wacholderöl kommt heute hingegen häufig in Parfüms und Kosmetika zur Anwendung.

1 - Ein 40–50 cm langer Wacholderast wird abgesägt.

2 - Ein Ende wird mit dem Zugmesser oval abgerundet. Mit der Säge wird die Länge der einzelnen Kugeln markiert.

3 & 4 - Mit dem Stemmeisen wird nun auch das untere Ende der Kugel verjüngt, bis es abgeschnitten werden kann. Das neue Ende wird wie zuvor abgerundet.

5 - Jede Kugel wird mit dem Messer fertig geschnitzt. Je kleiner der Gegenstand, desto schlechter ist er zu halten und desto größer ist die Verletzungsgefahr. Um sie einzuschränken, wird eine Mulde in eine Unterlage geschnitzt, in der unsere kleinen Werkstücke besseren Halt finden.

6 - Anschleifen und als Insektenschutz in Schränke und Kommoden verteilen.

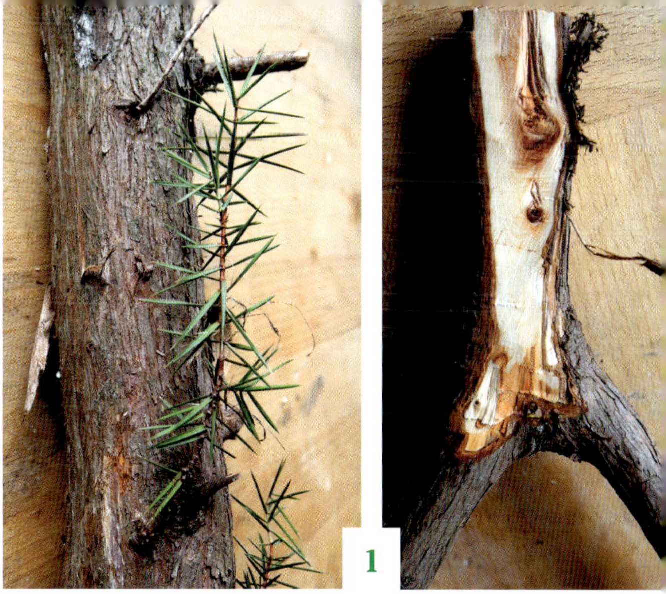

1

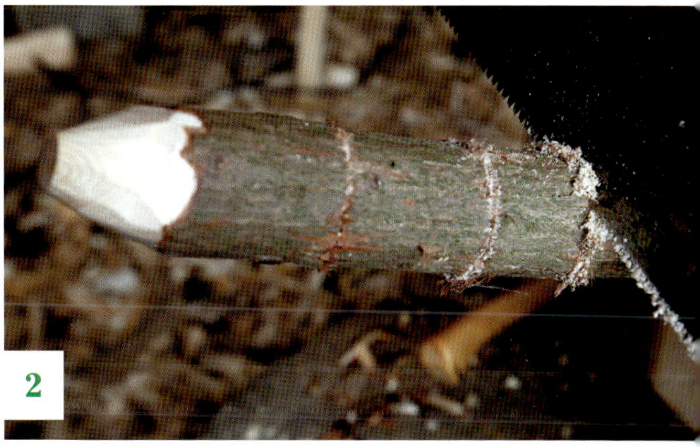

2

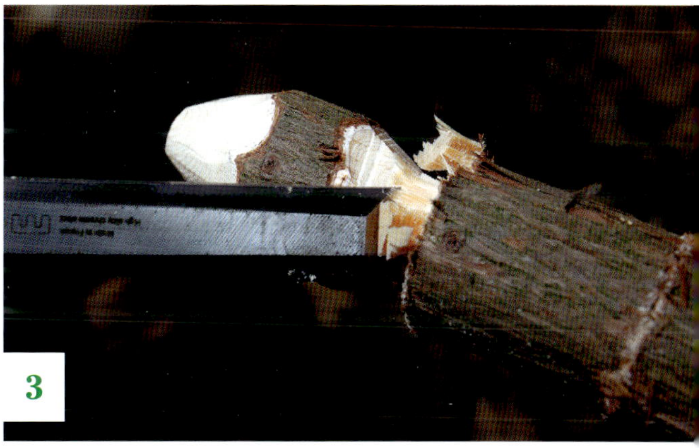

3

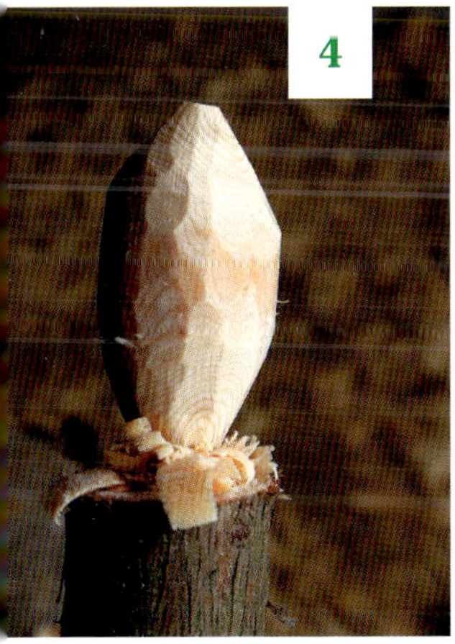

4

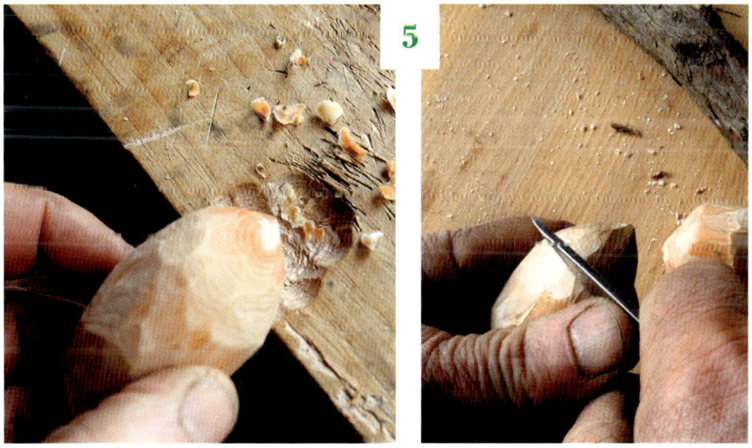

5

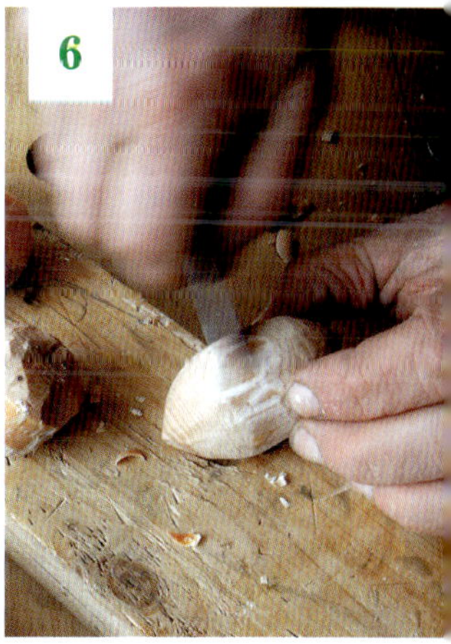

6

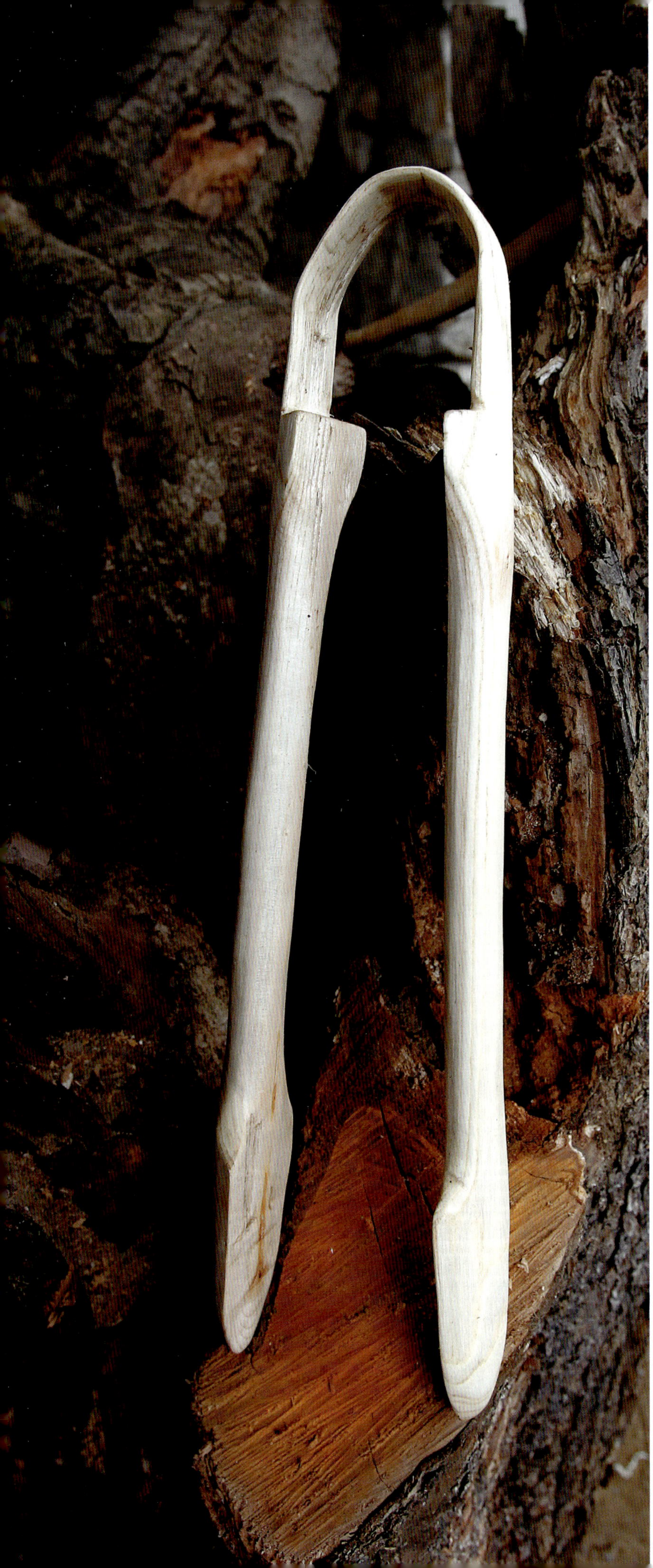

Mehrzweck-zangen aus Holz

Gegenstand
Zangen

Gebrauch
Zum Servieren von Salat oder Lebensmitteln (wie Gurken in Essig) oder zum Herausholen von Spaghetti aus heißem Wasser

Material
Grüner Ast aus Eschenholz

Werkzeug
Säge, Taschen- und eventuell auch Zugmesser

Fertigstellung
Messer oder Schaber, Schleifpapier

Maße des fertigen Gegenstandes
Länge je nach Gebrauch: z. B. 10 cm für Essiggurken oder 25 cm für Edelkastanien

1 - Wir suchen einen jungen Eschenspross von 2,5–4 cm Durchmesser und 40–70 cm Länge. Er wird in der Mitte gespalten, nachdem er eventuell geschält wurde. Die Zange auf dem Bild ist relativ groß, 33 cm lang und 3,5 cm breit.

2 - Das Kernholz wird mit dem Zug- oder Taschenmesser entfernt und auf 1,5–2 cm (8 für größere Zangen) reduziert.

3 & 4 - Der Mittelteil wird wie auf dem Foto mit Bleistift markiert. Um möglichst biegsam zu sein, sollte dieser schmälere Teil zwischen 12 und 17 cm lang sein.

5 - Das Holz wird 10 Minuten mit Dampf über einem Kochtopf erhitzt. Nun wird es vorsichtig gebogen und zwischendurch immer wieder für eine größere Biegsamkeit ins kochende Wasser getaucht.

6 - 10 Minuten im Wasser kochen lassen, dann die Zange über eine runden Form biegen und mit einer Schnur um beide Enden fixieren.

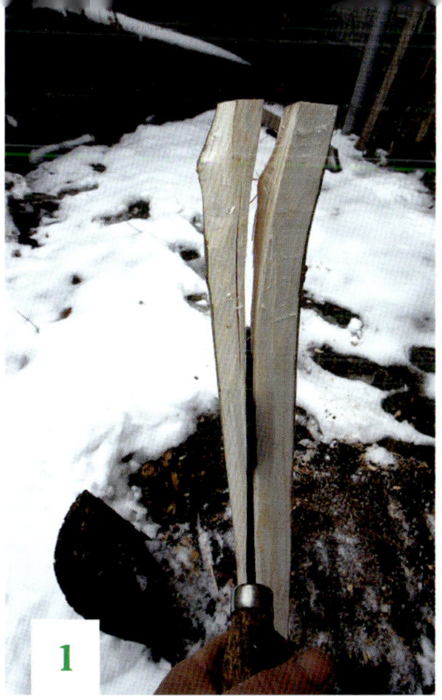

1

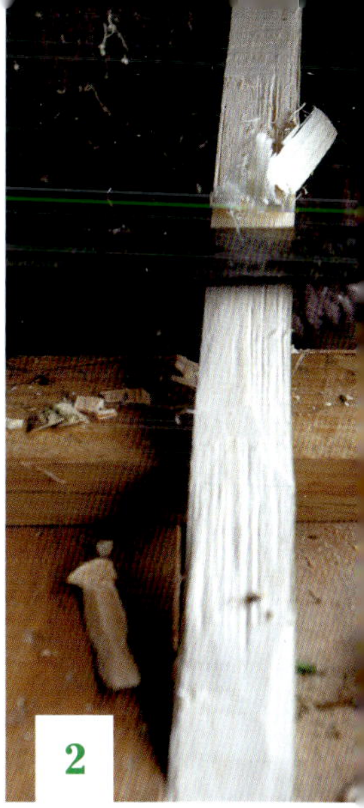

2

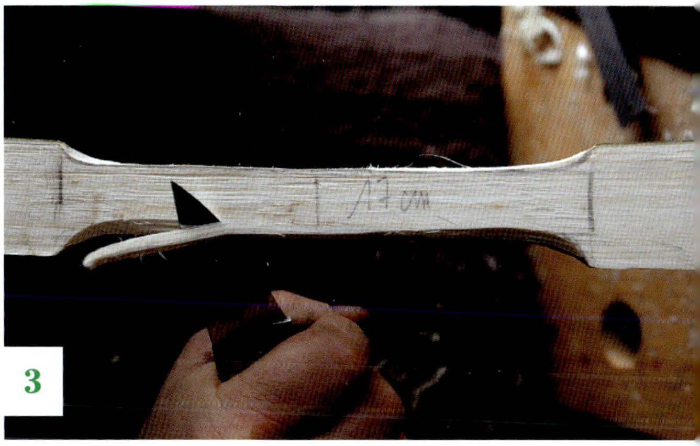

3

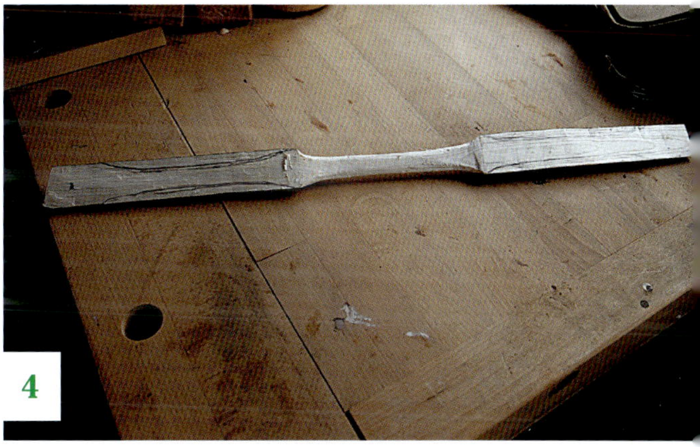

4

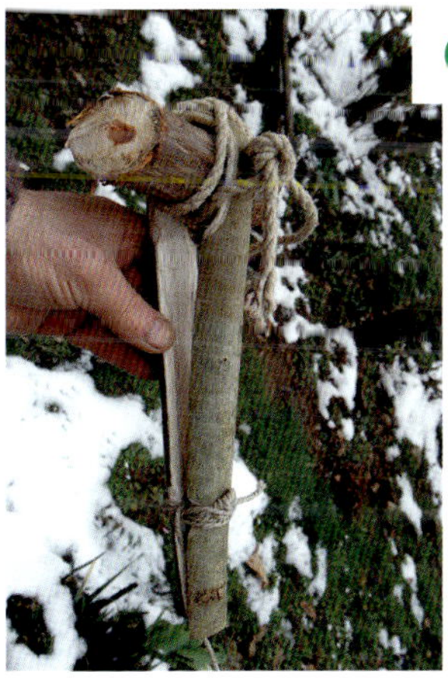

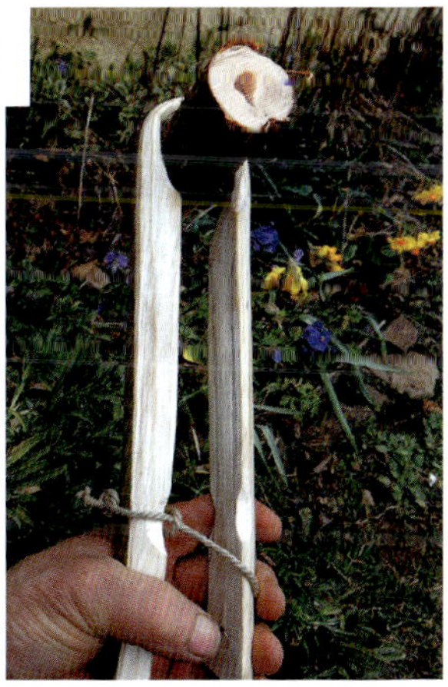

6

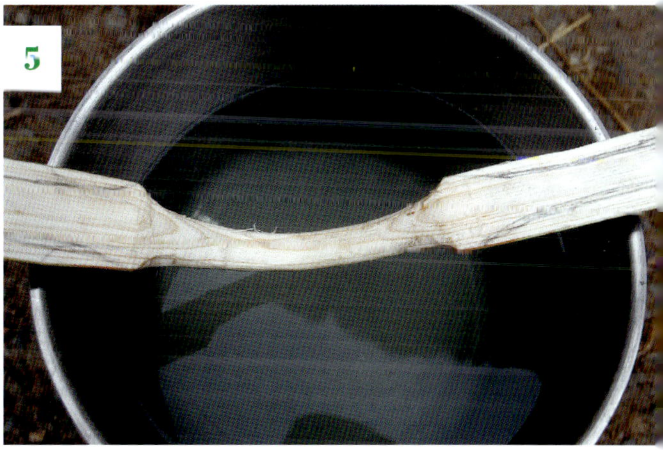

5

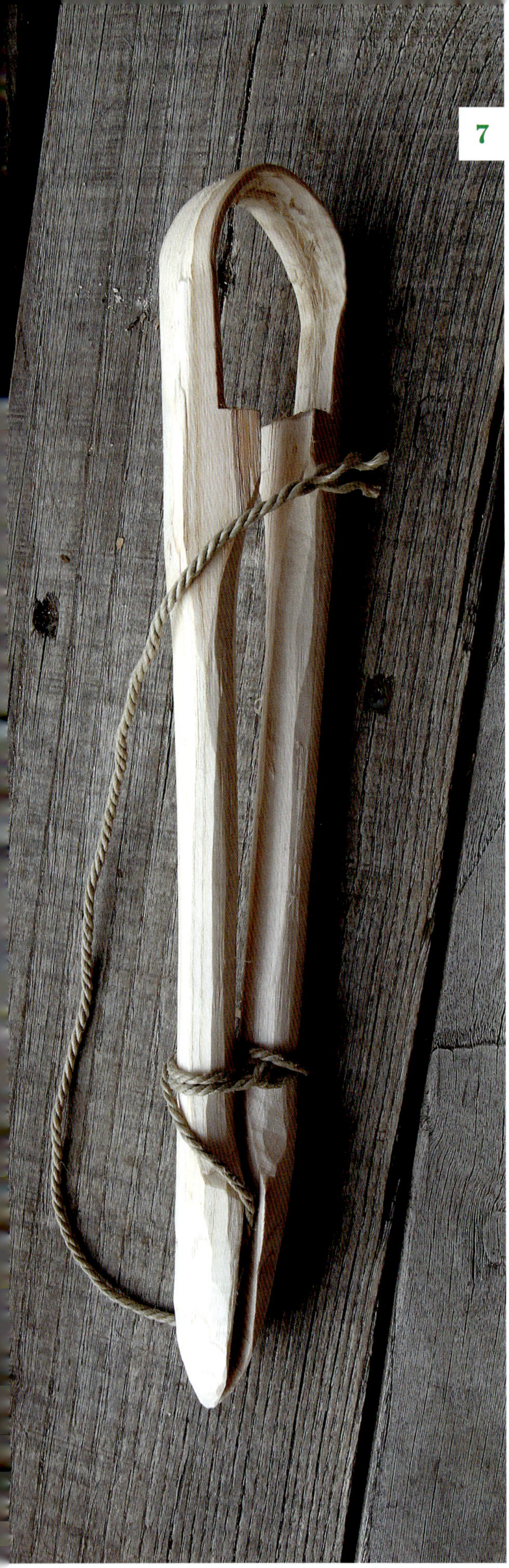

7

7 - Das gebogene Holz wird so langsam und fern von eventuellen Hitzequellen einige Stunden getrocknet. Die Schnur wird entfernt, bevor beide Enden bearbeitet werden. Sie werden in derselben Länge abgeschnitten, bevor mit dem Schnitzen der beiden Enden begonnen wird.

8 - Die Enden können je nach Bedarf rund oder spitz geschnitzt werden. Anschließend die Zange einige Tage trocknen lassen, bevor die Enden abgeschabt und abgeschliffen werden. Dabei muss der gebogene Teil mit besonderer Vorsicht behandelt werden. Der kleinste Schnitt kann die Holzfaser aufplatzen lassen. Daher wird dieser Bereich nur mit dem Schleifpapier bearbeitet.

8

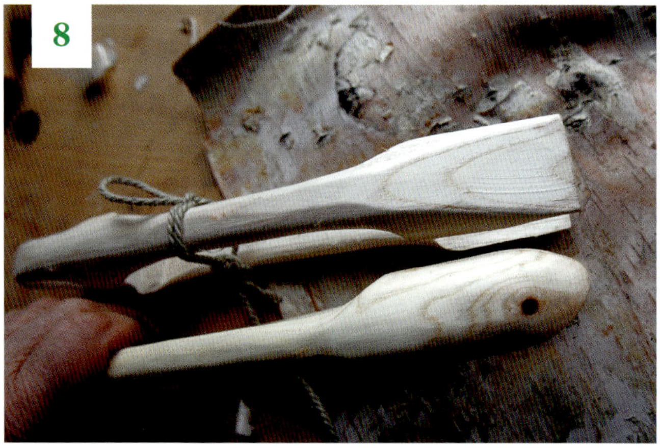

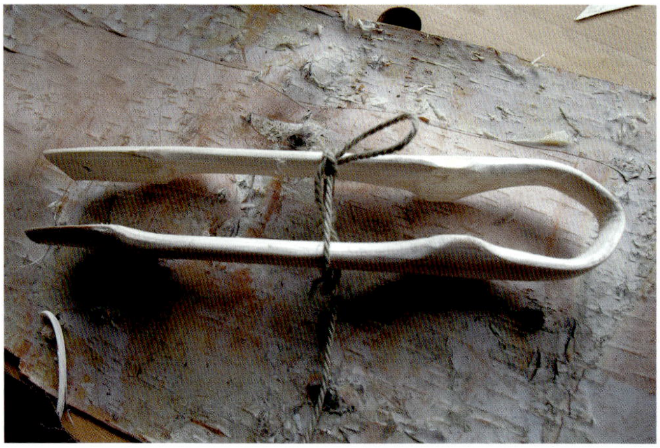

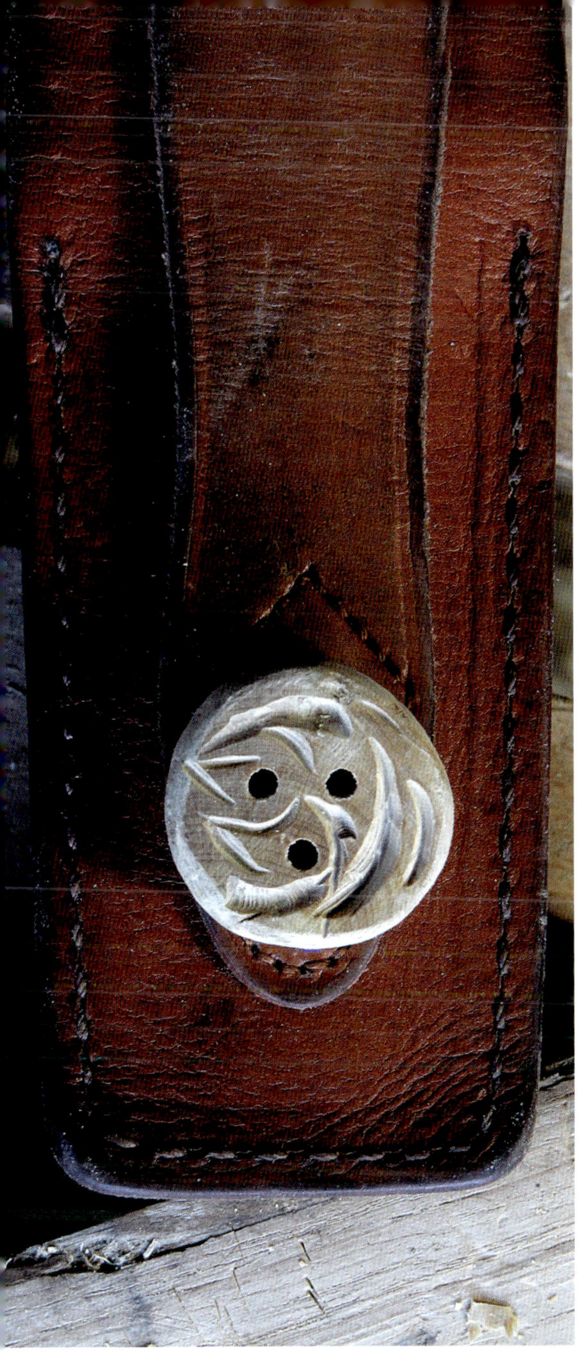

Knöpfe

Gebrauch
Knöpfe für Kleidung, Taschen usw.

Material
Grünes Buchsbaumholz

Fertigstellung
Säge, Taschenmesser, Holzbohrer, Schleifpapier

Maße des fertigen Gegenstandes
Stärke: 3 mm
Durchmesser: 2,5–3,5 cm

1 - Auf dem Schnitt eines Buchsbaumastes werden der Umfang der einzelnen Knöpfe markiert und 2,5–3 mm große Löcher gebohrt. Der Rand der Knöpfe wird mit dem Kanteisen markiert.

2 - Mit der Feinsäge wird eine etwa 3 mm dicke Scheibe abgeschnitten.

3 - Die Knöpfe können, müssen aber nicht dekoriert werden.

4 - Die Knöpfe werden sehr vorsichtig mit dem Taschenmesser oder der Säge voneinander getrennt.

5 - Der Rand wird mit dem Taschenmesser gereinigt und mit dem Schleifpapier poliert.

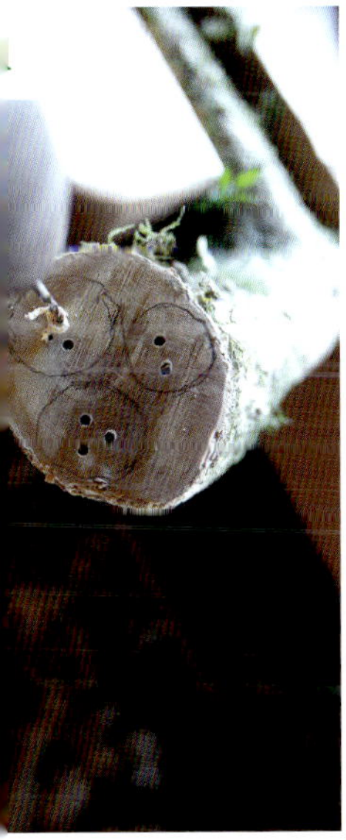

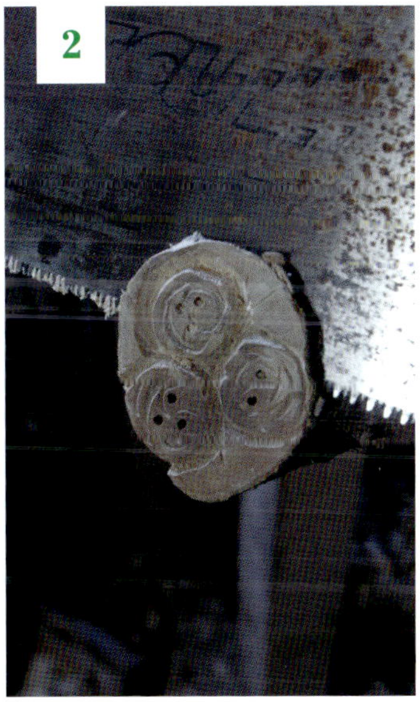

2

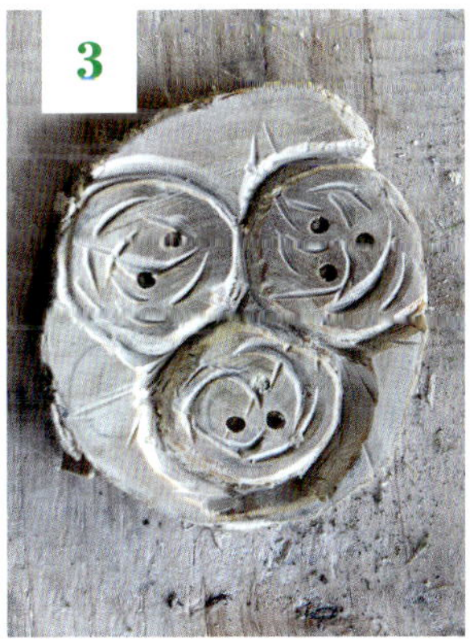

3

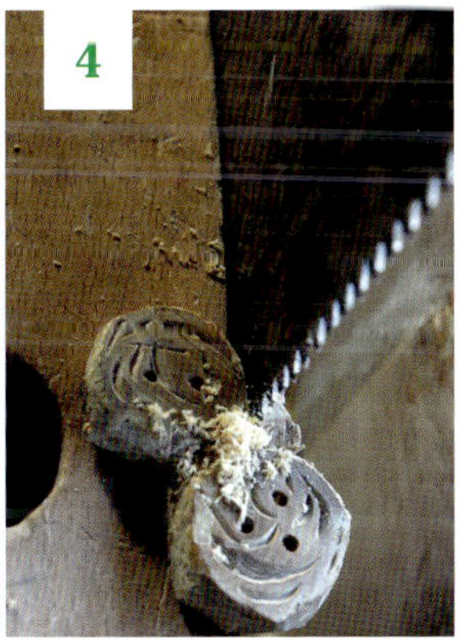

4

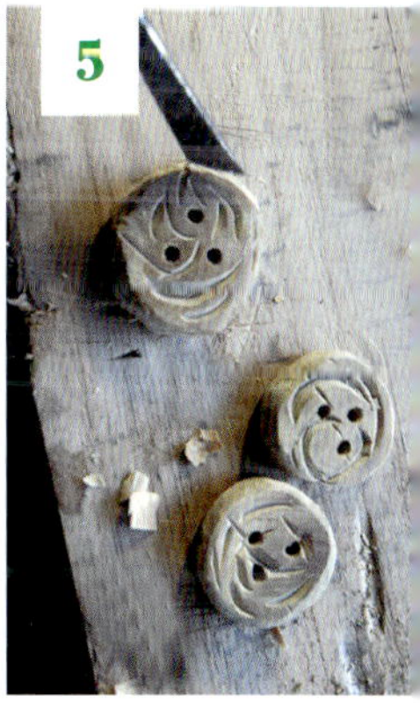

5

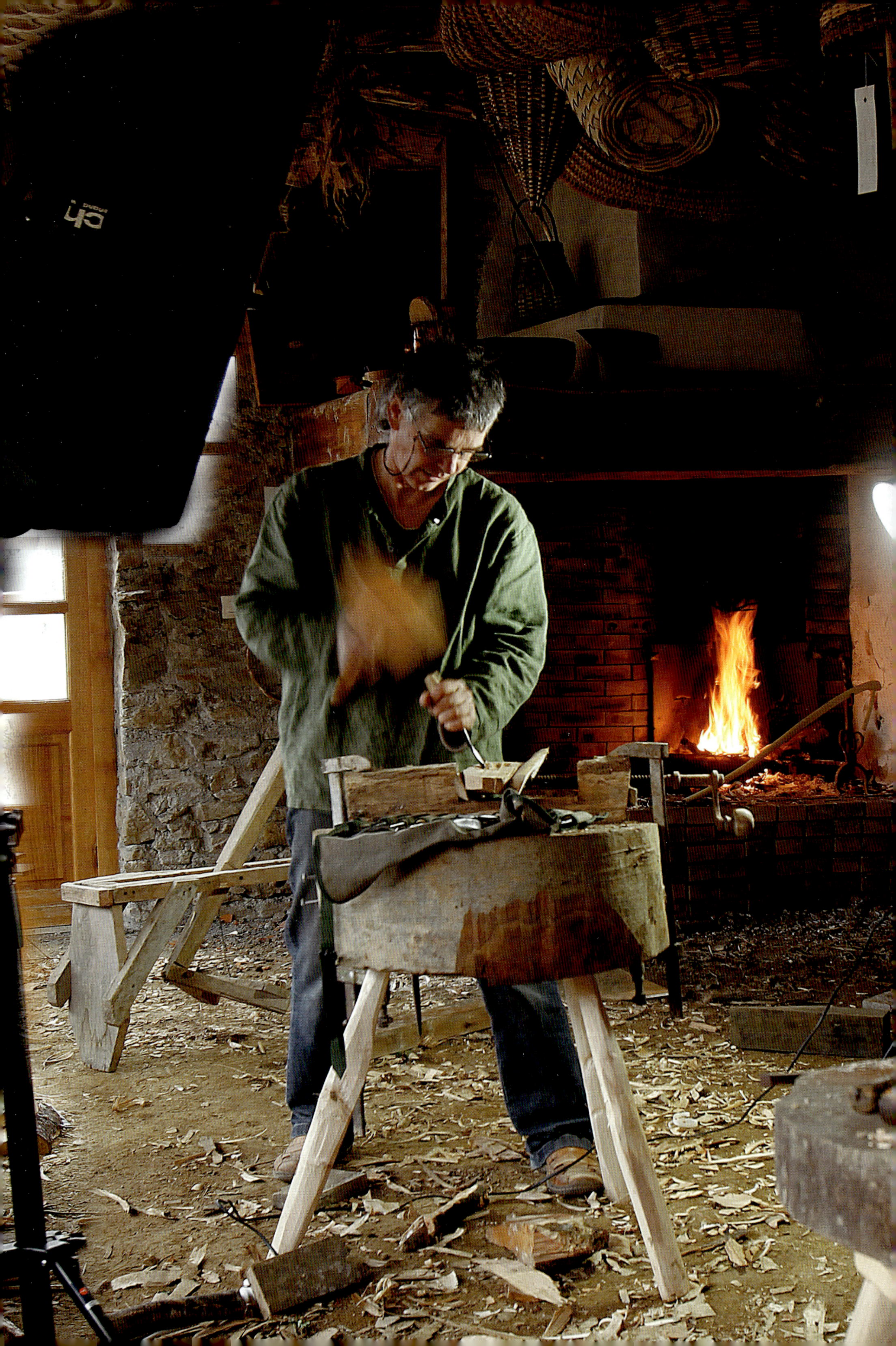

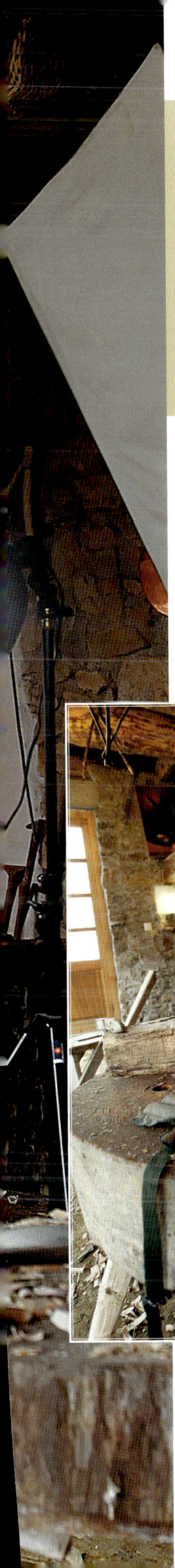

Hinter den Kulissen

Die Werkstatt – ein Fotostudio

In seiner Werkstatt hat Bernard Bertrand ein einfaches Fotostudio eingerichtet, um rasch vom Hohleisen zum Fotoapparat wechseln zu können.
Oft musste dennoch mit diesen beiden Disziplinen jongliert und aus dem Stegreif fotografiert werden.

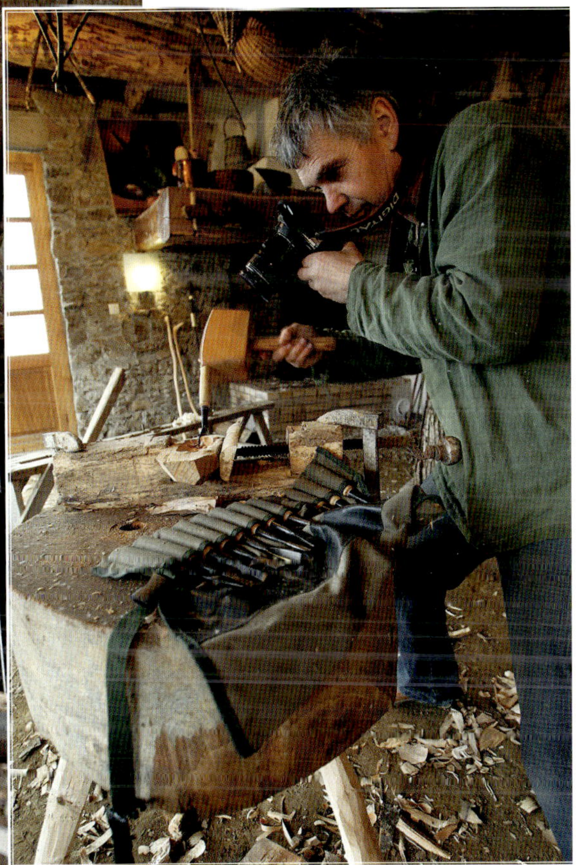

In den meisten Fällen leistete hier der Selbstauslöser die besten Dienste. So wurden nicht nur die Selbstporträts, sondern auch die meisten anderen Bilder dieses Buchs fotografiert.